成事

卓越管理者的15个行为模式

凌　云◎著

中国铁道出版社有限公司
CHINA RAILWAY PUBLISHING HOUSE CO., LTD.

图书在版编目（CIP）数据

成事 ： 卓越管理者的 15 个行为模式 / 凌云著. -- 北京 ： 中国铁道出版社有限公司，2025. 7. -- ISBN 978-7-113-32228-1

Ⅰ. F272.91

中国国家版本馆 CIP 数据核字第 2025FK8552 号

书　　名：成事：卓越管理者的 15 个行为模式

CHENGSHI: ZHUOYUE GUANLIZHE DE 15 GE XINGWEI MOSHI

作　　者： 凌　云

责任编辑： 杨　旭　　**编辑部电话：**（010）51873274　　**电子邮箱：** 823401342@qq.com

封面设计： 宿　萌

责任校对： 刘　畅

责任印制： 赵星辰

出版发行： 中国铁道出版社有限公司（100054，北京市西城区右安门西街 8 号）

网　　址： https://www.tdpress.com

印　　刷： 河北宝昌佳彩印刷有限公司

版　　次： 2025 年 7 月第 1 版　2025 年 7 月第 1 次印刷

开　　本： 710 mm × 1 000 mm　1/16　**印张：** 16　**字数：** 251 千

书　　号： ISBN 978-7-113-32228-1

定　　价： 59.80 元

前　　言

在长达十余年的职场生涯中，作为管理者，我既经历过志得意满的高光瞬间，也饱尝过深陷挫折的至暗时刻。从初出茅庐时的懵懂摸索，到如今游刃有余的成熟稳健，一路走来，每一步都伴随着挑战与机遇。与此同时，作为旁观者，我也目睹了众多管理者的起起落落，其中不乏卓越者，失败者亦不在少数。深入剖析他们的行为特质与思维模式后，我发现成功的管理自有其规律可循，而失败的案例同样能为我们提供宝贵的借鉴。这些经验与教训，便是本书的创作基石。

市面上的管理类书籍可谓琳琅满目，其中不少是引自欧美的翻译作品。这类书籍往往偏重理论剖析，案例多聚焦于跨国并购、大企业兼并等高端主题，对于普通管理者而言，其借鉴意义相对有限。毕竟在日常管理工作中，鲜少出现惊天动地的大事，更多的是诸如与员工深入沟通、争取跨部门协作等琐碎事务。这些看似简单的问题，实际处理起来却颇具难度。许多新晋管理者，甚至一些经验丰富的资深管理者，也时常感到困惑与无助。

实际上，管理是有方法可循的，一些基本的思路和方法具有通用性。然而，不少管理者没那么幸运，也没有足够的试错机会，刚刚踏上管理之路便折戟沉沙。如果能够尽早了解并掌握这些方法，许多人可能会表现得更为出色。

本书围绕管理者的岗位职责与日常工作，从成为管理者、管理的艺术、向下管理、横向管理、向上管理、自我管理六个维度展开深入探讨，将管理理论与实战经验深度融合。通过对众多真实案例的分析，提炼出 15 种卓越管理者的行为模式，并提供实用的实操工具与方法，助力读者从他人的成败中汲取经验教训。

如果你是：

- 管理层新人。
- 面临领导力危机的管理者。
- 渴望成为管理者的职场人。

那么本书很适合你阅读。它将管理实践中那些隐蔽的陷阱一一标识，并给出对应的“避坑指南”，让你的管理之路更加顺畅，少走很多弯路。

管理虽无标准答案，但存在经过验证的最佳实践。当你翻开这本书，收获的并非抽象的理论，而是一套随时可用的管理工具包，更是一个不断进化的决策框架，这正是卓越管理者与普通执行者的本质差异所在。

希望本书能成为你领导力发展旅程中的一个重要转折点。

编者

2025 年 1 月

目　　录

第一部分　**成为管理者 / 1**

第一章　角色转变：走上管理的快车道 / 2

升职的喜悦只持续了一天 / 2

新手管理者面临的挑战 / 3

游戏规则已经改变 / 6

升级路上的几个误区 / 9

小心“自证陷阱” / 15

带着预设和答案工作 / 17

尊重过去的元素 / 18

第二部分　**管理的艺术 / 19**

第二章　充分授权：让员工想干、敢干 / 20

管理者不愿意授权的原因 / 21

通过差异授权找到最合适的那个人 / 23

带出优秀团队的方式 / 25

打击士气的“微观管理” / 29
利用传递信任来破除不愿授权的心理“魔咒” / 30
学会营造一个容错的环境 / 32

第三章 敢于反馈：真诚不内耗的沟通 / 34

讨厌反馈的原因 / 34
别把年终考评等同于反馈 / 37
你的不满是无法掩盖的 / 39
做一个善于谈心的管理者 / 41
反馈始于沟通前 / 44
反馈谈话的基本步骤 / 46
坦率不等于出口伤人 / 48
不要回避那些“难听的话” / 52
化解难堪的技巧 / 54

第四章 时间管理：养成高效的工作习惯 / 57

学会设定边界 / 57
确定关键领域 / 58
不是每个问题都需要解决 / 59
专注于少数几件事 / 60
识别高价值的工作 / 61
管理时间不如管理精力 / 63
不是休假才能得到放松 / 65

第三部分 向下管理 / 67

第五章 善用激励：最大限度发挥团队效能 / 68

认可是管理者的必修技 / 68
是否只有弱者才需要表扬 / 70

过程比结果更需看见 / 71
激励员工的方式 / 72
让员工拥有工作的意义感 / 75
有效地传递激情 / 76
对员工的了解度 / 78
切忌开“空头支票”/ 79

第六章 辅导员工：帮助下属快速成长 / 83

好团队是培养出来的 / 83
做好时间管理 / 85
把辅导融入日常工作中 / 87
别忽略了关键员工 / 88
唤醒“不在状态”的老员工 / 90
如何识别优秀员工 / 92
陪伴员工度过困难时刻 / 94
允许员工以自己的节奏成长 / 95
警惕团队中的不和谐因素 / 99
坦然作出艰难的决定 / 103

第四部分 横向管理 / 105

第七章 化解冲突：建立合作伙伴关系 / 106

理解横向关系的复杂性 / 106
让渡优越感使沟通更顺畅 / 108
每个人都是自己“故事”中的英雄 / 111
没有人一直是对的 / 113
“正义之心”把对方变成了“怪物”/ 115
围绕“利益相关者”进行思考 / 117
赢了“战争”又如何 / 118

第八章　主动链接：塑造非权力影响力 / 120
通过存储信用来编织影响力网络 / 120
有效管理的方法 / 121
正确认识自己的角色和职能 / 123
不要有门户之见，常用“我们”的思维 / 125
别把同事当对手 / 126
持续双赢的秘诀 / 128
不要将反对意见视为个人恩怨 / 130
他人的看法会影响你的领导效率 / 132

第五部分　向上管理 / 133

第九章　主动作为：构建和谐的上下级关系 / 134
为什么向上管理这么难 / 135
不要让“向上”关系成为问题 / 136
放下对领导的“敌意” / 138
成为靠谱下属的方式 / 140
同频共振的重要性 / 142
放下滤镜，领导也是普通人 / 144
向上管理并不意味着唯上是从 / 146
和领导意见发生冲突的解决办法 / 148
怎么把领导拉到你的战线里 / 150

第十章　工作汇报：提升职场能见度 / 153
不要等出了问题再汇报 / 153
干得好更要汇报得好 / 155
高效汇报的模式 / 156
如何为每一次汇报做足准备 / 158
不要让 PPT 变成灾难 / 163

人人都该学会的“电梯游说” / 165
脱稿能让你讲得更好 / 166
怎样汇报坏消息 / 167

第六部分 自我管理 / 171

第十一章 管理风格：避免成为差劲的领导 / 172

拒绝恐吓式管理 / 172
不要进行情绪化表达 / 173
摒弃主观偏见 / 176
放弃控制欲 / 178
打破保守观念 / 179
不要压制敢于唱反调的人 / 181
没有永远顺耳的话 / 185
剔除“有毒”的反馈 / 187
莫被职位滤镜误导 / 188
不必总想证明自己最厉害 / 190
勿与下属较劲 / 191

第十二章 立足本职：不要只做感兴趣的事 / 194

岗位职责先于兴趣爱好 / 194
好领导都是“变色龙” / 196
不要对不熟悉的领域有偏见 / 198
拖累你的也可能是你的专业 / 199
那些讨人嫌的“口头禅” / 200
只有头衔是远远不够的 / 202

第十三章 能力模型：专业和管理哪个重要 / 204

你不必是最聪明的那个 / 204

专业并非做好管理的唯一前提 / 206
找准主线便能明确方向 / 209
发挥优势与补齐短板需兼顾 / 210
普通人也能学会的领导力 / 211
一个管理者的自我修炼 / 214
你是谁不等于你将成为谁 / 215
优秀管理者都擅长演讲 / 217

第十四章　有效平衡：领导和下属的需求冲突 / 219

缺乏领导力的人才会对抗上级 / 219
团队潜力就这么被压制了 / 221
畏惧变化的人领导不了别人 / 222
管理者必须让下属满意吗 / 223
成长才能带来真正的安全感 / 225
为所作出的决定负责 / 227
勇于“揽过”和“推功”/ 230

第十五章　经历挫败：卓越管理者的必修课 / 232

挫败带来的羞耻和难堪 / 232
深渊会成就你的“英雄之旅”/ 233
为什么面对现实这么难 / 235
改变心智模式 / 236
保持韧性就不会垮掉 / 239
当管理者不再执着于“晋升”/ 241
成功只能由你来定义 / 243
修炼更好的自己 / 243

第一部分

成为管理者

从个体贡献者晋升为管理者，不仅意味着职位的提升，更是角色和责任的转变。作为管理者，你不能只是关注个人的业绩，而是需要带领团队共同达成目标。这一转变意味着你需要掌握新的技能和思维方式，学会如何有效地管理他人，如何在复杂的人际关系中游刃有余。接下来的章节将帮助你理解这一转变的挑战，并提供实用的工具和方法，帮助你在管理岗位上快速成长。

第一章　角色转变：走上管理的快车道

升职的喜悦只持续了一天

作为职场人，我们都希望自己的职场生涯能够一帆风顺，升职加薪。

假如领导突然将升职的消息告诉了你，在获悉晋升的那一刻，每个人应该都会心潮澎湃，成就感油然而生。然而，这种由职位晋升带来的喜悦可能如昙花一现，转瞬即逝。

我曾与多位获得晋升的职场精英深入交流，探讨了一个颇具启发性的问题：晋升带来的喜悦究竟能持续多久？

答案令人深思。最短的只有一两天，最长的也不超过两周。喜悦之后马上就是恐惧和焦虑，因为不知道该怎样面对新岗位带来的未知和挑战。

尽管之前对新岗位会有着各种各样的设想，但当你真正上任后，才发现设想和现实难免有偏差，而且偏差还不小。你此前只需要对个人的业绩负责，而现在你需要对团队业绩负责，更让人沮丧的是，团队总是错误地执行你的指令，你常常需要为他们收拾烂摊子。

当然还有其他一些场景，让你在事后感到懊悔，觉得自己当时本应该表现得更成熟、更从容一些。你不断了解到自己的弱点，并意识到自己虽然一直都是优秀的业务员，但作为管理者却还是新手。在和同事及领导交谈时，你还没有获得一个管理者应当拥有的影响力。这一切都会让你有挫败感。

尽管手忙脚乱，我们仍会不断安慰自己：这只是刚刚开始，遇到困难是很正常的。经过一段时间之后，一定能轻松掌控整个局面，只是时间早晚的问题。于是，你将那些随着新岗位而出现的自我怀疑，比如自己是不是能应付一切，自己会不会被所有的同事认可等，暂时抛到了一边，但内心的恐惧感却依然存在。

新手管理者面临的挑战

在之前的工作岗位上，你可能只是执行者或专业人员的角色，你依靠自己的优异表现获得了晋升的机会。现在，你走上了管理者的岗位，需要对团队的整体工作表现负责。你不能再单纯地依靠自己，而要学会与他人合作，掌握用人之道。

此外，你不能将视野仅局限于具体的工作任务，还需要培养更广阔的全局视角，学会在更大的团队中，与内外部合作者建立有效的关系。管理自己与管理他人的差异见表 1-1。

表 1-1　管理自己与管理他人的差异

管理自己	管理他人
我该怎么做	谁能做
完成业绩	管理他人业绩
寻求指导与支持	给予辅导和支持
接受挑战	分配任务
为清晰的目标而努力	管理模糊的情况与变化

管理者要对管理角色有足够的认知，必须要明晰岗位的基本要求、自身与岗位目标的差距、面临的挑战，才能在正确的方向上努力和成长。

然而，不少管理者仍然扮演着“超级技术员”“超级业务员”的角色，不懂得调动团队的力量，每天忙于救火，身心交瘁。也不懂得与平行部门进行有效沟通，导致在工作开展中得不到支持，非常被动。

挑战 1：建立新的身份

大多数新晋的管理者在刚上任时都热情高涨，以为自己终于可以有更大的发挥空间了。然而他们很快会发现，他们总是不由自主地陷入原来的“专业人士”的身份，而且不知道该怎样才能跳脱出来。

人们都想要固守曾经让他们取得成功的身份认定。比如，一直沉浸在技术领域的专业人员，会把自己认定为技术专家，以解决技术难题为目标。然而，作为管理者，需要抛弃一直引以为傲的“专业人士”的身份，塑造作为“管理者”这个全新的身份认定。首要的职责是处理人的问题，而非技术问题。如果管理者不关注下属团队，就意味着还没有承担起管理者的角色。

挑战2：你不再是“明星”

在职业生涯的征途中，那些曾经在各自的领域中熠熠生辉的“明星”——无论是销售领域的佼佼者、技术领域的专家，还是财务领域的精英，在转型为管理者的旅途中，往往会发现自己面临着前所未有的挑战。

专业才华，固然是你的骄傲，但在管理这个全新的赛道上，它不再是唯一的通行证。这里，需要的不仅是精湛的专业技能，更是领导力的展现、团队协作的智慧，以及决策的果断。这是一场全新的旅程，一场从个人英雄主义到团队领导力的蜕变。在这个过程中，你们必须学会放下过去的荣耀，拥抱新的知识和技能，以适应角色的转变，驾驭管理的艺术。

因此，对于这些曾经的“明星”来说，过渡到管理者的角色，不仅是一次职位的跨越，更是一次自我超越的挑战。你需要重新审视自己，从专业能力的巅峰走向管理智慧的高地，用全新的视角和策略去引领团队，实现从“我”到“我们”的华丽转身。

这个挑战就是要把舞台让给别人，不断支持和帮助员工成为“明星”。自己慢慢地退居幕后，甘当绿叶。对于那些喜欢站在聚光灯下成为焦点的人，很难适应这样做，他们太喜欢展示自己，太想让自己光芒万丈地站在舞台中央。成为管理者之后，这种美好的感觉就消失了，失落、孤独等情绪会环绕着你。

但是，对于管理者来说，团队的光芒更为重要。让团队成为焦点才是一个优秀的管理者该做的事，同时也是对一个人是否真的愿意成为领导者的严峻考验：你真正在乎的是什么？你是否愿意为了团队而放弃个人的荣誉？

挑战3：目标和团队孰先孰后

作为管理者，不仅需要关注工作任务，还需要关注激励员工、发展员工。在某些情况下，想要完成工作，你必须给团队压力，必须要求员工完成他们以为无法完成的工作量，也必须在当下暂时忽视他们的某些需求。

而在其他情况下，你又必须把精力和时间花在员工身上，培养员工、发展员工，给员工失败和学习的空间，完成对员工的承诺。

这些情境并没有一个具体的衡量标准，需要你自己去判断和把握。有的管理者会发现，他们努力达成了目标，但却失去了团队的信任。而在另一种情况下，可能团队都很开心，却没有办法实现目标。

如何在人和任务之间寻求到平衡，并没有现成的套路可遵循，需要管理者的智慧和洞察力，审时度势。而新晋管理者常常会发现自己陷入一个左右为难的境地，不知道究竟是优先考虑人还是任务。

挑战4：如何带团队

作为新手管理者，把注意力从“事”转移到“人”上，了解每一个下属，有能力或有方法对他们进行有针对性的辅导，是非常大的考验和修炼。

教导下属时，你会发现教会别人远比自己做难得多。很多在你看来是明摆着的道理，下属却难以理解。一些对你而言非常奏效的方法，下属学起来却走了样。慢慢地，你的耐心被耗完了，指导方式变得越来越粗暴，给下属带来了很大压力。更糟心的是，很多员工也并不能理解你的苦心，还要在背后吐槽你“强势”“没人性”。

你也可能会在指导几次之后发现没什么变化，于是干脆把活儿接过来自己干，从而陷于具体的事情而腾不出时间和精力去规划、思考或培养团队。因为团队成长缓慢，你不得不为团队补位，导致你一直处于一种频繁救火、忙得精疲力竭的状态，从而更加腾不出精力来培养团队，最终陷入一种恶性循环。

一线员工获得晋升的原因主要是工作成效突出，他们成为管理者后容易进入一个怪圈，那就是他们会变得比以前更加努力，承担更多工作，将自己擅长的工作做得更好。这些做法让他们自己身心俱疲，还让整个团队的成员都有挫败感。他们忽略了管理者的首要职责并不是让自己做得更好，而是让团队的整体效能得到提高。

因此，管理者在任职新的管理岗位后，需要将自己的工作目标从仅仅做好自己的工作，转变为帮助团队成员成长和发展，并完成团队目标。

挑战 5：他人的怀疑或敌意

晋升为管理者，你的一切行为都会在聚光灯下，你周围的人会带着审视和质疑的目光，想要看清楚你是否能够胜任，可能一部分人还会带着抵触情绪，从冷漠到明显的敌意，有时甚至还有恶意的对抗，觉得你获得了本应属于他们的岗位。

我刚开始工作的时候，入职不到一年就破格提升到了管理岗，原来一起工作的同事变成了我的下属，这种氛围和感觉很微妙。原本很热情的同事们，特别是一些资深的同事，在我作为新人的时候，他们很愿意提供指导和帮助，然而在得知我晋升之后马上就变了，开始冷嘲热讽，说一些难听的话。

你是否也感受过这种变化：原本热聊的茶水间，因为你的到来鸦雀无声；你在的聊天群越来越安静，你知道他们又有了新的聊天群，搞团购再也不叫你，你发现自己被“孤立”了。

克服共事者的怀疑和敌意是充满挑战的过程，这对新晋管理者来说是一个巨大的考验和挑战，要做好和一群对你表现得不太友好的人一起工作的准备。每个人在自己的职业生涯中，都会碰到质疑自己的人，学习如何有效地在这样的情境下工作，是一项很重要的技能。

在这个阶段，管理者要学会对自己和他人保持耐心，学会用行动和业绩说话。与其对抗不友好的态度或气馁退让，不如通过努力取得好成绩，去赢得大多数人的支持。

游戏规则已经改变

成为管理者之后，你的角色变了，没办法再按过去的方法推进工作了。之前让你取得成功的方法和技能很可能已经不再适用了，甚至成了掣肘，你需要遵循一套全新的做事规则，即业绩能否达成不能只靠自己，而要靠团队。

大家也会迅速对你的管理能力下结论，而这样的定论一旦形成，将很难改变。如果你能顺利过渡，一开始就取得成功，这一良好的开端很可能会在你接下来的任期里一直延续下去。但如果你犯了一些低级错误，那么之后你就要付出几倍的代价来弥补了，甚至可能因此连弥补的机会都没有。

之前你做客户经理，一个人就能去客户那里把合同签下来。但升职之后，每次要带着下属一起去找客户。客户还是那个客户，但你却要靠下属能力的提升带来业绩的提升。

打个比方，你是业务骨干时，就好比运动员，管好自己的“一亩三分地”就可以了；但你是管理者，就好比是教练，你自己下不了场，必须培养下属，通过下属来达成目标。

这种工作方式的改变，要求你必须尽快调整自己的工作节奏及思维模式，以适应新的岗位职责。

工作节奏：从有序到混乱

有的人之所以想成为管理者，是因为他们认为成为管理者之后，可以自己拍板做决定，工作能有更大的自由度，不再被别人安排。但真正成为管理者之后，他们却发现自己反而更加不自由了。以前做员工的时候，只需要接受上级安排的工作，现在变成了经常被上级、同事和下属安排工作，更难以掌控自己的时间，常常疲于奔命，忙于应对各种突发状况和临时要求。

在业务能手阶段，我们的工作基本上都是靠自己一个人去完成，工作内容和工作任务相对比较确定，每天要怎么开展工作，我们已经驾轻就熟，可以有条不紊地进行。

然而，做了管理者，你会发现一下子手忙脚乱了起来，不只是工作内容发生了很大的变化，而且因为工作目标是要依靠团队来达成的，同时还要处理各种横向部门之间的沟通，不断出现的新状况、新问题，需要我们马上给出解决方案，常常压得让人透不过气来。

很多新晋管理者常常会认为：熬一熬，等走上了正轨，工作就更有条理性了。然而，最可怕的是，这种忙乱的状态不是暂时的，并不会随着时间的推移而发生变化。对于管理者的工作来说，时常面对不确定性、解决不确定性，才是工作的常态。

不同行业领域、不同层级的管理者，工作职责可能会有所不同。但相同的是，管理工作涵盖不同类型的任务，每项任务所需的时间也许不是特别长，但所有任务从早到晚没有任何规律地出现，等待着管理者去完成。你可能刚开完一个充满“火药味”的预算会议，马上又要参加月度的员工生日会，在会上又被一个下属拉着讲述最新出现的情况等。

管理者需要了解任何可能影响团队目标的情况，会收到各种各样的即时信息，大到具有战略性意义的方面，小到某个团队成员的心态变化，也需要及时把这些信息进行分类、处理、跟进，很难明确地界定自己的职责范围。可以说，与团队相关的都是你的工作范围。

尽管在某些方面略有不同，但几乎所有管理工作都显得纷繁杂乱。许多新晋管理者认为，之所以发生工作时间支离破碎、工作节奏错乱，以及手头的事总是被打断等状况，是因为管理方法有问题或工作没有安排好。他们以为，只要自己再努力一些，只要把工作安排好，只要过了过渡期，这些状况就会消失，他们就能着手做一些更实质性的工作。

管理者有挫败感和精疲力竭感可以理解，但他们对问题的判断和预期是不准确的。要知道，晋升到管理层意味着在职责范围上的一种飞跃，管理者的一项重要职能就是收集信息，并根据信息对组织和团队进行调整。管理者的工作就是与上级、同级、下属及外部人士沟通，并获取信息，需要花很长时间与人开会或谈话，有时还要做一些看起来并非实质性，却能获得关键信息的工作，比如在茶水间和同事闲聊，或者到员工工作区域走动一下。这些工作可能显得无序，但却是很关键的。

如果把管理工作比作一副拼图，那么它的碎片都是模糊不清且时常变化的。这样的工作要求管理者集中注意力，聚焦核心内容，从他人那里获取的信息也可能是不完整、有倾向性或混乱的。而一旦有意外情况出现，比如关键员工辞职，新产品的市场接受度不高等，管理者就要马上放下手里的所有事务去化解危机。

当然，并不是说管理者的工作就是完全不可控的，只能被事情推着走，其实有些意外情况也是可以避免的，管理者需要不断进行系统性思考，把能够常规化的任务尽量常规化，这样的工作状态也要求管理者非常自律，做好时间管理，具体方法将在第四章展开说明。

需要记住的是，无序是管理工作的一种属性，但这并不意味着管理者不胜任或做事不周到。管理者需要调整心态和预期，不要期望所有工作都是按照自己的节奏有条不紊地开展，不需要临时救火，也不用处理任何危机。只要组织在运作，就不可能出现这样一个“完美”的情况。管理者的重要工作之一就是处理突发情况，因为没有任何系统或计划能够彻底消除突发情况。

升级路上的几个误区

1. 你是否是完美主义者

完美主义管理者所秉持的理念：每件事都要做到一百分，或者只接受满分。

完美主义误区有两个具体表现：一是希望每件事情都是零瑕疵；二是不能忍受暂时的不完美。完美主义误区是时间黑洞，会吸走管理者和团队的时间。

完美主义管理者因为追求事事都要做到最好，很容易目标不清晰，平均分配自己的精力和团队资源，导致重点工作缺乏投入，非重点工作投入过多，最终拉低了团队整体的效率。

完美主义管理者还容易患上拖延症。由于总是觉得自己和团队没有做好准备，因此不能按时开始一项工作。又由于对成果不够满意，因此迟迟不能按计划完工。团队成员也被迫在细节上花费太多精力，导致投入与产出严重失衡。

作为个人贡献者，你可以持续投入精力，力争把每一项工作做到最好，这种精益求精的投入会助力你成为优秀员工。但成为管理者之后，你要负责的事情是之前的好几倍，不可能把所有事都做到100分，你需要接受有些事情暂时只需要做到60分，有些事情甚至可以放弃。

完美主义管理者需要学会：

第一，明白资源的局限性，接受现实的不完美。管理的水平体现在有限资源下所作出的平衡和最优化选择，而不是追求把所有事情都做到最好。管理者需要看到并接受这种客观现实，把有限的精力投入到更重要的事情上。

第二，不是所有问题都需要解决。只要事情在发展，必然会遇到新情况，也会出现新问题，不可能存在一个“所有问题都解决了”的时点。有问题存在是正常的，有的是制约事物发展的关键矛盾，有的是细枝末节的小问题，管理者要学会抓大放小，不可能也没必要做到面面俱到。

第三，学会说“不”，接受无法让所有人都满意的事实。一线管理者常常陷入外部客户、内部各部门同事，以及各级领导的不同要求交织而成的复杂情境中。完美主义者往往想要让每个人都满意，期望自己能面面俱到，因此很难拒绝他人，容易被别人牵着鼻子走，把其他人的目标当成自己的目标去努力。然而，管理者需要接受的现实是，你一定无法做到面面俱到，要有所取舍。一旦开始选择，就意味着在满足一些人的同时，也会让另外一些人感到失望。不要让“害怕别人失望”的情绪左右你的判断，对没有成效和价值的要求勇敢说“不”。

2. 站在舞台中央和做一个幕后英雄

成为管理者，把具体工作交给员工去完成，也意味着把过往熟悉的战场和舞台交给了员工，而自己则退居幕后，看着员工在台前尽情发挥，收获鲜花和掌声。刚开始，管理者多少都会有些失落，想要继续做自己熟悉的事情，希望找回昔日的美好感觉。有的管理者甚至会和下属较劲，追求在专业上胜过对方，甚至刻意打压下属。

> 素素是一家公司的客服专员，对工作满怀热忱。无论面对多么棘手的客户，她总能以专业素养和无尽的耐心，巧妙地化解一切难题。她享受着“搞定”客户的过程，特别是那些让他人束手无策的客户，更让她

感受到了无与伦比的成就感。

不久，她的卓越表现赢得了领导和同事的一致赞誉，迅速晋升为客服主管，肩负起客服团队的管理重任。她的工作职责也随之发生了很大的变化，包括对客服专员的培养，以及对相关管理流程的梳理，她不再需要亲自处理具体的客户投诉。

素素一开始充满了兴奋，但很快她就意识到，面对这些全新的职责，她显得有些笨拙。一天的工作下来，她常常感到手忙脚乱，有时甚至会把事情搞砸，再也找不到从前那种得心应手的感觉。过去，每当完成一项具体任务，看到客户满意的笑容，她都能感受到满满的成就感。而现在，她的工作变成了对人员的培养，这是一项缓慢的、难以立刻看到成果的长期工程，这让她感到无比沮丧。

与此同时，团队中不断有优秀的新人崭露头角。每当看到新人们获得表扬或肯定时，素素的内心总是五味杂陈。一方面，她为他们的成就感到高兴，毕竟他们都是自己团队的一员；另一方面，她又感到一阵失落，因为那个站在舞台中央的“明星”已经不再是她自己。看着别人占尽风头，她甚至发现自己心中隐隐有些嫉妒。

从舞台中央的业务“明星”变成新手管理者，感到迷茫和不适应都是正常的。不过，在一段挣扎和迷茫过后，管理者一定会体验到管理团队所带来的成就感。

一位管理者在总结过去一年的工作时说，当她看到下属获得优秀新人奖站在领奖台上，比自己获奖都开心。她也开始从管理工作中获得乐趣，主动和团队分享自己的经验，去称赞和帮助受挫的员工调整状态，以及辅导员工，帮助对方成长等。一直激励着她的，是她想象着未来拿到优秀团队大奖，可以跟团队一起登上领奖台的画面。

在管理之旅中，当你感到即时的反馈和成就感似乎遥不可及时，请勿急于求成。坚守你的职责，持续履行管理者的使命，你将会在下属的成长轨迹中找到那份独一无二的满足与成就感。真正令人振奋的，莫过于见证他人因你的指导而成长。你会发现，与团队并肩作战，共同缔造的辉煌业绩，其价值远超个人的荣誉。当你们征服一个又一个挑战性目标时，那种由内而发的荣誉感，将是你作为管理者最为宝贵的收获。

3. 讨人喜爱和被人讨厌

坦白说，作为管理者，我们都希望被他人喜欢和尊重，没有谁想扮演一个令员工讨厌的角色。不过，想要实现这个目标并不容易，需要在增长效益与培养人才，以及完成任务与建立人际关系两个方面找到平衡。

管理者偏向于哪一方面，除了自身的性格特质之外，还要看其所处行业的属性和竞争程度。有的行业是偏上升型的，竞争非常激烈，那么就会强调效益增长；而有的行业是资源稳定型的，不用太拼就能发展得很好，那么就会更看重人际关系。

有一家外贸公司，考核体系中人际互评占据了70%的比重，而业绩与效益却只占30%。这种评价机制，如同一场精心编织的社交游戏，其结果却令人深思。

在这样的考评文化熏陶下，该外贸公司从高层到基层，每个人都倾向于成为一名“老好人”。面对利益冲突，他们选择和稀泥，避免成为他人眼中的“刺头”；对于创新的想法，他们避之唯恐不及，生怕成为“出头鸟”。每个人都希望自己更合群、更受欢迎，只为了在人际互评中保持良好的形象。

因此，在晋升名单上频频出现的，往往是那些“好人”。尽管同事们私下里会嘀咕：“他似乎从未完成过什么像样的项目”“他的专业水平如此之差，竟然也能晋升”等。

相反，那些真正渴望成就一番事业的人，却因为在日常工作中积极争取资源，或者在跨部门沟通中显得有些“咄咄逼人”，抑或对团队要求严格，而在考评中难以获得高分，最终黯然离去。

这种文化最终导致整个公司暮气沉沉，员工得过且过，公司的经营状况日益艰难，效益不断下滑。不久之后，这家曾经辉煌的外贸公司便倒闭了。

经营困难和效益下滑只是表面现象，深层次的问题在于公司文化和管理机制的失衡。管理层在这样的环境下也难以发挥其应有的领导作用。一个“识时务”的管理者往往更关注如何平衡各方关系，而非如何推动公司向前发展。那些忽视了企业文化，坚持业绩导向的管理者，则会因为对团队的高要求而成为不受欢迎的人，在这种评价体系中难以生存，最终黯然退场。

有的管理者会用减少工作量、降低工作难度的方法向下属示好，希望以此建立良好的上下级关系。短期来看这种做法可能是有效的，下属会感谢管理者体恤他们的辛苦，认为管理者是一位好领导。

但长此以往，如果管理者耗费太多时间在取悦别人上，工作效率一定会受到影响。有的管理者会尽力避免作出不受欢迎的决定，或者干脆直接回避问题，也不太敢安排有挑战性的工作给下属，当下属发现自己的能力得不到提升，发展空间受限时，他们就未必会继续感谢和认可这位管理者了。

一位真正优秀的管理者，绝非仅仅是一位和蔼可亲的“老好人”。他们深知在追求卓越的道路上，冲突并非全然的负面现象。他们没有逃避冲突，而是勇敢地面对，理智地处理。

对于那些不愿为难员工的管理者而言，他们的犹豫往往源于对冲突的恐惧，宁愿自己默默承担更多的责任，也不愿在工作分配中引起下属的不满。然而，这样的做法虽然能在短期内维持团队的和谐，却可能阻碍了团队的成长与创新。

要带好团队，必须做到规则清晰，有底线思维。我们看到很多案例，一个“老好人”的管理者往往会造就一个失败的团队，因为他短期满足了某些个人的利益，让大家感受到一种“轻松愉悦自由”的氛围，但一个没有原则的管理者最终会让整个团队崩盘。

如果期待一份没有人际冲突的工作，最好的选择是一开始就不要做管理。要把事情本身的冲突和人的关系区分开，减轻自己的心理负担。代替下属完成他们的本职工作，一定不是解决矛盾和冲突的正确做法。

4. 别慌，你不是一个人

很多时候，我们看到身边的资深管理者，他们在工作中挥洒自如，游刃有余地处理着各种复杂的关系，仿佛他们就是天生的管理者，直觉敏锐，看待事物总有真知灼见，不论身处何种情况都知道该怎么做。比如，如何坚持目标、如何激励员工、如何开拓事业版图等。

在羡慕他们的同时，反观自己的各种手忙脚乱，还有伴随而来的挫败和沮丧，难免会怀疑自己是不是做管理者的那块“料”。

实际上，从过往的经验中我发现，即便是资深管理者也需要不断地成长，在成功的领导者光辉形象背后，往往隐藏着一段不为人知的困惑与挣扎。正如那句古老的谚语所言，“每颗星星的闪耀，都经历了夜的洗礼。”这些领导者，在职业生涯的某个阶段，也曾深深地陷入自我怀疑的泥潭。他们对自己的决策持怀疑态度，甚至质疑自己是否真的适合管理者的角色。他们或许会自问，为何其他管理者能显得如此从容不迫？

在这段探索答案的旅程中，他们感受到了前所未有的孤独。尽管外表可能展现出自信的姿态，但内心仍有不安与焦虑，正是这种内心的挣扎，成为他们成长的催化剂，促使他们不断寻求自我提升的路径，最终在逆境中绽放出领导力的光芒。

许多管理者很难相信其他优秀同行也会有这种感觉，毕竟他们看上去是那么的从容不迫、游刃有余。不可思议的就在这里，明明大家作为管理者都有很多困惑和挫败，但都以为只有自己才是这样的痛苦和不堪，别人从员工成长到管理者是那么水到渠成，顺理成章地胜任了管理者的岗位。几乎没有人会主动去挑明和讨论这个话题，生怕一说出来就露了怯，暴露出自己的“不胜任”，只能在困惑中独自前行。

当你知道所有人都要经历这样的过程的时候，内心就会平静许多，起码不会随随便便就怀疑自己。当然，也有人会面露疑色地问：“如果大家都是这样的话，那优秀的管理者和平庸的管理者有什么差别呢？”

区别就在于适应期的长短，有些人可能很快就适应了，有些人可能一直都进入不了状态、找不到感觉。管理者能否发挥潜力，差别在于他们面临困惑与不确定时如何处理。既然这些艰难时期无法避免，那就在这些时期来临时做好应对。

第一，建立一个在组织内部四通八达的人际联盟。那些过度自信、成绩卓著的人常常认为自己已经足够出色，完全无须担心处事之道。实际上，不论你有多聪明或有多少经验，都无法独自度过这个阶段。人际关系不仅会帮助你完成工作，还会带给你大量的学习机会。不只是专业方面的学习，更是为人处世方面的提升。

第二，保持韧性，让你在面临困难时可以迅速恢复。获得晋升是令人激动的一件事。但最初的肾上腺素冲击平静过后，你会开始怀疑自己是否真的能够承担起新责任。而当你开始犯错误，意识到自己并没有“搞清楚”时，你就感到很有挫败感。这是很正常的，每个人都会遇到这种情况，这种受伤是有益的，只不过每个人受伤的程度不同，从伤痛中恢复的速度也会有差异。

第三，转变思维模式。如果你想完全发挥自己作为管理者的潜力，就必须改变对领导力的固有思维和处事方法，同时也需要转变你对自己和他人的认知。对于很多人来说，这意味着很多传统观念都需要被推翻，当你做到这一切的时候，其他人也会改变对你的看法。

小心“自证陷阱”

新领导，彰显新气象。人们对于新晋管理者总是带有一定的期待，期盼他们能带来新的氛围和管理模式，从而构建一个焕然一新、充满活力的工作环境。这无疑是新晋管理者所面临的关键挑战。

在管理界，有一个颇为流行的说法，即“新官上任三把火”。新晋管理者往往急于展现自己的与众不同，渴望通过一系列引人瞩目的举措来确立自己的地位。然而，这是否意味着每位新上任的管理者一定要烧“三把火”呢？

实际上，这种做法可能使管理者陷入所谓的“自证”陷阱。他们过于关注通过外在的表现来证明自己的价值，而忽视了更为重要和根本的管理原则。真正的领导者应当深入了解团队的需求，倾听下属的声音，并在此基础上制定出既能激发团队潜力又能实现组织目标的策略。这样的管理方式，虽不张扬，却能在潜移默化中为组织带来持久的变革和进步。

因此，新晋管理者在上任之初，不妨放慢脚步，深思熟虑，以一种更加审慎和智慧的方式来开启自己的领导之旅。

> 小昭刚走上经理岗位，便以一种锐不可当的气势示人。他深信，唯有通过展现自身实力，才能真正赢得下属的信任与追随。因此，他毫不犹豫地启动了一系列大刀阔斧的改革措施，意图在流程优化、营销策略革新，以及新生产线布局等多个维度上齐头并进，实现全方位的变革。
>
> 然而，不久之后，小昭便察觉到这一全面铺开的策略并未如预期般奏效。相反，它引发了诸多争议与不满情绪，使得改革进程举步维艰。

新晋管理者很容易陷入“证明自己”的陷阱，刚一上任就处心积虑地想要证明自己，“新官上任三把火”，希望通过重大的变革来证明自己的晋升是名副其实的。上上下下的员工都跟着忙前忙后的，但“火”总是烧得不旺，行动方案中途夭折，没有取得预期的效果，团队怨声载道，反而因此失去了大家的信任。

实际上，不一定非要进行重大的变革，也可以进行局部的调整。聪明的管理者通常不会立即进行大规模的组织调整或人员变动，而是寻找一些小的关键点作为突破口。比如，亟待解决的问题；短时间内可以取得成果的事情；不会对组织的整体业务产生重大影响的优化性的创新等。

通过实施这些调整，由小变革带来即时的成就，让组织和团队看到管理者所带来的不同，从而树立管理者的声誉。当然，对于一些运作良好的企业，甚至不需要什么变革，毕竟变革是需要成本的，“萧规曹随”也不失为一种明智的选择。

管理者若脱离组织的实际情况，只为了证明自己的实力而推行的变革，往往会造成资源的非理性消耗。当一位新任管理者高调承诺即刻迎来转型时，我们理应心生警觉。短期内期望实现彻底转型，不仅不切实际，更不应成为企业的追求目标。

企业的转型应当是一个渐进且有序的过程，它需要基于对现有资源、市场环境及内部文化的深入理解与精准把握。盲目追求速成的变革，可能会忽视这些关键因素，从而导致转型策略与企业实际情况脱节，造成资源的不合理配置，甚至可能破坏企业原有的稳定结构，引发不必要的风险。

带着预设和答案工作

有的管理者没有经过充分的调研和论证，就带着先入为主的“答案”入职，预先设定了团队面临的问题是什么，以及如何解决这些问题。他们只知道在之前的岗位处理问题的答案，所以相信自己在应对新问题时同样也有答案。

> 小金原本是一家全国性大公司的区域经理，跳槽到了一家地方性的小型公司，担任该公司总部的运营总监。在与新团队的初次交流中，当团队成员们正准备向小金详细介绍公司的现状时，小金却急切地打断了他们：“我来之前也稍微打听了一下公司的情况，你们现在遇到的问题都是我以前经历过的，我知道怎么解决，大家照我说的做。”他的语气中透露出不容置疑的自信和权威，仿佛一切尽在掌握之中。
>
> 还没等大家回过神来，小金就哐哐一顿输出，详细地安排了接下来团队需要执行的几项任务。同事们虽然表面上保持了沉默，但会议一结束，私下里便纷纷表达了对这些措施的疑虑，认为这些措施与公司的实际情况不符，实施起来可能会遇到重重困难。

“纸上得来终觉浅，绝知此事要躬行。”每个组织都有自己的实际情况，站在外面看，和在里面实际待过，是两回事。这就好比一个人来到一座新城市，连地图都不看，非要按照自己的想法走，最后的结果大概率是迷路。

这些管理者没有意识到，带着答案前来可能让你更容易犯错，还可能会导致人们疏远你。入职新组织的管理者们必须关注和适应新的文化。先融入再改变才是明智之举。新领导需要首先与团队建立起融洽的工作关系，然后再考虑运用自己的领导力。忽视这一步骤，可能会导致领导者被组织边缘化。

成功的管理不仅仅是关于策略和决策，更是关于人际关系和文化的深刻理解。只有当领导者能够平衡这些要素时，他们才能在新的工作环境中取得成功。

尊重过去的元素

如果了解了企业的实际情况，的确需要进行变革的，我们应当铭记一项至关重要的原则，即对过往的尊重。这不仅涵盖了曾为之奋斗的团队，也包括他们所倾注的心血与汗水。变革之路，非但不应是一味地批判与指责，而是珍视那些在企业发展历程中留下的宝贵财富，它们是未来成长的基石。

> 融融以其对业务的深入理解，赢得了管理层的青睐。集团任命她为人力资源部经理，无疑是看中了她能够为公司带来新鲜血液和活力。然而，融融在上任初期，却犯下了一个严重的错误。
>
> 在初步了解前任人力资源经理的履职情况后，融融对许多既有的做法产生了质疑。她不仅在私下与几位熟人吐槽前任的能力和专业性，更在部门例会上公开批评之前的相关政策。这种做法迅速在人力资源团队中引起了负面反响，团队成员的积极性受到了打击。
>
> 其中一位资深同事终于忍无可忍地反问："你是想说我们之前一直在做蠢事吗？"
>
> 更糟糕的是，前任人力资源经理听闻这些负面评价后，感到非常愤怒。一些原本就对融融持怀疑态度的人，硬是抓住这个机会，在后续的政策推行中故意设置障碍，使得融融的工作举步维艰。

人们的自我认知，往往与职业身份和在公司中的地位紧密相连。因此，管理者要拿出"洗耳恭听"的态度，而不是"指点江山、品评人物"。先要认真倾听团队心声，了解组织的过往和现状，认可团队过往的贡献，避免全盘否定。

作为管理者，要在变革中清晰而坚定地向团队传达一个信息：积极拥抱新事物已势在必行，过去的工作方式、流程和方法，虽然曾是我们成功的基石，但如今它们已不再适应时代的需求。既要带领人们摆脱旧有的束缚，同时又不失对过往成就的尊重。

第二部分

管理的艺术

管理不仅仅是完成任务，更是一门艺术。它要求管理者在授权、沟通、时间管理等方面展现出卓越的能力。管理的核心在于如何通过他人达成目标，而不是事事亲力亲为。在这一部分，我们将深入探讨如何通过有效授权、真诚反馈和高效的时间管理，来提升团队的整体效能，帮助你在管理的道路上走得更远。

第二章　充分授权：让员工想干、敢干

一个管理者，不管多么优秀，都不可能事事亲力亲为，必须要通过委派他人完成工作。如果分配任务得当，团队会更快地实现目标，产生更好的成果，并且完成远比你一个人能完成得更多的事情。

然而，我们经常看到这样一种鲜明的对比：管理者忙得脚不沾地，被太多的工作压得喘不过气来，但是团队成员却无所事事、百无聊赖；另一种极端情况是，你可能太急于把项目转手出去，导致被交付的员工茫然不知所措，因为他们还没有能力完成你交给他们的工作。这都是授权不到位所造成的。

做管理，需要学习和掌握的一个基本技能就是如何授权，既不过分插手，又要密切关注工作的执行情况。新晋管理者很容易陷入过度管理的误区，即事无巨细地亲力亲为，这很难被大家接受。为了避免这一问题，管理者往往会矫枉过正，直接放手不管。在这些情况下，员工往往会变得参与度极低，然后放弃。

优秀的领导者知道不论他们多有才能，都无法独自完成工作中的各项挑战。他们知道必须要充分依靠团队的力量，再根据这些人各自的不同技能与志向，逐步培养他们的能力，如此一来，才能充分发挥团队的力量。

但是，很多管理者一想到“授权”就很担心会失控，即使是不那么重要的工作，一想到由别人来做可能没自己做得好，就感到不安。有以下行为迹象则说明你需要提高管理技能：

- 你每天都忙得脚不沾地，被太多的工作压得喘不过气来。
- 你总是担心别人不能做得和你一样好。
- 你会事无巨细地仔细检查团队的每一项交付成果。
- 你授权出去的项目常常被搞砸。
- 你把项目委派给一些并不适合的人。

授权是有效管理必不可少的技能。检查一下手头的工作：哪些工作占据了你大量的时间，以及这些工作是否可以分配给其他人。

管理者不愿意授权的原因

在实际工作中，一些管理者有着很强的追求“完美”的意识，认为只有亲力亲为才能做到最好。有以下几种情况会让管理者不愿意授权：

- 任务太重要了，不能授权。
- 团队成员还不够强大。
- 只有自己具备相关技能。
- 别人可能会把事情搞砸。

对工作“要求高”，担心别人达不到自己的要求，害怕失望，这会导致管理者工作负荷过大，团队对管理者过度依赖。如果你不相信你的团队能应对挑战，要么你需要一个新的团队，要么团队需要一位新的管理者。

的确，你的下属做起工作来可能无法像你做得这么好，实施的方式可能也不同，但这不代表他们无法有效完成这些工作。放手让他们去做，可以让他们得到锻炼，并将你从中解放出来，转而着手更重要的任务。

1. 不愿意走出舒适区

管理者之所以被提升到管理岗位，大多是因为前一个岗位的工作是你所擅长的，进展得很出色，但是提升到了管理岗位上，工作职责、所需要的工作技能已经发生了很大的变化，这些对于管理者来说是全新的挑战，有的人能够顺利地转型，而有的人面对新的挑战内心充满恐惧，还是习惯性地退缩到自己的舒适区里，不愿意放弃原来舒适且高度自我认同的身份。

如果遇到的工作是自己之前熟悉的、擅长的，会让他们得心应手，否则常常不愿，或者是忘了授权给别人，不由自主地深陷其中而不自知，这些工作带来的自尊感、成就感常常让转型期的管理者难以抗拒。

许多经验丰富的管理者因为“越级”而铸成大错——做了喜欢却不该

继续做的事。他们总想待在舒适圈内做下一级员工的工作，因为他们对工作流程非常熟悉。最后导致每个层级都受到影响，即下一级管理者只能做更低级别的工作，整个团队都乱了套。

2. 习惯于微观管理，不懂如何授权

有的管理者可能已经找出应该授权他人去做的重要任务，找到适合承担任务的人才，也已经将责任授权给这些下属了。

但不知为什么，似乎仍无法从责任重担中脱身。责任最后总会回到自己身上。仿佛少了你的参与，问题就无法解决。

> 吴某是一家人工智能公司的技术总监，每天忙得脚不沾地，陪伴家人的时间基本没有。他很苦恼：我把工作授权出去了呀，为什么还这么累！
>
> 找了领导力教练咨询之后才发现，尽管他确实把工作授权给了其他人，但他并未退居幕后。当他授权出去的工作出现问题，下属请他协助时。他通常不拒绝，马上会去解决出现的问题。
>
> 然而，这个决定会立刻让原来的授权失效。
>
> 此外，这位吴总监还有个习惯，就是他会事后审核下属所作出的决定，就连无关紧要的小细节也要过问。因此，尽管他名义上已将工作授权给主管，但主管却要不断请他“批准”他们所作出的决策，连次要的小决策也不例外。
>
> 于是，越来越多的人请他审核决策。这些主管无奈地说：“反正他到最后也会插手，还不如这样可以节省时间。”
>
> 与此同时，该公司正面临战略转型方面的挑战，但这位技术总监目前却没时间处理这些问题。几位重要的资深主管甚至考虑要离开公司，因为他们很有挫败感，觉得这样的管理太令人窒息了，他们完全没有发挥的空间。

可能在这位技术总监看来，其他人做某些工作就是无法做得像他一样好，光想到这一点就让他抓狂。然而，这样事无巨细地随时参与，会让其他人员有挫败感。但凡理智一点就应该知道，我们不需要把每件事情都做得很完美，要让其他人有参与的机会。只有工作真的到需要你参与的程度，才有出手的必要。

通过差异授权找到最合适的那个人

许多管理者不愿意授权，有一个重要的原因是被员工辜负了：授权进行得很不顺利，一切努力付诸东流，以后就不敢再授权了。

这通常是因为没有处理好“匹配度”的问题。他们没有发现下属真正擅长什么，因此未能将任务与适合的人员进行有效匹配，把复杂程度高的工作安排给了新员工，或者给专业能力强的员工安排了很多协调沟通的项目，导致“所托非人”，授权失败是必然的。

还有的管理者授权之后完全不管不问，等到出现负面影响的时候再关注就太迟了。

> 某企业要做新的企业文化手册，办公室的刘主任把这项工作交给新来的阿涛，说：“阿涛啊，这次的企业文化手册就由你来做吧，董事长对文化手册非常重视，你是名牌大学的研究生，大家都对你寄予厚望，考验你能力的时候到了。不管你过程怎么做，我只关心结果，希望一个月后看到的是一本新颖且有内涵的文化手册。”
>
> 初来乍到的阿涛，很迷茫地接受了工作安排，一直在琢磨什么是“新颖”“有内涵”。授权之后，刘主任几乎再没具体过问阿涛的执行情况。
>
> 转眼间，一个月过去了，当刘主任翻阅完阿涛提交的手册时，他的脸上露出了失望之色：“阿涛，这个手册质量不太行呀，完全没有新意，你一个名牌大学的研究生，怎么是这样的水平呢？还是由我来做吧！”

哪里出问题了？

这个刘主任采用的是基于结果的授权方式，也就是简单的目标管理，对过程中的情况完全不关心，导致事与愿违。如果在阿涛工作的过程中能够及时给予协助或支持，一起讨论，做好把关，不合适的及时调整，就不会到了最后一刻才发现出了问题，此时已经来不及改变了。

授权并不意味着撒手不管，对工作过程不管不问。授权本身包含着委任与控制，员工可以在一定范围内有自主权，而管理者要对结果负责，如果发现过程中有偏差，就要及时矫正。就像放风筝一样，风筝可以飞得更高更远，但那根风筝线始终要在你的手中才行。

管理者不能为了图省事，自己当“甩手掌柜”。

适合你的工作风格可能并不适用于其他人，当你想当然地以为团队成员都同你一样，会按照你的想法开展工作的时候，问题就出现了。

以下是两种常见的工作分配模式。

模式一：终点式

如果用这个模式，你会直接跟团队成员说：“现在，我们在 A 点，终点是 C 点，这个任务很重要，我相信你可以做好，所以让你负责。如果需要帮助，可以随时来找我。”

对于能力比较强、经验丰富的员工来说，会很喜欢这种风格，他们希望有充分的自主空间，享受通过创造力来解决问题的过程。

不过，这个风格并不适用于所有人。事实上，如果你只会用这样的方式去分配任务，可能会经历刘主任遭受的一切，即一场最终将任务搞砸的灾难。这不但会浪费宝贵的时间，还会让自己的下属感到挫败，造成双方都受挫的局面。

模式二：里程碑式

如果用这个模式，你可能会对自己的下属说：“现在，我们在 A 点，终点是 C 点。我相信你可以做好，所以打算把这个任务交给你。不过，因为这是一个很重要的项目，我希望可以有计划地设置一些里程碑。这会保证我们一直都在正确的轨道上，并能按时到达。”

设置过程节点，可以随时检查自己的进度，保证整个项目按照计划发展。如果没有这些里程碑，你的下属可能会不知所措，迷失方向。

两种工作模式的区别见表 2-1。

表 2-1　两种授权模式对比

对比项目	终点式	里程碑式
沟通核心	告知起点 A 与终点 C，强调自主	告知起点 A 与终点 C，强调设里程碑控进度
适用员工	能力强、经验丰富者	基层 / 新手员工群体
优势	充分自主，激发创造力	按计划推进，方向明确

一些特别重要或周期比较长的项目，到了项目结束的时候才关注结果的话，那很可能就没有机会去纠偏了。如果你担心员工会犯下不可挽回的错误，那就把整个项目当中，所有需要你亲自核实的点指出来，然后与下属充分沟通，制定时间表，让他直接向你汇报。在这种情况下，如果事情偏离轨道，你就可以马上知道，并有足够的时间去改正错误。

比如我在授权一个重要项目时，会和员工一起就项目进行梳理，把项目切分成一些关键的节点，然后同员工约定，每到项目的关键节点就要汇报一次，平时的常规工作就不需要汇报了，这样既给予了员工充分的自主权，又可以确保项目按照预期开展。

带出优秀团队的方式

管理者能够有效授权的能力是管理的一项重要职能，也是其能否成为一名成功管理者的关键因素。在委派任务之前，管理者首先自己要头脑清醒，对需要完成的工作有较为清晰的认识：

- 任务的具体内容是什么？
- 如何评测任务的成果？
- 什么时间需要完成任务？
- 若想出色地完成此任务，员工需要具备什么样的能力？

在此前提下，要重点关注以下几个方面的问题：

1. 选择合适的人

选择合适的人是有效授权的关键。管理者需要将员工的技能和适合的任务相匹配。

选择什么人来授权，将在很大程度上决定最终工作成果的质量，甚至决定所分配任务的成败。如果把任务分配给不合适的人，那么注定会导致失败。

你要授权的工作任务，需要的是富有创新意识的新人，还是经验丰富的老员工，这很考验管理者的判断力、经验和智慧。

如果你很了解你的团队成员，知道他们的才华和技能，清楚每一个人的优势和劣势，了解他们的个性和脾气，那么你就可以作出准确判断，确定最适合每个职位的人选。许多管理者通常不愿花时间去了解自己的员工，只是随意地把某人丢在某个岗位上，却寄希望于最好的结果，结果可想而知。

当你要授权时，请一定要考虑清楚以下几项内容。

- 每个人有什么擅长的领域，他们个人能力和弱点都有哪些？
- 如果一个项目需要技能，团队中哪一个成员在这个领域是专家？
- 如果需要调研，谁可以很好地处理？
- 如果需要有创意地解决问题，谁又是最有创新能力的？

2.将相关要求量化

管理者要向员工明确说明要达成的工作目标，尽可能地量化，并建立工作成果的测评标准。特别是对于一些资历较浅的员工，更要避免模糊化。比如，不能笼统地说“要尽快提升销售额”，而要说“在两个月内销售额要提升一倍”，这样的要求就很明确，不会让对方去猜测和想象。

一位资深管理顾问来到一家企业，老板非常高兴地说：“您来得正好，我现在的团队业绩提不上去，沟通太困难了。请您务必协助我，对员工进行一次系统的沟通技能培训。我发现，无论我如何清晰地表达，他们似乎总是难以领会我的意图。”

接到这一请求，这位专家随即展开了对员工的培训计划。然而，出乎意料的是，员工们却纷纷表达了自己的看法：“您快去培训我们老板吧，他的表达能力有问题，我们根本听不懂他在说什么。”

这个例子反映出了很多企业的真实状况——老板和员工根本无法对话。经常看到的一个场景：领导在安排工作之后，只说了一句“尽快给我结果”。员工对“尽快”的理解可能是两天以内，而在领导眼里“尽快”可能是两个小时以内，所以一定要明确说出你的期望和要求，避免因为误解出现差错或浪费时间。

请记住，你的团队成员不会读心，他们不知道你所知道的完整背景，不知道你的期望。如果你想让某人以某种方式做事，不要让对方揣摩你的想法，而是直接告诉他们。清楚地说出要解决的问题是什么，什么样的做法是有效的。具体内容如下。

- 你有什么问题——尽可能多地向团队提供需要的信息和建议。
- 要我怎么帮助你——让对方知道你在支持他们。

3. 让员工知道来龙去脉

在安排工作时，不要只是通知员工做什么，而且要将该工作的背景、要求、意义讲清楚。员工掌握的信息越多，在开展工作时就越能够更好地应对一些突发事件或不确定性因素，也更能调动其参与工作的主动性和积极性。

分配任务时，管理者让员工知道“为什么”比知道“如何做”更重要。如果员工知道管理者为什么希望以这样的方式完成此任务，或者此项任务为什么很重要，那么他们在完成任务时作出的决策会更具灵活性，完成此项任务所获得的结果也会更具创造力。

比如，你在安排工作时，不能只是说：“小李呀，马上编写一个广告文案，提高一下产品销量。”而是要说：“小李呀，最近我们的产品销售比较一般，你想一下办法拉动一下销量，可以做一个广告推广，也可以做一下促销活动。”

小李就明白了，现在要解决的问题是“销量”，他的任务是“拉动销量”，那接下来就要分析到底是什么影响了销售量，是销售渠道、广告宣传还是客户体验等。分析下来才发现，影响销售的是产品的后续服务跟不上，客户体验不佳，需要对服务进行升级，那就可以专注于提升服务，而不是编写广告文案。

但是，如果你只是告诉小李做什么，没有其他背景信息，小李不知道要解决的是什么问题，听了领导的安排，马上就去做广告文案，最后才发现并没有解决问题。

4. 重要的事情要直接讲

这里说的是在授权的过程中，管理者一定要同被授权人直接沟通，讲明白相关要求和期望，而不要通过中间人进行传达，尽量减少“中转”环节，避免信息的漏损和偏差。

有一个很有名的实验是第一个人向第二个人讲一件事，第二个人把这件事转述给第三个人，第三个人……到了第六个人的时候，信息已经同最初第一个人讲述的相去甚远。

当然，在实际工作中不会有这么多的“中间人”，但也要尽量同被授权人直接说明，避免误会和偏差。

比如，有一次我在安排工作时，本来是要找阿莲的，但阿莲当时不在办公室，事情比较紧急，我就叫了阿莲的主管小沫来交代工作，把项目的背景、预期目标等，详细地做了介绍，并且要求小沫向阿莲讲清楚。

结果呢，等到了截止日期，阿莲来汇报工作的时候，我傻了眼，这跟我说的根本不是一回事呀。

就问阿莲：“小沫向你讲做事的背景和目标了吗？”

阿莲回答说：“讲了呀，就是按照她讲的来做的呀。”

5. 避免误解，双向确认

如果管理者只是口头上委派任务，极有可能产生误解。当员工回到办公室或办公桌前时，他们很可能已经忘记管理者要求他们完成的任务，以及具体的时间和标准。因此，管理者在授权的时候，要让员工复述出任务的内容、完成时间和标准。

> 平平是团队主管，最近很苦恼。她发现有一种情况经常发生：明明把要做什么、要交付什么样的结果和阿豪讲得清清楚楚，但是员工交出来的常常是另一个东西。
>
> 平平很郁闷地说：“我也不明白是怎么回事，每次要的结果是A，做出来的却是B。又要不断地返工，时间不够的时候，我只能自己重新做一遍。”
>
> 我专门找了阿豪过来了解情况，阿豪很沮丧地说：“我感觉很不好，

做完又要不断地返工，白做了。”

后来了解到，每次安排工作，平平的确是讲了要做什么，但她以为的“讲得清清楚楚”和阿豪理解的相差甚远。

后来我就建议平平，每次交代完工作，让阿豪也讲一遍他的理解是什么，双向确认一下，发现偏差马上纠正，不至于等到出了结果才纠偏，这样不仅太迟，而且对彼此都是一个很不好的工作体验。

调整方法之后，类似的误解和返工就很少出现了。

在授权给一些新员工的时候，由于大家的默契程度还不够，那就需要管理者和员工针对任务的内容进一步确认，不仅是问“你明白吗”，如果他们只是含糊地回答“是”，通常意味着“不明白”。明白的标准有两种，第一种是他们可以明确地复述你的期望；第二种是他们开始提出有挑战性的问题，比如问目标是什么，以及为何要实现这个目标。这表明他们真听懂了，双方都对工作的内容非常清楚。这样一来，管理者就可以将完成任务的责任放心交给员工。

打击士气的“微观管理”

一旦你把工作授权出去，就要学会放手。在现代化的商业环境中，一线员工的自主决策和行动变得越来越重要。要充分调动员工的主观能动性，首先得给员工一定的自由空间。

有些管理者有个不好的习惯，就是将工作授权出去之后，还不放心，反反复复地干预细节，不停地检查员工的工作进程，要求他们不停地汇报，然后作出评论，并建议他们改变做法。

这就是微观管理，员工基本上没什么自主空间，任何步骤都要征得领导的同意。如果一名员工年轻且缺乏经验，那么这样的工作方式可能是在帮助他。如果对方是有经验的资深员工时，这样的管理方式会让员工感觉到不被信任、没有价值感，就像一个成年人还要按照父母规定的时间上床睡觉一样。

管理者干预太多，会削弱员工对于工作的掌控感，员工会产生一种心态："本来我是想做的，但你强迫我做，还必须按照你说的方式做，我就不想做了。"时刻处于被监督与评估的状态下，这种紧张感会影响他们的工作表现与心理健康。

说到底，微观管理者不信任自己的团队，他们认为有能力作出正确选择的只有自己。

有人可能会说："我也不想干预呀，但是员工在执行过程中，遇到问题总是要问我。"

针对这种情况，我的处理方法很简单。当员工带着工作中遇到的问题或困难来找我时，我会问他："你的意见是什么，你认为应该怎么办？"我会先让他认真思考这个问题，然后提出解决问题的方案。此后，员工再来找我时，除了提出问题，同时也会带着解决问题的思路，而不是直接依赖我给出答案。

微观管理反映了管理者内心的焦虑，也会影响管理者自己的职业发展。随着管理层级的提升，管理幅度变大，管理职责变重，管理者需要持续升级能力。一方面要转换思维模式，在更宏观的层面思考问题，这本身就是对微观管理的挑战。另一方面能力提升需要通过实践锻炼和自我反思来实现，而微观管理者把大量的精力都放在具体任务的执行和监控上，陷入细节不能自拔，很难有时间去完成能力升级。

利用传递信任来破除不愿授权的心理"魔咒"

有一天，刚晋升不久的阿勋兴致勃勃地告诉我："我觉得我的团队成员一定会把我看作尽职尽责的领导。"

"哦，你是怎么知道的呢？"我说。

"过去的一周，每天早上我都定好闹钟，5：30 起床，去我们团队成员负责的绿化项目现场巡查。这样便能随时跟踪进程，并确保一切顺利。我认为这足以向每个人说明我有多在乎团队，以及他们的劳动成果。"

我停住了。很不想泼他的冷水，但又不得不说："阿勋，你换位思考一下，你一直工作在第一线，忙着推进项目进度。整整一周，每天5：30，你老板都跑到现场来监工。你遇到过这样的领导吗？”

我看到阿勋脸上出现了些许赞同：“哦，事实上，是……你确实让我想起了之前的一位领导。他总是时不时地来检查我的工作是否进展顺利。”

“你当时什么感觉？”我问道。

“我都快被他逼疯了，而且感觉他将整个任务交付于我一点都不放心。可我从来没想过会给我的下属们带来这种感觉啊！

很显然，阿勋有个好的出发点——为了让大家感觉自己对工作很用心。但不幸的是，不仅他的团队成员觉得不被信任，他还在这个过程当中破坏了自己的领导力。试问，谁会喜欢天天被人现场监工？作为一个管理者，这种过度跟踪手下工作进度的做法，从战略层面来说很不可取，会破坏彼此之间的信任关系。

授权意味着营造一个信任的环境，授予员工学习成功经验和分析失败教训的空间。管理者可能会担心：如果允许员工拥有更多的自主权，会不会失去对局势的控制。但在现实中，高效的管理者知道，只有充分地放权，才能获得真正的主导权，尤其是将权力下放给那些为你工作的人。

团队中每个人不仅需要了解具体的任务，还需要了解任务的大背景，以及它与整体业务目标的联系。团队不仅需要有资源和能力，而且还需要发自内心地产生责任感，而不是被领导事无巨细地操控和微观管理。

如果管理者担心授权失败，可以进行偏离预期情况的管理。你和对方就工作的内容、评估方式及完成期限进行充分的讨论，并达成一致意见。

你可以对下属这样讲：“1、2、3由你来决定，我完全不需要参与。至于4、5、6，请你来找我确认。”

如果一切进展顺利，工作如期进行，他就没有必要向你汇报。只有当实际工作偏离计划的时候，员工才有必要向你报告。如果没有从他那里听到任何消息，你大可以放心，这一切都在按计划进行。

比如，假设你们设定的月度销售目标是1 000件，那么该项目的负责人只有在某一月的销量低于 1 000 件时，才需要向你报告，除此之外，这位员工完全不需要向你汇报，他可以用自己的方式完成任务，他们的积极性与主动性也会提高。

当员工完成了这项任务，他会感到自豪与满足：“我靠自己完成了任务。”心态也会变得更加积极，工作动力与热情也会得到提升。

学会营造一个容错的环境

当然，即便你在授权方面已经做得相当不错，但有时还难免会出现意外，工作的结果与我们的预期不符，突发状况、员工缺乏责任心等，这些情况难免让人着急上火。但无论怎样，你需要接受一个事实：管理永远充满着不确定性，即便我们亲力亲为，也不能保证事事顺遂、万无一失。遇到这些情况，希望你能够有开放的心态，坦然面对。

对于团队来说，失败也是很好的学习机会，没有错误，就永远不可能真正实现团队的成长，我们每个人不都是通过这样类似的学习成长起来的吗？

有的管理者追求完美，很“善于”发现问题，即便是项目整体进展很顺利，但他仍然能够发现很多缺陷，一张嘴就在一些小问题上大做文章。这种“完美”导向的管理者，不去关注项目的积极进展，却把目光放在员工的小失误上，比如他们在方案演示会上挑剔你的汇报 PPT（幻灯片）模板不好，或者说你的电子邮件语气有问题。从他们嘴里很难听到肯定和表扬，永远都是说不完的“问题”和“不足”，给员工带来很大的压力，很容易造成员工的焦虑和不安。

我们自己是普通人，会犯错误。我们的同事也是普通人，不可能总像期望的那样做得非常好。我们应该像对待自己一样，在他们成长的过程中提供支持，给他们一些机会去尝试、去失败、再去尝试，成长的过程不需要完美。

管理者担心授权失败，其实往往是因为管理者自己不想面对失败。越是过去一帆风顺、无往不胜的管理者，越容易这样，他们往往只经受得住赞美，而经不起批评。因为害怕失败，所以管理者宁愿把事情牢牢抓在自己手里，也不愿冒一丝风险。

固定型思维的人，更倾向于相信人在某一领域的能力是不变的，在面对挑战的时候往往会选择回避，拒绝犯错的可能，把失败仅看成失败，而不是一次难得的学习机会。具有成长型思维的人则正好相反，他们相信能力是可以提高的，更愿意迎接挑战，敢于尝试和犯错，能够从失败和负面评价中学习、提升自己。管理者想要成长，就要学会用成长型思维去面对失败。

放松一点，你会发现更多的美好。

第三章　敢于反馈：真诚不内耗的沟通

任何一位职场人士对反馈都不陌生。我们时常收到来自同事、领导、客户的各种反馈，但很多“反馈”却让人感觉很受伤，并不那么美好，以至于我们一听到“反馈”就想要逃跑。多数时候，“反馈”都不怎么受欢迎，因为很少有人真正懂得如何有效地进行反馈。

身在职场，以下情形你肯定不陌生：

- 有的人完全是在利用反馈发泄个人情绪，指责和羞辱他人。
- 个别领导，平时默不做声，却突然在某天爆发，对着某个员工一通数落。
- 我们觉得自己平时的工作还不错，但在收到年末评价时却常常会大受打击。

有时管理者也会因为个人情绪的原因，在反馈时缺乏客观性：情绪上来了，便不顾时间场合，不吐不快；有的时候，不去直面本人，而是向另外一位同事吐槽，一个传一个，最后才传到当事人耳中。

这难免会让当事人受到伤害。

讨厌反馈的原因

反馈是任何学习过程的核心。没有反馈就没有学习和成长，反馈可以让你知道你是否正在接近目标、是否偏离了轨道。一个人要想提升自我、持续进步，就必须经常得到建设性的，甚至批判性的反馈。

反馈之所以让人反感，归根结底是我们对反馈的认知和个人经历造成的。如果一想到反馈，就焦虑、反感，那就说明，我们现行的反馈方式是错误的。只要仔细想想反馈的真正用意，就会知道它本不该是件坏事。

> 小洛是一个聪明且有才华的年轻人。芙蓉是他的领导，非常能干，而且习惯关心他人。某天早上，芙蓉对小洛说："小洛，我最近收到了一些关于你的信息想和你反馈，你来我办公室一下？"
>
> 听到这句话后，小洛开始心跳加速、手心冒汗，他很不情愿地来到芙蓉的办公室，脑子里迅速闪过一连串的疑问：为什么领导找我，不找别人？到底是什么事？我工作出错了还是有什么疏忽？是谁在打小报告吗？我怎么这么倒霉呢？

小洛和芙蓉的工作关系其实一直不错，他们一同进入公司，作为新人共同成长。从情理上讲，小洛没有理由怀疑芙蓉会对他有什么恶意。但他为什么马上就产生如此负面的念头？而且还这么悲观？

倒不是所有人都会像小洛这样提到反馈就上演内心大戏，但我们或多或少都会有类似的焦虑感。一听到"反馈"这个词，大脑就会自动启动危机应对模式——"反抗、逃跑、僵硬"，进入一种紧张的状态。

为什么我们一遇到它就有这么强烈的反应？到底是什么让我们对反馈心生惧怕？

我们真正恐惧的，其实是不恰当的反馈所带来的羞辱感和挫败感。人具有社会属性，天生喜欢被归入某个群体，希望自身的价值得到认可。这种与他人保有联系、被社群接纳的需求，让我们在面对反馈时，会作出下意识的反应：我不够好，我不被认可。

怎么办？于是，我们会选择逃避。

有趣的是，这种自我保护也会让我们无法给出反馈，因为担心说了可能会激怒对方，破坏彼此之间的关系，基于此，很多人有了想法也会尽量拖着不说，甚至一直深埋于心底。

说回小洛和芙蓉，这次我们从芙蓉的角度看看她的困惑。小洛并不知道，芙蓉其实已经把这次谈话一拖再拖，小洛参与的一个项目结束后，验收组成员指出了他在做项目时的一些不足。

芙蓉知道如果能给小洛一些反馈，他肯定能在后续的新项目上表现得更好。与此同时，她又担心反馈之后，小洛会不开心。随着谈话一再拖延，恐惧和焦虑像乌云般笼罩着芙蓉：我要怎么说才合适呢？他听了会不会不开心？他会不会马上辞职？

反馈给双方都带来了很大的压力。因为两人都一心只想逃避，但最终避开的是一场本该积极有效的对话。

从我多年的职场经验来看，只要反馈意见具备足够的建设性和针对性，我还没看到过哪一个下属会因为受到太多指导而离开公司的。相反，我目睹了许多下属因未获得客观、公正的反馈而感到迷茫和失望，最终选择离开，这无疑对团队和公司都是一种损失。

> 宋伟在团队管理方面遇到了挑战。他管理着两个技术团队，涉及跨城市的管理，他对另一个城市的市场不太熟悉，好几次出面支持的项目都没能搞定客户，而且当地的销售人员也在抱怨技术支持不到位。之后他的领导张林帮他新招了一个技术主管，管理其中一个团队，但宋伟在同这个主管的沟通方面一直不是很顺畅。
>
> 后来宋伟发现，其实领导本来打算让这个主管单独负责那个城市的市场，面试那个主管时就隐约透露了这一信息。但宋伟一开始并不知道，人招进来后领导还让他带着。一年多了领导也一直没有跟他们说明白，让他们互相较劲。这让宋伟感到领导对自己完全不信任，有一种被玩弄于股掌间的憋屈感。
>
> 宋伟说，本来他带两个团队就感到吃力，也知道自己与目标之间存在差距。领导如果能直接告诉他问题出在哪儿，给他定一个标准和期限，事先讲好如果达不到要求，就把团队交给别人管理，他反而会因此心怀激励，而且心甘情愿接受一切结果，或者把这个主管招进来后，领导能够及时与他们两人明确好各自管理的重心和范畴，这样他们也能够相处得更加融洽。
>
> 但这么暗自较劲后，他和这个主管都有很多对彼此和领导的猜忌。最终无论结果如何，下属对管理者都已心生嫌隙，很难再有信任了。

这样的管理者，有一种自作聪明、高高在上地布局和掌控一切的傲慢，利用信息差操纵别人。下属感到的是不被信任和支持，自然也不可能会信赖这样的管理者。

如果管理者能够直接基于事实沟通，把下属在跟销售人员合作中的问题完整复盘与分析一下，反而会是一个引导下属重新认识和学习合作的机会。管理者如果能跟下属谈谈，自己如何看待技术与销售团队的关系，自己在处理之前遇到的冲突时的考虑，都是一个增进理解和关心的过程。结果因为管理者回避问题，不直接沟通，反而造成了误会，彻底伤害了下属。

别把年终考评等同于反馈

通过反馈，可以帮助员工找出不足，改善个人绩效。但很多管理者到年终评估时才“首次”给予下属该有的反馈，把这一工作当作例行公事去完成，只为向人力资源部或领导交差。有效反馈是需要及时进行的，而年度考评一般是一年一次，周期太长，被指导对象听到年终评估结果时往往感到惊讶、困惑甚至沮丧。

> 孙振耀曾担任惠普公司中国区总经理。他的职业生涯始于北京惠普公司，最初担任销售员，销售业绩很好，一度成了惠普全球顶尖销售员之一，并在年度的绩效考核中获得了最高分，荣获了总裁奖。孙振耀领完奖，回到北京，马上就被提拔为经理。一年以后，又到了年度绩效考核，没想到，孙振耀得到的评价是最差一级，相当于不及格。
>
> 孙振耀回顾自己当时的心情，当然很不好受。他是这样说的：“短短一年内，从最优到最差，我心中的错愕和困惑可想而知。”
>
> 他用了两个词：错愕和困惑。错愕就是大吃一惊。困惑就是不理解。孙振耀用这两个词来描述自己的心情。
>
> 为什么他得了最差呢？根据孙振耀的回忆，他的领导是这么跟他说的：“振耀，你是最好的销售代表，但作为经理，你还有很多需要学习的地方，特别是在教导员工方面，我没有看到你展现出令人信服的表现。”

这个案例是孙振耀自己讲出来的。目的是要强调管理者不仅要完成任务，更要扮演好“老师的角色，承担起教导下属的责任。”他为什么“从最优到最差”呢？他自己的结论是因为他忽视了自己作为管理者需要培养和指导下属的责任。

孙振耀忽略了自己要教导下属，这肯定不假。但你觉得，这是孙振耀“从最优到最差”的全部原因吗？我觉得不是。当他得知自己被评为最差时，他用到了错愕和困惑两个词。他对这个结果很吃惊，很不理解。

这说明什么呢？说明孙振耀的领导也没有做好“老师”的工作，他忽略了自己要教导孙振耀。

实际上，孙振耀从最优到最差，他的领导应该负主要责任。首先，在孙振耀上任之初，他很可能没有跟孙振耀讲清楚，他现在的职责发生了转变，他不再是自己销售，而是教导下属如何做好销售。其次，在整整一年的时间里，他肯定没有跟踪孙振耀在教导下属上的表现，没有及时反馈，只是到了年底才“算总账”，所以孙振耀才会觉得错愕和困惑。因此，我的结论跟孙振耀不一样，我的结论是：孙振耀的领导没有当好“老师”。

许多管理者在日常繁忙的业务和运营中，难以腾出时间为员工提供及时的反馈。因此，他们倾向于将反馈意见推迟至年终评估时一次性给出，认为这是最佳的指导机会。

然而，这种观念往往是不恰当的。年终评估对员工而言，是一个决定性的“年终总结时刻”，直接关系到他们的薪酬调整和晋升前景。在这样的关键时刻才给出反馈，尤其是批评性反馈，往往显得过于滞后，员工很难在短时间内采取有效行动来改善现状。

当员工在年终评估中突然接收到反馈时，他们可能会感到惊讶、不满甚至愤怒，特别是当这位评估人恰好是他们的领导时，员工可能会觉得被背叛，进而破坏双方之间的信任和沟通基础。

根据我的经验，那些在年终评估中遭遇“突袭”的员工，往往会将此事视为严重的负面事件。他们可能会质疑公司的文化和价值观，甚至考虑离职。事实上，年底常常是员工离职的高峰期，其中不少与年终考评时的不愉快经历有关。

在这种考核当中，每个人被迫与同事进行竞争性的排名，管理者躲藏在例行公事的考核程序的背后。一旦员工在年度考核中感到不公，受到伤害，这种负面情绪会持续很久，挫败感会压抑在心底。而考评原本是应该帮助员工在事业上实现更好地发展，而不是让人受到打压一蹶不振的。

反馈不同于传统的绩效考评方式。它强调的是实时掌握下属的工作动态，并在发现问题时，给予精准的指导。这种做法，不仅让下属深切感受到身处一个公平、公正的工作环境，更让他们明白，即便反馈内容可能不尽如人意，背后却蕴藏着管理者满满的诚意与期望，会相信这么做是为了帮助他们学习与成长。

你的不满是无法掩盖的

有效地反馈，需要管理者勇于面对冲突。有些管理者观察了一段时间，收集好相关信息，对下属的弱点也了然于心，但仍不好意思直接表达意见，明明很着急，心中不满，可就是不明说，甚至为了团队表面的和谐，还要违心地给予夸赞。

最常见的情况是，下属发现自己没有升职、被降薪了，甚至被开除时，管理者才向下属解释一切。在此之前，下属可能还对这位管理者充满好感与尊敬，但这一刻，他可能会无比愤怒，认为管理者虚伪，再也无法信任，更谈不上尊敬了。

由于管理者未能充分表达期望与不满，下属认识不到问题是什么，致使相同的错误反复上演。随着时间的推移，这种积压的情绪，最终转化为对员工表现的不满和批评，演变成一种无形的情绪暴力，侵蚀着团队的和谐氛围。在这样的环境下，团队成员的积极性与创造力被严重抑制，整个团队的活力和效率也随之下降，形成了一种恶性循环。

要知道，你的不满是无法掩盖的，肢体语言会出卖你，比如不经意的一个冷眼、不满的撇嘴、眼底的冷漠等，员工是能够感受到管理者对自己的态度的。

还有的管理者遇到问题不对员工直接说，却向其他人吐槽，最后员工从其他人口中获知管理者对自己的态度和评价，体验更不好，而且会严重破坏同管理者之间的信任。

卢娜，作为小优的领导，总是能够保持得体平和的姿态，喜怒不形于色。然而，即便她极力掩饰，小优仍能敏锐地捕捉到她偶尔流露出的冷冽眼神和嘴角下沉的微妙变化，这让她感到卢娜对自己的工作或许有所不满。

几次这样的经历后，小优心中充满了疑惑与焦虑。她鼓起勇气，向卢娜坦诚地询问："卢总，您对我的工作是否有所不满？如果有任何不妥之处，您可以直接告诉我。"

卢娜却故作惊讶，回应道："没有呀，你的表现一直都很出色。"

面对卢娜的回应，小优感到一筹莫展。这时，一位同事私下告诉小优："小优，你或许不该越过卢娜直接与总监沟通。卢娜对此颇为介意，我曾听她对此有所抱怨。"

这一提醒让小优恍然大悟。她回忆起之前的一次经历，当时卢娜外出开会，总监急需一份数据。小优考虑到数据并不敏感，便直接发送给了总监。未承想，这一举动竟引起了卢娜的不满。

很多时候，明明一句话就能挑明的事儿，却往往被故意渲染得深不可测，既期盼被理解，又畏惧被彻底洞悉。这种心态在职场中尤为常见，下属们费尽心思解读领导们的含蓄暗示，而领导则对下属的含糊其词充满疑虑。

随着时间的推移，这种相互猜测的游戏逐渐成为常态，所有的精力被无谓的内耗所吞噬，真正的工作却鲜有人顾及。这种现象如同一场无休止的"猜谜游戏"，使得本应聚焦于目标和成果的精力，被消耗在了无尽的揣摩与猜疑之中。

更有甚者，有时候管理者自己不发声，但是又利用自己的话语权和影响力，让周围的人孤立当事人，包括在工作安排上不让当事人参与，或者有意封锁消息等方式，试图以此来让当事人知难而退，自己离开。

温温每每回想起在人力资源部的遭遇，心中便涌起一股难以平息的怒火，尽管这段不快的经历已过去近一年。

初入人力资源部时，温温感受到的是一股温馨和谐的氛围。然而，不知从何时起，这一切悄然发生了变化。

温温逐渐察觉到，部门的团队活动已不再有人邀请她参与，同事们也开始有意无意地回避她。平时大家叫外卖也没人再问她了。更令她难以置信的是，在年度人事考核之际，所有同事都被安排进行考核谈话，唯独经验丰富的她被孤零零地留在空荡荡的办公室中。

这种突如其来的孤立感让温温感到困惑与难过，她的生活被不安与焦虑所笼罩，失眠与胸闷随之而来，整个人变得敏感而神经质。她不断地反思："我究竟做错了什么？"

当得知自己的年度考核结果仅为"基本称职"时，温温终于忍不住向部门经理严总寻求答案："严总，我想了解为何会得到这样的评价？我有哪些地方做得不够好？"

严总的眼神闪烁其词："你对工作一直很认真，嗯，也没有其他问题，只是希望你今后能多与同事们交流。"

温温感到一阵委屈："为什么许多工作都不再安排给我？"

严总故作惊讶地睁大了眼睛："哪有的事，你不要太敏感了。"

听到这番话，温温心如明镜，她明白再留下去已无意义。

许久之后，才有人向温温透露，这其实是严总惯用的手段：对某人不满，却不会直言，而是通过孤立让对方自行离开。

这是非常恶劣的方式，不仅令人发指，更是对职业底线的公然践踏。管理者缺乏直面冲突的勇气，这种逃避行为无疑对当事人造成了严重的伤害。所以，给所有团队管理者提个醒，务必坦诚地表达你的想法和要求，摒弃那些无谓的"猜谜"游戏，更不能愚弄对方。

作为一名管理者，应当以身作则，展现出正直和勇气，营造一个积极向上的职场环境，避免误解和猜疑的滋生，让每一位员工都能在公平和尊重中成长和发展。

做一个善于谈心的管理者

有效的反馈技巧，既能让你完整清晰地表达出必要的观点，又能让同事的自尊和自信不受到伤害。反过来，如果你的反馈比较负面的话，不仅无法解决问题，而且会对员工产生消极的影响。

> 玲玲是一位勤奋且有悟性的骨干员工。年底，我与她进行了一次深入的交谈，话题围绕她过去两年的工作历程展开。
>
> 她略带忧郁地回忆道："去年，我在数据管理岗位上已驾轻就熟，工作得心应手。然而，由于产品管理岗位的同事休产假，我被临时调任至产品经理岗位，主导了几个项目，都获得了部门的认可。"
>
> 然而，当年终绩效考评结果揭晓时，玲玲意外地发现自己仅被评为"称职"。与此形成鲜明对比的是，一些表现平平的同事却得到"优秀"或"良好"的评价。
>
> 这一结果令玲玲倍感失落与困惑。在深思熟虑后，她决定主动寻求领导的解释。
>
> 玲玲的领导刘总，一位新晋升的管理者，曾因销售业绩斐然而获得提拔。面对玲玲的询问，他显得有些不耐烦："你的考评结果为'称职'，说明你的工作还存在不足之处。做人要谦逊一点。"
>
> 玲玲追问："我明白，但我希望能更具体地了解自己在哪些方面还需提升？"
>
> 刘总回应道："这需要你自己去反思。保持开放心态，多向部门内优秀的同事学习。"
>
> 尽管刘总给出了建议，玲玲仍感到迷茫。她无法明确领导所认可的"优秀"标准究竟为何，也不清楚自己究竟应在哪些具体领域进行提升。她深感自己一年的辛勤付出并未得到应有的认可与回报。

一年之后，玲玲和我谈起这件事的时候，内心还是难以平静，眼圈泛红，她说自己继续待在部门没有什么前途，打算找到更好的机会就离开这里。

看到了吗，讲了半天，不仅没有直面问题提出有效的提升建议，而是给员工带来很大的困扰，一次失败的反馈对员工的打击多么大！

我认识玲玲的领导，他是一个专业水平高、做事认真的年轻人，肯定不是传说中的"恶老板"，只是不太善于跟人沟通，他可能不知道自己的语言对别人能产生这么大的影响。

既然会给员工带来如此不良的后果，为何领导们还会给出负面的反馈呢？

其实，就是无意为之。有些领导出于好意，只不过没有意识到反馈的方式欠妥，这样的反馈会削弱士气，降低自信，甚至阻碍员工个人和职业上的双重发展。

反馈的目的是帮助别人，不是人身攻击。有效反馈的内容应该清晰明了，具有执行性。你要思考员工能从你提供的信息中获得什么，确定他们可以做哪些具体的事情。

举个例子，很多人常听到的建议是：要注意“人际关系”。老实说，我不懂这是什么意思，会说出这种话的领导，通常对于下属的印象模模糊糊，并且没有做足功课，因此无法给出可供执行的反馈意见。

这种反馈意见不但很抽象，更糟糕的是，还会使对方的注意力集中在猜测建议的意思上，而不是改进方法上。比如，一听到“人际关系”，员工可能还要琢磨难道是上次我和财务部开会时过于强势，还是上个月与老板沟通时，直接表达了不同的意见等。

一个人不可能对自己不了解的事情进行改进。

同样，当他们想仔细分析自己未做到的事情，决定未来该如何改变。但领导却告诉他们要“学会做人”的建议，这种说法不但会使人感觉受到了侮辱，而且也没给出让他人得以开展行动的明确意见。

我曾经遇到一位领导，他特别喜欢提意见，但令人苦恼的是，每次所提的意见都讲得很模糊，从他的话语中并不能得到有效的信息，比如一谈到人员培养的问题，他就习惯性地说：“你们要把培训做得体系化一些。”

可是，我们的培训工作明明已经很体系化了呀，于是大家就问：“您说的‘体系化’，具体是指什么呢？”

“你们可以把团队做一些细分，然后有针对性地进行培训安排。”他说。

然而事实上，我们不仅对团队做了细分，而且还通过大量的访谈和问卷调研，对团队的具体培训需求进行了细化，把理论培训同工作实践结合在一起，针对业务的每一个环节做了标准化的流程手册，我们的培训项目还获得了年度人才培养金奖。

所以，他这样说就很难让大家心服口服，同事们都觉得他连基本事实都没有弄清楚，只是在“挑刺儿”。久而久之，他说什么，大家也不会在意了。

作为管理者，在做反馈之前，首先要确定你所反馈的是“真实存在”

的问题，而不是自己想象出来的，而且对于这个问题你已有自己的思考和改进方法。

反馈始于沟通前

凡事预则立，不预则废。反馈谈话不是临时起意想说什么就说什么的闲聊，需要做好充分的面谈准备：

1. 准备好面谈

对新手来讲，一定不能通过电子邮件进行对话。要有进行面对面对话的勇气，而不是采用回避的方法，通过发送电子邮件进行反馈。电子邮件很容易产生误解。

文字是个既奇妙又危险的东西，说与听之间有着很大的不一致的风险。有时候，我们将电子邮件的内容解释为责备，但其实邮件本身根本没有这样的意图；又或者我们认为邮件内容有讽刺味道，但这根本就不存在。

> 有一次，遇到一个紧急的调研任务，需要当天给出反馈材料，由于团队成员各自忙碌于其他项目，这项任务的内容相对简单，我决定将其委托给新加入的同事阿珊处理。我简要地向她阐述了调研的核心要点和执行步骤，随后便投入到自己的工作中。
>
> 临近下班时分，阿珊如约将调研材料准时送达。我浏览了一遍，材料的质量还不错。于是，我随手回复了一条信息：“收到，辛苦你了。”
>
> 这件小事本应就此平息，但出乎意料的是，一段时间后，阿珊带着一丝犹豫来到我的办公室。她略显不安地询问：“领导，我感觉你对我的工作似乎并不满意。”
>
> 我感到一丝困惑：“啊，为什么会这样认为呢？”
>
> 阿珊红着脸，低声说道：“你上次的回复语气，让我觉得自己的工作表现很差。”
>
> 我愣了一下，语气？什么语气？

事情就是这样子。其实我当时根本就没有带任何情绪，只是程式化地进行了一个简单的回复。所以，千万不要用邮件进行意见反馈，能面谈的尽量面谈。

2.明确你的目的

沟通之前问一问自己：我想达到什么目的？明确了意图，就有一个良好的开端了，相当于给接下来的谈话设置好了一个背景基调。

在开展艰难的谈话之前，不少管理者都会做一定的准备，主要是在语言表达方面做文章：怎样让自己显得真诚，如何委婉地表达才能让对方容易接受，在哪个环节说出辞退决定合适等。然而，你内心对谈话对象的看法才是最重要的，这是决定谈话成功与否的关键。

管理者头脑中常常会有这个想法："太倒霉了！为什么这个家伙总惹麻烦，真希望他快点辞职。"

如果你带着这种观念开始谈话，那谈话会顺利吗？

无论你谈话的技术多么高超，员工都会察觉到你的真实感受。你的语言表达已经不重要了，因为你会通过肢体语言来释放你真实的想法，如抱臂而立、不经意地翻白眼，或者硬挤出的微笑。而对方则会捕捉到这些信号，并在潜意识中感受到你是如何看待他的。

如果隐藏在交谈背后的观念有偏差的话，谈话一定会失败。

我们做不到对每一个员工都抱有好感，特别是那些总是制造麻烦的员工。作为管理者，需要展现出职业的态度，至少拿出客观中立的态度，尽量尊重对方，避免带着"你什么都干不好"的偏见去对待他们。

有时候，我们刚刚经历了一场艰难的与其他部门的资源争夺战，表面上已经平静下来了，然而内心还沉浸在刚才的情绪状态中，暗自抱怨竞争对手过于自私，带着较强的防范意识和攻击性，如果这个时候找员工谈话，那么结果可想而知。

又或者是因为业绩效果不达标而被领导问责，我们眉头紧锁、愁云密布、满心的焦虑和不安。一个人的能量等级比较低的时候，耐心和包容度都会受到影响。情绪状态好的时候，我们的包容度会比较高，而状态不好的时候，就很容易被"点燃"，难以控制自己的情绪反应，本来可以对员工"循循善诱"的，一言不合却会出口伤人。

所以，如果你的情绪状态不佳，那就不要急着去谈话，而是要调整好自己的心态。在谈话前，你可以散散步，或者闭上眼睛，做一做深呼吸，以便让自己的思绪平静下来。如果依然无法平静，那就等到第二天再谈。

作为管理者，要设置好对话的情感基调，持有积极的情感意图，并以员工发展为目的。在开始需要批评下属的沟通之前，先问问自己对这种情况的感觉如何？你生气了吗？你觉得被背叛了吗？

如果是这样，你很可能会带有主观的感情色彩。你的方式可能会被视为一种攻击、一种惩罚。情商高的管理者会培养更高的自省能力，并愿意承认情绪对行为的影响，能够更好地控制自我，控制自我在这类困难的沟通中是非常关键的。

反馈谈话的基本步骤

想清楚你想要解决的问题，以及需要提出的建议，在头脑中大致打个草稿，力求做到清晰明了、富有感染力。

1. 一次只谈一个主题

无论你的反馈方式有多巧妙，一次反馈也不可能解决所有问题。如果你有多个问题要谈，问问自己：哪个是核心问题，一定要简明扼要，最好一次只谈一个问题，不要太多主题。

作为反馈提出者，记得要让自己的反馈能重点突出，信息量合适。这样可以让对方集中精力去关注一个问题，着重实现一个目标。

提反馈时需要遵守的基本规则是：短小精干，一次只谈一个问题。不要贪多，特别是负面反馈的时候。

如果我们提的反馈意见是指出对方不足时，则很容易让对方产生压力和不安，那对方的接受能力会很有限。控制反馈内容的量，让对方“一口就能吃得下”，提出者自己也会轻松一点。

2. 针对行为，不要评判

指出员工不恰当的行为时，不要直接评判，更不要进行人身攻击，而是选择一个详细而精确的例子来描述行为。比如，当你和同事交谈时，身体前倾，面露不悦，语调很高，这样会使你看起来有攻击性。

如果你这样说：“我觉得你这个人，攻击性太强了。”对方可能会马上进入防御状态，立刻维护自己：“没有，我不是的”。而且这句话也会让对方很困惑——没有传达确切的信息，没说明对方做了什么，或者应该如何改进。到底什么时候有攻击性了——在所有时候都有攻击性吗？对所有人都有攻击性吗？

然后，你就会陷入被动，接下来的谈话就变成了双方的“拉锯战”，很难平和地进行了。

3. 表达你的感受

描述完行为之后，要直接而平静地表达你的感受，温和而冷静地说“我感到担心”。

4. 指出可能的后果

说明你的担心或不安，以及为什么这个问题如此重要。之后明确地告诉对方可能产生的后果，表达你对解决问题的要求和期望。

即便后果不乐观，也要清楚地告诉对方：“你不改变，没法进行团队合作，就很难承担重要的项目工作了。”说这样的话很困难，但也要诚恳，说得明明白白。

5. 倾听对方的声音

很多人在进行这样的对话时，总是自己说得没完没了，根本不给对方说话的机会。一旦别人的观点与我们的预期不一致，我们就会举更多的事例和细节，试图强化自己的观点。

对方在听到我们的长篇大论之后，根本没有兴趣继续听下去，并表现出明显的对抗情绪。你必须停下来倾听他人的观点：“你是怎么想的呢？我想知道你的想法。”

6. 是时候摒弃“三明治”了

反馈“三明治”是指把批评用表扬包裹起来，就像三明治一样。实际上，反馈“三明治”并没有想象中那么有效。

通常是这样的模式：开始的时候表扬赞美，然后话题一转开始批评，结尾又是赞美。就像下面这个例子：

> “小刘，你最近的那份工作报告相当不错，但我听说你有时喜欢在背后批评人，其中包括我本人，这是不应该的，有什么意见还是要当面讲。当然，你的报告的确做的很用心，很不错！”
>
> 说完，顺带拍一下小刘的肩膀，以示鼓励。

这样做不仅让人疑惑不解，还会使人们意识到“套路”很深：赞美之后就是一拳掏心，所以人们往往会对领导的赞美保持警惕，认为这不是管理者的本意，反而时刻准备迎接“但”“但是”带来的当头一击。

人们不愿意给人提出“批评性反馈”，怕那样让人不舒服、被人讨厌，或是怕拿捏不好分寸，“得罪”了对方。因此，通常的办法是，在说出这种反馈的前后，说点温言软语的夸奖，让原本非常难听的话听起来顺耳一些，认为这样一来对方应该更容易接受。

如果你这么做过，尤其对同一个人做过不止一次，对方肯定能察觉出来。接着，你说过的所有正向内容都会变得值得怀疑，仿佛是买一送一的附赠品，显得很廉价。这是在破坏你们之间的信任关系，无意间也让以后的交流都变得不值得信任了。

当我们收到真心实意的夸奖或向他人表达感激时，就是在跟人产生链接。这种链接很直接，而且带着发自内心的真诚，可以增强彼此的信任。

夹心坏话的问题在于，那些用作修饰的好话，即使你说得再诚恳，由于其中夹杂了不好听的话，也会变得模棱两可，不够真实。

其实，当人们相信你真的在乎他们，你批评的目的是帮助他们变得更好时，他们就会更容易接受你的意见和建议。

坦率不等于出口伤人

反馈是针对具体行为的，聚焦于如何解决问题，不要变成个人攻击。如果管理者缺乏沟通技能，管理者和员工之间的信任很容易被摧毁，沟通也极易演变成争吵。

如果是对员工负面行为的反馈，需要关注以下几个方面：

- 避免鲁莽、冲动、贬低性的攻击。
- 避免“一时冲动”的批评。
- 坦诚地对待员工，而不是以居高临下的态度。

很多情况下，管理者都是在被动的状态下对员工的工作表现提出批评，指出工作中迫切需要改正或解决的问题，以避免这种情况再发生。

有效反馈的一个关键是保持清醒，将最终目标牢记在心——你的目标不是发泄情绪，而是为了员工更好地成长和发展。这要求管理者在压力下能够进行自我控制，避免口无遮拦的冲动。

> 米娅是一家培训公司的高级项目主管。秘书蒙蒙在给客户提交投标书之前，拿给米娅做最后的把关。在审查过程中米娅发现标书页面出现了混乱，有几个地方的数字也前后不一致。米娅不得不向蒙蒙指出这些错误，以便在发出标书之前进行修改和再次审阅。

在提出对员工工作失误或绩效缺陷时，要关注以下几个方面：

1. 弄清事实

批评别人比自己做容易得多。有的管理者一看到员工工作出错，马上不由分说就进行批评，批评完才发现是自己搞错了。很多时候，事情并不是表面上看到的那样简单，事实往往更加复杂。

当你准备反馈前，要确保你所观察到、收集到的是真实的信息，而非自己的假设。问问自己，这的确是事实，还是你自己作出的假设？

2. 选择最佳时机

当急需对事情进行修正时，先把事情处理好，不要急于批评员工的工作表现。比如，一个问题如果在短时间内得不到纠正，将会继续恶化，并对团队或整个公司产生负面影响。在上文的例子中，最佳的第一时间动作是专注于修改标书，以便迅速向客户提交一份准确、专业的标书。

这种情况下，如果米娅马上批评了蒙蒙，那么批评所带来的强烈情绪会影响到标书的修改。因此，讨论标书质量不佳的沟通可以在稍后进行。

3. 避免在公共场合批评他人

如果你没有控制自己，在别人面前贬低对方，那么被批评而带来的负面情绪会被进一步放大，让当事人受到更大的伤害。对你们两人的关系也会产生很大的负面影响。这样做是非常不明智的。

米娅私下把蒙蒙犯的错如实反馈出来，蒙蒙可以马上专注于处理事情本身，不会产生太多情绪负担。但如果米娅在公开场合把蒙蒙批评了一顿，那么即便批评的都是事实，蒙蒙也会带着不小的情绪包袱，花一定的时间和精力去处理自己的抵触和羞愧情绪，而不是用于专注于解决问题本身。

4. 批判行为，而不是行为人

成年人经常落入一种陷阱，他们认为自己知道别人的动机和意图。但是，除非对方明确地告诉我们，否则我们的猜测仅仅就是猜测而已。因此，巧妙的批评需要传达：这个讨论不是针对员工个人，而是针对员工所呈现出来的状态、行为；讨论的重点不是指出问题，而是如何解决问题，让积极的事情在未来发生。这可以让员工感到被理解，并使员工更加信任管理者。

在上文的例子中，米娅可能会说：

> 这份标书还没有达到可以发出去的标准。如果提交给我的标书终稿都有这么多的错误，我很担心我们的审核把关流程。

把焦点放在有缺陷的标书审阅过程上，而不是蒙蒙本人上。因为蒙蒙是这一过程的一部分，所以某种程度上对个人批评是含蓄的。这样做有助于在沟通中排除针对个人指责所带来的情绪负担。

5. 不要涉及其他人

谈话的过程中，尽量要聚焦你的谈话对象，不要涉及其他人，更不要进行比较。比如："你要多向小何学习，你看小何多优秀呀，每次交给他的项目都不会掉链子，非常靠谱。"

这样不仅让对方尴尬羞愧，而且会导致对方和小何之间的敌对情绪。

每个人在工作中都会犯错误，都需要不断地提升自己。作为管理者，帮助员工更好地成长是我们的责任。

很多管理者都有过这样的经历，就是对于这样一种艰难的对话，他们非常清楚自己需要去做，但却常常拖延不愿面对。不少人会担心，坦率地指出员工的问题，会不会伤害到对方？会不会破坏同员工的关系呢？如何在努力促使员工进步的同时，保持与他们的良好关系呢？

如果你沟通的出发点是基于这个人的潜质，以及你如何去帮助他们提升，把对方利益放在心里，即便一开始他们难以接受，但最终对方一定会感受到你的诚意，那就不会对他们造成伤害。

> 乐乐是一个颇具潜力并富有上进心的管理者。她精力充沛，做事有条理，总是能把事情办得妥妥帖帖，但她不太关注对团队的培养，因此并没有赢得她所领导的团队成员的认同。
>
> 乐乐的领导苏菲花了一段时间来观察她的工作，之后同她做了一次反馈谈话。苏菲首先告诉乐乐非常看重她的工作能力，但是也指出了她的管理方式的不足之处，以及这些不足之处怎样限制了她领导团队的能力。最后，苏菲主动提出帮助培养她在管理方面的能力。
>
> 听到苏菲这么诚恳地指出自己的问题——这些问题是的的确确存在的，而且还愿意帮助自己在后续改进和提升，乐乐非常感动，她很坦诚地接受了领导的批评与帮助。
>
> 在之后的时间里，苏菲定期与乐乐会面，就她待人接物的方式进行反馈，给她列了一些阅读书目，并让她把改进的细节进一步量化到每天的工作中，如去茶水区和员工闲聊十分钟、每天至少表扬一个人等。
>
> 后来，乐乐逐渐成长为一名优秀的管理者，赢得了团队的信任。这也为她的持续成长释放出巨大的空间。

坦诚反馈是管理者的责任，下一次你发现自己想要逃避时，记住下面的几点：

- 尽快做——在矛盾积累尚小的时候将其化解。
- 冷静做——绝不要愤怒发火。
- 私下做——你真心想去帮这个人，而不是使对方感到尴尬。
- 细致做——用一种能将尴尬或威胁感最小化的方式。

不要回避那些“难听的话”

如果要告诉员工一个坏消息，首先要确保你的情绪状态是平静的，然后找一个相对安静的环境，并确保不会被打扰。

1. 避开错误的开场白

如果开场白做好了，那么接下来的谈话就会比较顺利。确保你的开场白不要犯这些错误。这些错误包含以下几种情况：

错误1：以“最近怎么样”开场。

有些管理者喜欢用“最近怎么样”来开场，为了寒暄而寒暄。你已经知道情况怎么样，并且知道不太好，因此这样的开场白显得缺乏诚意，员工会觉得你有点虚伪。

另外，如果对方的敏感度比较低，很可能会回答：“挺好的呀。”

该怎么接话呢？你能说“你的感受是错的”吗？

错误2：过多的铺垫。

很多人都不想做“坏人”，因此，在进入主题之前做了大量的铺垫，本意是想温和一点，委婉一点，担心伤害到别人，结果却无法准确传达我们的本意。

> 有一位员工在与领导谈话之后，开心地来到了人事部。领导在谈话中充分肯定了该员工具备的优点和作出的贡献，只是泛泛地谈到了接下来的组织架构变革情况。
>
> 通过此次交谈，员工内心暗喜，断定自己很快会得到晋升。
>
> 然而事实上，这是一次辞退谈话。

错误 3：情绪失控。

刚一开口，就控制不住地发脾气，把对方臭骂一顿，气氛无比尴尬。

冲动是魔鬼，与其事后无比后悔，不如事前学会控制。试着了解其他人的感受，并在此前提下与之沟通。

2. 在谈论负面消息时，要表述清晰、避免误解

所以，请开门见山，尽量不要用含糊不清的语言进行表述，在最开始的五句话之内就清晰明了地说明那个坏消息：

- 有一个不好的消息要告诉你。
- 我们公司目前正在进行组织架构调整。
- 你所在的数据部要同产品研发部合并。
- 在新的组织架构中，你将不再担任部门经理，而是小组组长。
- 非常遗憾。

之后，你需要对这个决定作出详细的解释。仅仅列出一些现状是不够的，比如部门合并、架构调整等。员工永远都会想要知道为什么倒霉的恰恰是他。比如，在刚才的例子中，也许另一个部门的经理就没有因为这次部门合并而被降为小组组长。所以你要认真准备一个只属于这名员工的理由，说明为何受到波及的恰好是他。

在解释的过程中尽量说实话，比如员工个人的能力不足、性格问题等，但也要注意说话的语气，尽量真诚、温和，不要让员工的自我价值感遭受严重的创伤。

如果你没有讲真话，而是找一些牵强的理由，员工会感到很困惑，进而会对谈话者产生不信任和愤怒，认为受到了愚弄。

在过去的一年中，市场部经理小梁以其卓越的业绩和显著的市场份额提升，成了公司内部的一颗耀眼新星。然而，在一次谈话中，赵总却出人意料地提出了对小梁进行降职的安排，这让小梁感到既震惊又困惑。

赵总的解释是："小梁，你还这么年轻，需要在基层好好锻炼自己。"

小梁对此表示疑惑："赵总，和我年纪相仿的运营部潘总和产品部郭

总，我们都是同一批提拔上来的，他们的年度业绩评价并不突出，为何被调整的却是我呢？”

赵总回应道：“小梁，他们两人本也计划同步调整，但因他们所在的部门至关重要，一时难以找到合适人选接替，故暂缓调整，预计年底前会进行。”

小梁心中涌起不甘，感到自己仿佛成了随时可被替代的棋子：别人的部门重要，难道我的部门就不重要了吗？

然而，一年多时间过去了，另两个部门并未进行人事调整。小梁意识到赵总之前只是在“忽悠”，深感失望之余，最终选择了离职。

赵总没有讲明的真实原因是，小梁虽然业绩出众，但不善于处理人际关系，说话做事比较直率，不经意间得罪了不少人。公司领导层经过讨论，认为小梁更适合到市场一线做销售专家，不太适合做管理者。

其实，赵总完全可以把真实的情况告诉小梁，不必用这样的说法欲盖弥彰，让小梁觉得被愚弄，这样只会把原本的信任关系毁掉。毕竟，到底是否适合做一名管理者，小梁自己也会有一定的认知，非常清楚工作是否顺利、是否能获得成就感，可能他也正在苦恼如何提升管理水平。如果小梁听到的是更为真实的原因，他可能会觉得松了一口气，继续做回自己更擅长的工作。

在你传递坏消息的时候，员工完全有可能会产生激烈的情绪反应。要想避免争吵，你首先要好好准备这次谈话，并在做解释的时候站在对方的角度，尽可能地真诚友善、表述清晰。如果你的解释难以让人信服，那他除了与你争论之外也别无选择了。下属感受不到管理者的真诚，会认为管理者有话不明说，把自己当小孩哄。

讲出真相并不容易，但关键在于管理者能客观地就事论事，并给予员工切实的支持和帮助。遮掩或粉饰并不能降低负面信息的“伤害”，也不会让人感受到真诚和信任。

化解难堪的技巧

在谈话的过程中，有时会遇到一些有挑战的状况，比如员工哭泣、愤怒等，面对这样的情景的确会使人感到压力和难堪。

作为管理者要有勇气去面对一个绩效存在问题的下属。你要明白员工的情绪反应不是针对你个人的，你也不是以个人名义对员工进行的谈话反馈，你是在行使岗位职责。

在面对员工激烈的情绪或行为反应时，要冷静并坚定地应对。有时，这种情绪反应会令人不安，会让管理者感到非常内疚和残忍。这种行为可能包括：

- 哭泣。一个感情脆弱的员工可能会在听到负面反馈意见后控制不住地哭泣。
- 愤怒。一些人会提高嗓门、言语不敬。
- 回避。在谈话正式结束前离开，或者“沉默寡言”并拒绝说话。

以下是一些建议，能够帮助你解决上述问题：

- 确保独立的空间。如果谈话所在房间的门或窗户是开着的，那么当员工的情绪激动时，关好门窗。保护员工的个人隐私，尽量减少尴尬。
- 保持冷静。不要被情绪弄得心烦意乱，管理者的冷静反应可以缓和高度紧张的气氛。
- 具有同理心。通过如“我能感觉到你非常气愤，并且想了解你生气的原因”这样的话，可以舒缓员工激烈的情绪。

尽量保持从容的状态，员工面对的是“经理”“高管”这个职位，而不是针对你个人的。一旦员工陷入愤怒的状态，他们可能会以一种直接的，甚至生硬无礼的方式表达自己的诉求，有时甚至是毫无道理的指责。这一切对于管理者而言绝非易事，想要保持平静，的确需要内心的克制和人格的成熟。

员工对公司政策的不满没法直达最高管理层，你是他们能够接触到的管理者，所以你只是充当了“中间人”的角色，千万不要错误地认为员工的批评是针对你个人的。

当然，即便你不是造成这一切的原因，也要允许员工用言语来发泄情绪。如果你能在此时表现沉稳，并尊重对方的价值，那你不仅能化解紧张的气氛，还能为自己建立信任。

经理批评了一位女员工。在谈话期间，她开始哭泣起来。经理因此感到很大的压力，并觉得不安和无助，他不知道该怎么处理这种情况。在这里，存在两种不同的应对方式：

- 方式一：尽管经理感受到不安和无助，他还是尽量让自己保持冷静，努力感受员工的情绪，递给她一张纸巾，静静等待，直到她恢复平静，然后问道："你为什么那么伤心？"
- 方式二：经理感受到的不安和无助变成了愤怒，他会想："她怎么这么脆弱呢？就不能控制一下自己吗？太不成熟了！"于是，怒气冲冲地说："我也没说你什么，你快点冷静下来。"

那位女员工会对上面两种情景作出怎样的反应呢？

我们假设，这位员工的母亲得了重病，这给她带来了沉重的压力。她感到失落绝望。在失落与绝望的情绪笼罩下，她又遭遇了领导的批评。这些累积的压力终于使她情绪崩溃，泪水夺眶而出。

在第一种情景中，领导展现出通情达理的态度，这为员工提供了一个安全的空间来表达自己的困境。当员工解释了导致她崩溃的原因后，经理能够洞察到批评并非她哭泣的真正原因，而只是压垮骆驼的最后一根稻草。在这种理解的基础上，经理适时地进行了工作调整，减轻了她的负担，使她能够更专注于处理家庭事务。这种关怀不仅让员工在离开时感到心情放松，满怀感激，而且也为领导在团队中树立了善解人意的形象。员工很可能将这种积极的体验分享给其他同事，从而增强了团队的凝聚力和对领导的信任。

然而，在第二种情景下，如果领导表现得冷漠而轻蔑，员工可能会被迫压抑自己的情绪，表面上表示歉意，实则内心痛苦地离开。这种应对方式不仅未能解决员工的实际问题，反而加剧了她的无助感。领导因此错失了一个展现自己同情心和领导力的机会。

你想成为哪种管理者呢？

第四章　时间管理：养成高效的工作习惯

你是不是常常觉得忙了一天，好像做了很多事，又好像记不清楚到底做了什么事？很多重要项目拖了很久，一直没时间去完成？

对于管理者来说，时间是非常宝贵的资源，每天只有 24 小时，但手头永远有做不完的工作，你是怎么利用时间的？你的时间与你的愿景及优先要务是否匹配呢？

学会设定边界

如果要成为一位优秀的管理者，你必须基于愿景与要务，形成你利用时间的方式。如果时间和优先要务没能好好匹配，将会让自己陷入“忙碌而无果”的低效陷阱。通常会导致真正重要的事情没得到足够重视，团队的运作逐渐偏离正轨。

有的管理者潜意识里喜欢“忙碌”的状态，这种状态会让管理者感觉到自己很重要且被需要，处理了一件又一件的事情，满满当当的日程安排，很容易让人有一种“满足感”。但这些事情是否是你的岗位职责中最重要的？如果你不去安排自己的时间，那么别人一定会占满你的时间。

在管理者的日程表中，各种请求和任务如同潮水般涌来，常常使他们陷入被动，无法自主地决定如何分配宝贵的时间。然而，我们必须明确：时间，对于每个人而言，都是最珍贵且不可再生的资源。因此，在时间的分配上，管理者必须深思熟虑，明智抉择。

管理者的时间管理，不仅关乎个人效率，更是向员工及其他关键利益相关者传递的重要信号。它体现了管理者的价值观和优先级，直接影响着团队的方向和动力。因此，管理者必须学会区分哪些任务应当委派，哪些则需亲力亲为。

掌握“要务”这条清晰的主线，管理者才能在繁杂的要求中保持清晰判断，适时地说出“不”，拒绝那些与个人或组织目标不符的请求。同时，这也帮助管理者识别出那些真正需要他们投入精力的关键时刻。

当工作压力大时，一个明智的策略是自问：“团队中是否有人能够承担这项任务？”若答案为肯定，那么管理者就应放手，让团队成员展现他们的能力。相反，管理者应将精力集中于那些必须亲自参与的事务，比如制定战略决策、培养员工能力等，这些才是真正体现领导价值的领域。

通过这样的自我审视和选择，管理者不仅能够更好地保护自己的时间资源，更能够为团队树立起高效、清晰的领导风格，引领组织向着既定目标稳步前行。

确定关键领域

你总是忙个不停，有很多突发事件需要应对。但是，你必须意识到，在众多的事情中，哪些才是真正的问题所在，哪些是当天必须解决的。你要做的事情远比你能做的事情多得多，所以需要想想当天最重要的事情是什么。

管理者要养成结果导向的工作思维。如果所做的事情不会带来有价值的结果，那么这件事就不值得做。因此，你要从自己期望的结果的角度考虑问题。想获得理想的结果，可以反复地问自己以下几个问题：

- 第一，对我而言，高价值的活动是什么？做哪些事情能够为自己的工作和组织贡献最大的价值？这些事情中，哪些应该是自己重点关注的？
- 第二，我的关键产出是什么？一旦确定了岗位所需的关键产出，就必须设定最高的绩效标准并达到这些标准。
- 第三，什么事情是我能做（且只有我能做），做好了会产生真正的积极影响的？有些责任和任务是只能由管理者完成的，其他员工无法替代。

优秀的管理者知道他们应该做什么，不该做什么。如果所做的事情不属于关键领域的范畴，即便完成得再出色，意义也不大。

管理过程中，还有一种无可奈何的情况，即不是所有问题都能够马上解决，毕竟你所拥有的资源和时间都有限，必须学会它们长期共存，非紧要的问题可以放一放。

能不能拖延一下？问题并不总是会变得更糟。随着时间推移，你可以获取更多的信息，得到更多的机遇，寻求更多的解决方案。

不是每个问题都需要解决

取得成果的关键技能之一是知道如何设定优先顺序。管理者只知道自己应该做哪些高价值的活动是不够的，还要对工作任务进行优先排序，才能够让自己专注于那些最重要、最有价值的活动。

确定任务优先级最有效的方法是使用“ABCD 法则”，管理者根据每项任务的重要程度列出任务清单，以对其排序。

“A”类是重要且必须完成的任务，如果完不成会产生严重的后果。通常情况下有一两项，管理者一定要特别重视，首先要执行此类任务。比如，公司最大客户的关系维护、团队的年度项目等。

“B”类是应该完成的任务，虽然不完成也会导致不良后果，但是后果并不像未完成 A 类任务那样严重。如果尚未完成 A 类任务，就先不要执行 B 类。

“C”类是做了会给工作增光添彩的任务，但是不做也没有什么后果。例如，阅读相关专业的报纸，虽然是一件很放松的事情，也能够让自己了解最新资讯，但是大多时候不会对工作有直接的影响。在没有完成 B 类任务的情况下，此类任务可以放一边。

“D”类是可以委派给其他人的任务。领导力的一条重要规则表明，管理者应将可以授权的尽量授权给他人，不应该将时间浪费在别人可以完成的任务上。因此，领导者可以经常问问自己“哪些事情是我能做并且只有我能做的？”任何不属于此类的任务都要将其授权给他人去做。

“ABCD 法则”的核心要求是在较高优先级的任务仍未完成时，不要开始执行优先级较低的任务。

有些人也许会说：“是啊，我知道按照优先顺序来安排时间，但这个优先顺序本身是怎么界定出来的呢？怎么确定哪些是最重要的事情呢？有没有更简单的方法呢？”

有，方法很简单，问自己以下三个问题：

- 如果我一整天只能完成一项任务，那么哪一项任务能为我的业务贡献最大的价值？
- 如果我一整天只能完成两项任务，那么对我的业务贡献非常大的任务是什么？（即第二项任务）
- 如果我一整天只能完成三项任务，那么对我的业务贡献较大的任务是什么？（即第三项任务）

通过这种方式，你可以列出自己当天要完成的任务清单，然后按照重要程度来分配时间。除了这三大任务之外，其他所有任务都属于价值不高或没有价值的任务。大部分管理者工作失误的主要原因是，将太多的时间花在处理太多低价值的工作，甚至根本没有价值的任务上。

专注于少数几件事

作为管理者，一定要有全局思维。有些人在工作中常常是只见树木不见森林，因为他们已经被日常工作的混乱所淹没。一旦你在处理各项日常任务时走进了丛林，面前的杂草和大树便会让你看不到森林的全貌。

许多管理者都很关注效率，在日常工作中努力让自己完成尽可能多的事情。然而，对于管理者言，重要的是保持统揽全局的视野，不要陷入细节性的工作。

许多管理者忙着抓逃跑的羊，反而忽视了羊圈上的漏洞。因此，不管每天有多忙，都要尽量给自己一个可以安静思考的时间和空间，让自己从烦琐的细节中抽身出来，站到高处，望一望工作的全局。

你会突然发现问题的关键在哪里，不会再在一些无关紧要的事情上浪费精力。俗话说：“磨刀不误砍柴工”，厘清了思路，搞清楚关键问题，再去执行，会事半功倍。

如果每天都有太多紧急的工作要处理，面临的风险则是忽略掉那些真正重要的工作。因此，要不断询问自己：这件事虽然紧急，但是最重要的吗？

为了能将急迫的任务和重要的任务区分开，你需要问自己：一旦我没有完成这项任务，会有什么后果？其实很多时候，即便你没有立即完成一件紧急的任务，甚至完全没有理会它，也不会出现什么真正严重的后果。重要的工作如果不做的话，长久来看，一定会带来严重的后果。

识别高价值的工作

身为管理者，每天需要作出各种决定，对于那些确实非常重要的决定，要认真对待，真正花时间去收集数据、制订计划，然后坚定不移地将它付诸实施。

刚做管理者的时候，我很喜欢去设计宣传物料的广告语，毕竟这是我一直最擅长的工作。终于有一天我的领导找我谈话，她指出不能因为自己擅长，就对喜欢的工作紧抓不放。我现在做的工作办事员都能做，我该做管理者真正该做的工作。要做一些同我的薪酬、待遇相匹配的更有价值的工作。

幸亏有人及时提醒，从那之后我一直会问自己：

- 这个工作别人能做吗？
- 还是只有我才能做？
- 这是我的核心工作吗？

作为一名管理者，你可以去准备会议材料、预定会议室、参与每一次客户活动。但是这样不分轻重主次地做毫无意义，纯粹是在浪费自己的精力，浪费作为一名管理者的才干。此外还浪费你身边人的才干，剥夺了别人成长进步的机会。

对每一位管理者而言，都存在那些具有极高杠杆效应的行动。将你的时间优先投入这些高价值的工作中，才能最大化你的效率和影响力。

如何才能从每天堆积如山的邮件、信息里爬出来呢？以下是三个实用的策略：

1. 早上第一件事不是处理电子邮件

大多数人早上第一件事就是查收邮件，但是如果晚上睡得很好，早上应该是人最有创造力、思维最开阔的时候，一早就查看电子邮件，你的思维就会被邮件中所有的细节问题所充塞，这样只会给大脑添乱，限制自己产生更好的想法。

与其在早上查看电子邮件，不如花一两个小时做更重要的工作，比如安排当天的优先事项、进行重要的谈话或反思。

2. 不要频繁查看邮件

在现代职场生活中，我们似乎被电子邮件和即时消息的浪潮所困扰，从早到晚不断地应对着这些数字化的“纸片”。无论是在执行任务、参与会议，还是穿梭于办公室的走廊，邮件和信息的处理似乎成了我们忙碌而高效的象征。然而，这背后隐藏的是一种时间上的浪费。

一心多用，这种看似高效率的工作方式，实则迫使我们的大脑在多重任务间频繁切换注意力。每一次从手头的工作转向邮件的处理，再从邮件返回工作，都是一次时间和精力的消耗。这种不断的切换，不仅降低了工作效率，还可能导致精力的分散，影响工作质量。

相较于这种持续不断的邮件处理模式，一种更为高效和节省时间的方法是将邮件“分批”处理。这意味着我们可以设定特定的时间段，比如午餐后、傍晚，专门用来处理邮件。这样的做法不仅可以减少工作中的干扰，还可以帮助我们的大脑更好地集中精力在当前的任务上，从而提高工作效率和质量。

我习惯在9：00、15：00、下班前，分别处理一次，其他时间基本不处理，除非是非常紧急而重要的邮件，这样反而更加高效。

3. 只处理一次

当你专心处理收到的邮件时，只处理一次。如果一封邮件你看了三次还没回复，那么在这件事上花费的时间就增加了两倍。借鉴戴维·艾伦在其著作《搞定：无压工作的艺术》中提到的方法，查看邮件时可以把以下的“4D”原则当作目标：

- 执行（do）：做好决定并回复。
- 授权（delegate）：如果有些事由别人处理也可以，就把任务分派给别人。
- 延迟（defer）：申请过段时间再采取行动或探讨。如有必要，写个回复告知对象“我回头再答复你”。
- 删除（delete）：如果以上几条都不适用，直接删除。

有时尽管你设想得特别好，但还是让邮件日复一日躺在那儿没有处理。所以，我每周都会查看有没有潜伏在收件箱里很久都没有处理的邮件，问自己：“再缓一天我的回复会更好吗？”如果答案是否定的，我就催促自己马上处理，因为简短的回复总好过迟到的回复。

管理时间不如管理精力

你是不是常常觉得忙了一天，但重要的项目还没来得及做？试着为高价值活动留足不被打扰的大块时间，你会更专注、更高效。

1. 减少工作时间

工作的质量和工作的时长没有必然的关联。不是工作的时间越长越好，如果你能确保每天有 3 个小时高效工作的时间，那么这个工作时长已经远超你大多数同事能做到的。

我们常说要做好“时间管理”，那首先要搞清楚时间管理的目的是什么？

时间管理的目的，不是把每天 24 小时填得满满当当、密不透风；而是有足够的时间去做想做的事情、重要的事情，让时间为我所用。

要做到这一点，你就要非常清楚自己每天、每周和每个月需要完成什么。这会让你专注于重要的事情，而不是各种琐事。如果不清楚自己必须完成什么，那一整天都将耗费在日常琐事中。你会发现不断有人来你的办公室，一会谈论这个问题，一会沟通那个事情，一个人还没有离开，另一个人已经在门口等待了。

2. 留足大块时间

在每天开始的时候解决掉那些自己最不喜欢的重大任务，然后再处理其他的会议和电子邮件。清晨是一个人前额皮质最活跃的时候，千万别把这宝贵的能量浪费在处理邮件和不重要的会议上，什么最需要创造力就做什么。

为什么呢？《目标》一书里详细讲过生产原则——“转换成本”。生产零件时，用装配线生产大量同种零件比生产少量多种零件更快、更便宜，因为更换机器耗费时间、降低效率。

这一原则同样适用于个人。你每次开始或停止一项任务，都会耗费时间和精力，导致效率降低。这不仅浪费了时间，还浪费了脑力。与高级思维密切相关的前额皮质像一块电池，它每进行一次“概念转换”，其电池容量就会流失一点儿。前额皮质的电力流失越多。你的思考力就越差。所以，你每次从这项任务跳到那项任务时，就削弱了自己创造高价值的能力。

研究表明，一名普通劳动者平均每天进行200次概念转换，而不停地看手机、查阅邮件、耗时在社交媒体上会让这一数据呈指数性上升。普通人平均每11分钟就会有一次注意力中断现象，平均需要15分钟才能返回先前的任务。而且，不停地中断会导致精力分散、易怒、焦躁，以及因效率低下产生的挫败感。

现在，你在完成某项任务时应该把手机、邮件、朋友圈放在一边，让自己更加自律，别让屏幕时间无节制地被延长。不要每3分钟看一次手机，因为没有什么重要或有趣的事情发生，这么做只能扰乱你的思维，导致你与高效工作相去甚远。

3. 评估你的时间：跟踪记录并回顾

如果你忙完了一天，却发现自己什么都没做，那我建议你不妨记录一下自己的时间，就像有的人会记录自己的饮食情况或锻炼情况一样，花费时间的具体细节也值得记录，这样你才能清楚时间都花在了哪里，确保你的行为不偏离自己的目标。

记录时间表的人更能有效地完成目标，因为记录得越细，你的时间意识就越强，更能随机应变做作出调整。我建议每周抽出一小时用来评估你的时间花费情况，不必追求科学性，只需回顾一下过去一周你都做了什么即可。

评估时不要对自己太苛刻，不要想着你应该榨取每一秒的最大价值。如果一个人活得不快乐，那么高效率还有什么意义？别盯着完美不放，行为和目标大体一致就行了。

不是休假才能得到放松

在一个 24 小时在线、手机不离手的社会，我们面临着如何合理分配时间的挑战。一位朋友曾与我分享，他将前往三亚度假视为对自己的犒赏，因为在放松身心后，他能以更高的效率投入工作。

然而，是否只有飞到三亚才能真正放松？答案显然是否定的。只需走出家门，迈开两条腿，你就能减压。即便日程再繁忙，我也会抽出时间运动，或散步半小时，或投入 45 分钟的健身课程，为一天注入源源不断的活力。在锻炼中找到了最深层的放松与最具创造力的灵感，许多奇思妙想都是在散步时得来的。

运动对我们的精神状态、情绪调节乃至免疫力提升皆有着深远的影响。

运动不仅能强健体魄，更能为精神世界带来蜕变。在恰当的时刻，即便短暂的锻炼也能助你更好地思考、更专注地工作、更敏锐地应对挑战，并有效降低焦虑。这些都是维持高效状态的关键要素，而这一切往往在运动后的数小时内便能显现。

尽管大多数人认可运动的价值，但在现实生活中，真正能抽出时间投身其中却显得颇为困难。我们的生活已经很忙了，还要增加一项“应该做的事”，似乎不切实际。我们通常很理智地下定决心好好健身，比如每年的 1 月，健身会所的人数剧增。可到了 3 月，就没什么新人来了，也就那么几个常客还在健身。

养成每天运动的习惯，可以让你精力充沛。例如，不要马上就报名参加半程马拉松，而是应从简单的目标开始，比如每个星期运动三次。如果你的朋友也对运动感兴趣，你可以拉着他们一起，这样有利于你坚持下去。

小茹每天早上都要和几个跑友一起快跑1小时。她说，如果没有队友的话，她无法坚持独自在冬天早早起床去跑步。他们一边跑步，一边聊天，时间过得非常快。

邓磊虽对健身房心生抵触，却对美食与美酒情有独钟。他深知，若不坚持锻炼，暴饮暴食必将摧毁他的体型。于是，他报了私教课，现在，他可以毫无负担地享受美食与美酒。

有个著名的“公园20分钟效应”，是说在户外自然环境中进行短暂活动（散步，或者就是发呆），会对个人的身心健康、情绪状态产生一系列积极的影响，不仅能释放内啡肽，更能恢复大脑的思维力量。

保持身体健康至关重要，在快节奏的现代生活中，充沛的精力是成功的关键。我们需要的不仅是时间管理，更是精力与能量的管理。

锻炼能让我们心境平和，保持大脑清晰与专注，从而提高工作效率并改善睡眠质量。有一次，一位同事对我说：“你竟然有时间锻炼，太神奇了，我可没那个时间。”而我则直言不讳地回应：“你同样拥有时间，只是你未曾意识到你也有清晨6点的时光。”

第三部分

向下管理

作为管理者，你的成功很大程度上取决于你如何带领和激励你的团队。向下管理不仅仅是分配任务和监督执行，更是如何激发团队成员的潜力，帮助他们成长。在这一部分，我们将探讨如何通过有效激励、辅导和团队建设，打造一个高效、协作的团队，确保每个成员都能在组织中发挥最大的价值。

第五章　善用激励：最大限度发挥团队效能

在员工心中，对管理者的期待是多元的。他们期望管理者不仅是业务的领航者，更是心灵的导师和职业发展的引路人。

- 我们的业务高度依赖于人，如果经理不知道如何选拔人才、培养人才，那么整个部门就会走下坡路。
- 这项业务太让人受挫，希望在濒临崩溃、心灰意冷时，可以得到领导的支持。
- 一个好的管理者会让你感觉工作很带劲，即使你不在工作的时候，他的影响力也无时不在；而一个糟糕的管理者则给不了你鼓励、支持和指导，反而削减你的努力。

优秀的管理者在推动业务发展的同时，始终不忘激励、发展和领导下属，他们通过满足员工的多重期待，为组织的长远成功筑就了坚实的基础。

要营造融洽的团队关系，就必须要进行团队激励。有些管理者一听到激励，就以为是要给员工加奖金，没错，薪酬的确是一种激励方式，但光靠薪酬激励是远远不够的。

身边很多员工，家庭条件相对优越，对于他们来说，工作不是为了谋生，他们更关注的是工作中的价值感，以及平台能否提供个人发展的机会。

认可是管理者的必修技

多年来，我问过身边的很多人同样的问题："回顾你的职业生涯，你是否曾有过认可过多的感觉？"

迄今为止，从来没有人回答"是的，太多了！"

相反，最常见的问题是很多人觉得自己根本得不到应有的"认可"，有的人甚至很难在整个职业生涯中找到一个获得认可的事例，这真是太遗憾了！

事实上，我们都比自己想象的更脆弱，更需要外界的肯定。而且，欣赏他人的出色工作会使你自我感觉更好，也会使你的追随者在工作中找到意义和归属感。

其实，对于员工来说，想要得到的认可并不一定是奖金，可能只是一句肯定的话语或一个赞许的眼神。

我们每个人都想和成功联系在一起，都希望自己所做的工作意义非凡。我们希望当自己取得成绩的时候，那些自己尊敬的人能够对我们的成绩给予认可。

作为一名管理新人，你的领导有没有对你的工作表示认可？你有没有对别人表示赏识？回想一下过去的一周的情况：

- 你是否注意到了表现出色的员工？
- 你是否告诉了别人他们在工作中的表现很出色？
- 你是否发现了员工身上的亮点和进步？

这些简单的事情你需要常做，这样才能够对他人出色的工作表现给予适时的肯定。

有些人可能会说："这么简单的事，为什么管理者不愿意做呢？"产生这个问题的原因有很多，基本上可以划分为两类：一类是个人原因；一类是环境原因。

从个人角度出发，有很多人在表扬别人的时候会觉得有些尴尬、不好意思，毕竟表扬别人就是要流露自己的个人感情，这对一些管理者而言是非常困难的，他们不知道该如何轻松自然地说出表扬的话语。

还有一些管理者会想当然地以为，做好这些工作不是每个人应该做的吗？既然这是他们分内的事儿，我又何必多此一举地去表扬他们呢？

从环境的角度来讲，可能是一些企业文化因素让我们在表扬别人的时候会有所顾虑。有的企业文化会比较严苛，标准较高，不以激励为导向，大家都习惯了负向反馈。

是否只有弱者才需要表扬

很多人都会抱怨无法从自己的老板那里得到赏识。为什么管理者容易忽视员工认可的重要性？有一些管理者认识不到“表扬”的价值，他们有这样的一些观点：

- 你看，我从来就没有得到什么表扬，我的下属怎么就不一样了？
- 真正强大的人是不需要表扬的，只有年轻人或表现不好的人才需要别人来“关照”或“手把手辅导”。
- 有能力的专业人士通过杰出的工作表现来获得满足感，真正的专业人士并不在意别人怎么想，表扬对他们来说是多此一举。
- 当人们在工作中受到表扬，许多人都会感到难为情。
- 我们来工作不是为了相互奉承。

遗憾的是，人们常常没有意识到对他人的工作表达肯定所产生的巨大影响，尤其是领导对下属的影响。几乎每个人都需要别人来告诉他们，自己的工作是有价值的。而且，再有能力的专业人士也是人，也会产生危机感，也需要别人的认可。

还有一些管理者会有这样的担心：“表扬会不会让下属自满呢？我不希望下属自满，也不希望让他们认为自己‘成功了’，之后就不再努力工作。”

可我从来没有听人说过：“我希望老板可别再表扬或奖励我了，实在太多了！”对于大多数员工来说，表扬是很重要的激励因素。你真的不必担心自己的下属坐在荣誉的桂冠上原地休息不再努力工作。

试想一下：当老板表扬你工作优秀时，你什么感觉？这会让你认为自己工作足够好，可以提前下班？还是会激励你更加努力，实现更高的目标？

> 小威对同事罗杰说他想辞职：“我在这里有什么意义呢？日复一日的加班，却从未收获过一句肯定的话语，一旦出现差错，迎来的就是各种批评和责骂。”

> 然而，不久之后，团队经理老高在不经意间向罗杰透露了对小威的看法，这一番话让罗杰感到颇为惊讶：“小威真是个人才……竟然搞定了客户，把最大的危机解决了。”
>
> 面对这样的评价，罗杰认为老高应当亲自向小威表达这份认可与赞赏。然而，老高却说：“我们来公司并不是为了坐下来相互奉承，小威只是在做他的本职工作而已。”

每个人都在寻找着自己的价值与归属感，而管理者的态度，往往能成为激励或挫败员工的关键因素。团队管理者应该意识到这一点，并通过有效的沟通策略，确保员工感受到他们的努力和成就是被看见和重视的。

我们之所以没有向人们表示感谢，是因为我们没有意识到认可和表扬对大多数人来说具有多么重要的意义。想要得到赞扬是人的本性，夸赞对于每一方来说都是双赢局面。及时的认可和正面反馈，对维持员工动力和满意度会起到关键作用。

有什么解决方法呢？

不要等到什么“重大时刻”“关键时点”，才肯定你的员工。当跟你一起工作的人正确地完成任务时，放大它，并毫不吝惜地给出嘉许：

- 你的工作让我很满意。
- 有你在办公室解决问题，我就可以放心地出门了。
- 你的努力工作给我留下了很深的印象。
- 我理解通宵工作的辛苦。

看到了吧，就是这么简单。

过程比结果更需看见

当员工表现突出时，要表扬是很容易的。那么，如果他们的工作没有达到预期的效果，我们应该怎么办呢？

这时候，要客观地看待到底是因为员工主观原因造成的，还是客观条件导致的。有时，没有达到预期的结果并不是当事人造成的。比如，一位糕点师刚把蛋糕胚放到烤箱中，烤箱电源就发生了故障，这显然不是糕点师的问题。

糟糕的表现有可能是缺乏技术、缺乏经验、缺乏资源等原因造成的。即使结果不理想，人们也可能在过程中投入了心血和勇气。管理者要将重点放在做对的事情上，而不是放到他们犯的错误上，并且还要对其付出的努力给予肯定。

管理者可以通过以下方法让表扬别人成为自己日常工作的一部分：

- 积极寻找他人表现出色的地方，然后对此进行表扬。
- 做一个善于认可别人的人，表扬别人真的是一件非常简单的事情。
- 如果下属的表现出类拔萃，可以给他们写张卡片，表达一下自己的认可与鼓励。
- 鼓励自己的团队成员彼此之间表示感谢。

你可以尝试一下，给自己定个目标：每天至少表扬一个人，确保每一次表扬都是发自内心，且理由具体，不要泛泛而论。一般来讲，人们很容易就能识破对方的虚情假意。

管理者只需要做一点点努力，表达你对下属的认可，无论是在工作效率、工作结果还是员工士气上，都会发生翻天覆地的变化。

当然了，如果你一直都很吝惜自己的夸赞，那就要扪心自问：“我想要和自己这样的管理者一起工作吗？”

激励员工的方式

一个组织里，随着你的晋升，在增加工作职能和责任压力的时候，相伴相随的应该是可以调动更多的资源。但很多时候，基层管理者掌握的资源并不多，甚至不能自主决定员工的晋升及奖金的分配等。

如果你看到一个员工工作努力、表现出色，而你手中又掌握着丰富的资源，或者你有较大的决策权，那你就可以按照员工的表现来给予对方晋升，或者提升薪酬。如果是这样，那管理就太简单了，每个人都能得到及时的激励，每个人的付出和贡献都有相应的体现。

但很多时候并不是这样，尤其在很多成熟的组织里，或者是传统组织中，人员的晋升、薪酬的发放是很严肃的一件事，常常是由既定的体制决定，调整和变动的空间并不大。即便是作为管理者的你，也不是想要调整就能调整的。

> 小王是新晋的管理者，有一次闲聊，小王很苦恼地说：每次和员工谈话让我很苦恼呀，作为一个主管，虽然算是个小领导了，但是我手里真的没什么资源可以给同事的，比如同事说工作压力大，我也没有办法呀，我又不能给员工涨工资或发奖金，这些决策权归公司高层所有。我又不能说“你别干了”。该怎么激励同事呢？

1. 要正确认识什么是“资源”

没错，升职、加薪、重要项目的参与机会，的确是很宝贵的资源。但资源不只是这些，要知道，作为管理者，你的资源除了组织赋予的晋升、薪酬等因素，还有很多是你自身具备的，比如你的时间、他人的认可等。

- 当下属出色完成任务时，发邮件表示感谢。
- 手写卡片向帮助过自己的集体或个人致谢。
- 发现下属优秀的地方，立刻当面提出表扬。
- 对那些低调的员工提出表扬。
- 询问某位团队成员近况，态度要真诚。
- 放下手机，全神贯注倾听别人说话。
- 会议结束后，留下来和大家聊聊天。

下属希望被关注，哪怕仅仅是写一封信或是打一个电话。这都是举手之劳的小事，却很管用。如果某位员工有一天干得非常出色，我会给他打个电话，或者发一条信息，这很重要。

试想一下，一个普通的员工，因为工作出色，被部门经理在大会上点名表扬了，或者经理专门花时间找这个员工聊天，并明确告诉他“我留意到，你在最近开展的数据风控项目中，梳理了大量的有效风控变量，这对我们接下来的资产质量管控来说，是非常关键的，你的工作表现非常出色，谢谢你！”

这个时候，员工是什么感受呢？难道只有钱才能有激励作用吗？

再想一下，作为一个默默无闻的新员工，在电梯里遇到了大老板，就在我们内心忐忑时，大老板很亲切地叫出了你的名字，并且表扬了你近期的工作成效，你是什么感受呢？我相信很多人会觉得惊讶，并且倍受激励吧！

激励员工的方式有很多种，特别对很多新生代员工来说，工作是否开心，是否有价值感，才是关键的。

管理者的时间、关注就是很好的资源，每个管理者都有。只要你用心，一样能够很好地激励员工。

2. 及时给予肯定

员工完成了工作之后，最关注的是领导是否认可，对他的工作是怎么看的。

我们经常说，管理者需要反馈，其实员工也一样需要反馈。工作结果是否达到了要求，还要怎么改进，正向的反馈很关键。

3. 安排有挑战性的工作

越是优秀的员工，越是对成长有要求，过于简单和琐碎的工作，对于他们来说很难找到成就感和价值感。对于这类员工的激励，最好的方式是让他感觉到自己一直在成长，一直在学新东西。安排一些有挑战性的工作，就是最合适的激励方式。

4. 充分授权

对于成熟型的员工，需要让他们感觉到自己是被信任与尊重的，要给予他们一定的决策和自主空间。在工作开展过程中，领导不要事无巨细都干预，把项目目标讲清楚，然后让员工在遇到困难的时候再向你反馈，并给予解决。习惯于微观管理的人，会让员工有挫败感。

5. 看到员工的付出

如果管理者能够抽出时间，在具体工作开展过程中，给予资历较浅的员工一定的指引和帮助的话，员工的感觉也会非常好。

其实，管理者并不需要作出什么惊天动地的举动，有时候甚至可能只是无心之举就会产生不一样的效果。

有一件事让我印象很深刻。我们的审批团队只有八个人，平时工作强度还算是正常，但是一到月末业务高峰的时候，压力就很大，经常要加班到深夜。

他们每日会将审批明细表上传至工作群，详细记录每位成员审批的业务笔数及金额。我每天也会习惯性地打开看一下业务情况。有一次，因为表格比较长，为了方便看，我把审批量最高的两个同事那一列用黄色标示了出来，看完就关掉了。

不料，某次与一位同事闲聊时，她真诚地提到："你那次将我和另一位同事的数据标黄，我们当时是审批量最高的，我感到非常感动。尽管工作辛苦，但看到老板的关注，还是很开心的。"

她的话语让我心潮起伏。一方面，我被同事们的纯真所打动，他们对于这样一个微不足道的细节给予了如此高的重视，这对我而言也是一种"看见"；另一方面，我感到有些愧疚，意识到自己在日常工作中对员工的关怀远远不够。

这段经历让我深刻认识到，即便是微小的关注和认可，对于团队成员而言，都是莫大的鼓励和支持。

让员工拥有工作的意义感

有些人会觉得自己的工作烦琐单调、平淡无奇，只是按部就班地完成工作。管理者要帮助员工认识到工作的意义和价值，让他们看到自己所做的工作能够产生的价值，以及对他人的贡献。

每一个岗位都有其独特的价值与重要性，关键在于我们如何看待它，如何赋予它意义。如果没有太多热情和好感，那就很难竭尽全力把工作做到最好。即使接到明确的命令，人们的工作积极性也会大打折扣。谁喜欢接受没有价值的任务呢？

只有当目标具有实际意义且足以激发一定的工作热情，人们才有可能把一份工作做好。仅仅制定清晰的目标是不够的。如果目标是在地上挖出20个两米深的洞，然后把它们填平，这个目标显然非常明确。不过，除非你能赋予其意义和价值，否则这个目标无法激励人心，不能作为实用的工作目标。

人们需要预见到未来的情况，以证明目前的努力是有价值的。

我们投入一份工作中的精力取决于这份工作的意义。如果我们知道自己在建造一座城堡，那么我们每天开凿石块时会更卖力，工作动力源自崇高的使命。

在制造业中，流水线工人的工作常常被视为重复且枯燥的机械式装配任务。然而，当工人真正意识到他们的产品如何深刻影响用户的生活，甚至关乎生命安全时，他们的工作态度会发生显著转变。

丰田汽车公司推行了一种名为“安灯绳”的管理方法，允许任何一线工人在发现质量问题时立即暂停生产线。这一制度背后的核心理念是每一位工人都是产品质量的最终守护者，而不只是执行命令的“螺丝钉”。

在一次采访中，丰田的一位资深装配工人分享了他的经历：“以前，我只是按照标准流程拧紧螺丝，觉得自己的工作微不足道。但后来公司组织我们参观了碰撞测试实验室，亲眼目睹了我们组装的刹车系统如何在事故中挽救生命。从那以后，我每次拧紧螺丝时都会额外检查一遍——因为我知道，这颗小小的螺丝可能关系到某个家庭的安危。”

有效地传递激情

经常听到一些管理者抱怨自己可以调动的资源有限，不知道该怎样认可和激励员工。其实，要激励和认可员工并不一定需要升职、加薪，个性化的认可往往能让赞扬更加真诚。这种真诚来源于你从个人角度了解一个人，并真的在乎他们。

最有意义的认可是个性化的。当奖励非常个性化，并且在行为发生之时就给予时，这种奖励是最有效的，会让人感觉很特别。这就是为什么清楚地了解团队中的每一个人，对管理者来说格外重要。

很多人觉得不知道该怎么奖励员工。事实上，除了传统的奖励方式，你还有很多选择，我们看到人们给出各种各样创造性的奖励方式，比如T恤衫、印有团队照片的马克杯、小型的奖杯、点心，甚至只是一张用心写就的便签。

真正意义上的认可不是一定要奖励一些有形的东西。卓越的管理者深谙内在奖励的奥秘，巧妙地将工作本身转化为激励的源泉。他们赋予团队创新的空间和挑战的舞台，让每一次努力都与个人的成长紧密相连，这些无形中的奖励，其价值远远超越了薪水和福利。

真诚的关怀，最能触动人心。当管理者展现出对下属的深切关注时，这份情感的传递便成了一种无形的动力，即便是微不足道的鼓励，也能激发出巨大的潜能。

> 瑞秋是某公司客户经理团队的管理者，她深信一个理念：每个人都渴望被看见，都希望在一个充满鼓励、被认可的环境中工作。在她看来，领导者的使命便是毫不含糊地向每一位团队成员传达你很重要，你的贡献对团队很有价值，我始终在密切关注着你这样的信息。
>
> 因此，瑞秋对员工的工作状态保持着细腻的观察，而写便签则成为她传递反馈的一种方式。她几乎每周都会亲手书写便签，寄语中会提及某个特别的瞬间，或是某次卓越的表现，比如在便签中写："你的付出，对团队意义非凡，我衷心感谢。"等。
>
> 那些曾得到过瑞秋关怀的员工，后来已成长为杰出的管理者或营销领域的佼佼者。他们提起那些手写的纸条时说："我一直保存着那些纸条，就是那些纸条支撑我走到了现在。"

因此，领导的艺术在于如何巧妙地运用内在奖励，以及如何以真诚的关怀去温暖和激励团队。这不仅是对领导力的一种升华，更是对人性深处渴望被理解和尊重的回应。

对员工的了解度

别把员工所做的一切视作理所当然，多花一点时间对他们的努力和贡献表示认可，这是非常有价值且值得管理者去做的一件事。好的管理者会特别用心进行个性化的表扬，因为他们了解自己的员工。

1.熟悉的陌生人

有人会说："了解员工这不是很简单的事吗？大家朝夕相处，非常熟悉，小王善于文案创作，小李对数据分析常常有独到见解，小张沟通能力很强……"

你真的了解他们吗？你看到的只是作为岗位角色的他们，当你真正了解一些人时，你并不会只是指出他们在工作岗位上的所作所为，而更多会从个人价值角度来入手。

拿出纸和笔，将你团队所有成员的名字列在一张表中。现在逐一回答下面的问题来确认你了解他们每个人有多少：

- 你知道这个人工作之外的哪三件事情？
- 这个人认为什么最有价值？
- 这个人对于人生有怎样的希望或期许？

现在，你还确定自己了解他们吗？你和他们在一个团队工作，但对他们真正了解多少呢？可能只不过是"最熟悉的陌生人"吧。要将每一个下属都当作独一无二的个体去关心，不仅仅视他们为"员工"。

2.该了解什么

你要做的是尽量了解每一个人，了解每一位成员的性格与动机，比如什么令他们消沉、什么又令他们积极等。人们总是不自觉地被那些能够激发内在信心、让他们感受到自我价值的人所吸引。如果能不断地给予他人鼓励与力量，那么你就有可能成为一位能够凝聚团队、引领方向的管理者。

尝试每天在你的团队中播撒激励的种子，激发每一个成员的潜能与活力，引领团队创造奇迹。

切忌开“空头支票”

一份职场调查显示，73% 的职场人士都遭遇过领导作出承诺却不能兑现的情况。面对这种情况，不少员工表示“失望”“寒心”，甚至会愤而辞职。

承诺，从来不是一件随意的事。因为只要作出承诺，对方就会有期待。一旦承诺无法兑现，期待就会变成失望。作为管理者，尤其要慎重作承诺。

要判定一个管理者是否值得信任，人们首先听他说了些什么，接着就看他的行动。人们听其言，观其行，然后关注两者的一致性。如果两者之间是协调一致的，那么管理者就是可以信任的；如果两者之间是自相矛盾的，人们就会认为这个管理者至少对自己所说的话是不严肃的，甚至觉得管理者是一个“忽悠大王”。

我们都认为自己能说到做到，并没有打算欺骗同事或让同事失望，但实际上我们有时会让同事失望。你是否熟悉下面的这些情形：

- 你是承担项目最多的那个人，终于，你鼓足勇气告诉领导想要加薪，领导很真诚地说：“你这么优秀，下个季度会考虑的，放心吧。”然而，你充满希望地等到了下个季度、再下个季度……加薪的事已经无影无踪了，除了自己没人记得了。
- 同事们加班加点完成了一个高质量的标书，你很感激地说：“中标了一定请大家吃大餐。”中标之后，你忙着安排后续的项目落地，完全不记得有“请大家吃大餐”这回事了。

于是，管理者作出的承诺就成了一句空话。我们会有很好的理由来解释为什么未能遵守承诺，比如工作的优先级发生了变化，IT（信息技术）系统崩溃，供应商放了我们“鸽子”等。我们知道自己有正当的理由，但同事只知道我们没有说到做到。实际上，不管是什么样的原因，这样的情形一定会让别人失望。

人们会在某种情境下，受到氛围的感染，头脑一热就轻易作出了承诺。比如，有的管理者在开展项目的时候，看到下属非常卖力地加班，受情绪感染，马上会说："大家辛苦了，等项目顺利上线后，给大家放两天假。"

说的人慷慨激昂，听的人热血沸腾，大家都充满期待地等着你兑现承诺呢。等到项目上线后，你可能忙起来就忘记了自己当时说的话；也可能发现又来了新的更重要的项目，无法兑现自己的承诺，又不好跟员工直接说，于是各种纠结、犹豫，然后就没有下文了。

然而，员工还眼巴巴地等着你放假呢，却发现你再也不提"放假"的事了。原来的满怀期待变成了现在的满心失望，久而久之，你再说什么的时候，就很难让大家再相信了。

在作出承诺前要冷静片刻，扪心自问："我能做到吗？我会真的这样做吗？确定吗？"只有当答案是100%肯定时，你才应该作出承诺。否则，就不要说出来，一旦做到了，将会是个意外的惊喜，如果没有做到，也算不上不守信用。

每次当你作出承诺，最终却无法兑现时，即使很小的事情，别人也会在你的诚信账户上记上一笔，直到某个时刻你的信用值跌为负数，也就无法再次获取他人的信任。在向别人作出承诺前，请为自己立一个"停止"指示牌。

1. 三思而后行，谨慎承诺

尽量不要轻易承诺，下一次你想要给团队承诺的时候，请一定让自己停下来，不要马上说出口。如果过了两天你还有这样的想法和念头，那就可以说了。

我认识的一位大型联合企业的女主管，就能很好地运用这个"停止"功能。在某些困难的抉择面前，她给出承诺之前甚至会给自己一整天的时间进行权衡。大多数情况下，短暂的思索并不会使人烦恼，因为人们知道她是在充分考虑她的能力与相应的结果。然后，一旦她作出承诺，她就会倾尽自己的全力使之实现。

另一位我非常推崇的经理人也很少作出浮夸的承诺。我经常会听他说："我试试，看能不能做到。"结果第二天通常都会得到我想要的结果。对他我也同样非常信任，而且据我所知，与其共事的其他人也是同样的感觉。他很少承诺，但总会使之实现。这样，他就会经常制造出积极的结果，从而给自己树立"靠谱"的个人口碑和职场形象。

古人云："君子重然诺"，是说做人做事不要轻易承诺，一旦承诺了，不管多么困难也要努力去实现。管理者更应该如此。

2. 记录承诺，及时兑现

有的管理者并不是存心打算不兑现承诺，可能是有点粗心，也可能是真的太忙了，说完之后就不记得了。建议你每天复盘一下，当天对谁作了承诺、承诺了什么、什么时候可以兑现，如何兑现，全部详细地记录下来，这样就不会忘记了。

千万不要觉得你说的话，员工很快就会忘记了，管理者是被放在放大镜下的，你所有的举动，你说的每一句和大家利益相关的事，哪怕是"请大家吃饭"这样的一件小事，都会有人记得。

"己所不欲，勿施于人"，如果你不能兑现自己的承诺，那么你很难要求员工信守承诺；如果你总是开空头支票，那么也不要指望员工做事靠谱。

一旦许下诺言就应尽力去实现，假如确实遇到客观情况，许下的诺言难以实现，那也应该提前说，赢得大家的谅解，而不是临时"放鸽子"。

3. 少一点承诺，多一点交付

我们可以抱怨自己被误解了。但作为管理者，我们必须清晰地沟通并清楚地设定期望值，确保不会被误解。因此，如果我们无法百分百保证某位下属的晋升，那就不要向他描绘晋升的画面，但要明确表示你会尽力促成。

管理好自己传递的信息。每件事情都会传递某种信息，人们对事物的诠释取决于你说了什么、做了什么，甚至没说什么、没做什么。

可信度的重要性毋庸置疑。即使只有一次未能兑现也会前功尽弃，它可以消除你在其他事情上所付出的所有努力。没有人会记得你言出必行的那些次，但他们会记得你让他们失望的那一次。我们的意图总是好的，但别人看不到我们的意图，只能看到我们的行为。这意味着我们必须加倍努力，设定明确的期望并兑现它们。

可信度就像一面镜子，一旦打破，很难修复。

第六章　辅导员工：帮助下属快速成长

管理者在带团队的过程中，不仅要关注任务的分配和完成情况，更要着眼于员工的成长。培养一个优秀的团队是一个系统而持续的过程，它需要管理者不懈的努力。

好团队是培养出来的

卓越的团队并非一蹴而就，需要管理者的智慧与耐心。切勿期待一上任便能拥有一个完美的团队。你希望拥有什么样的员工，就应该用什么样的方法或心态去培养和影响他们，不要把带着问题的下属都视作问题员工。

> 小智和团队的磨合很不顺利，达不到预期的工作效果，无比沮丧地向领导抱怨团队成员太差：A 做事太被动，事事要人催；B 文案能力太差，写的报告没法看；C 心胸太狭隘，总是挑起团队矛盾……为什么不能给我配一个好一点的团队呢？
>
> 领导很平静地说："如果团队里的每个人都很优秀，那还需要管理者干什么呢？如果他们比你还优秀，为什么会让你成为管理者呢？一个优秀的管理者能让一个普通的队伍创造出非凡的成就，一个平庸的管理者会让一个优秀的队伍变得平庸。"

从此之后，小智再也不会抱怨团队差劲，而是更多地问自己：

- 我有用心培养员工吗？
- 我还可以为团队做什么呢？

在《穿普拉达的女王》电影里，几乎看不到总编米兰达对下属的辅导，她用的是自然淘汰法，能适应的就留下来，适应不了的就立马走人。

短期来说，这是管理者最省事的一种方式，但对团队的长期发展来说，就是一种毁灭性的打击。在这样的团队里，人人自危，无法形成协作。

许多管理者倾向于招募最优秀、最聪明，以及最有理想的员工。他们认为，汇集一群顶尖人才将自动转化为卓越的团队绩效。实际上，如果你的团队里人人都是精英，那么你的管理压力也并不会减少，你的压力并不在于如何更好地达成工作目标，而是如何“雨露均沾”，你要想尽办法创造更多的平台和机会给这些精英们去施展、满足他们的“进取心”。

要知道，“超级明星”渴望挑战，并不会满足于默默无闻地做团队的“螺丝钉”，也不会甘心于只做一些基础的工作，他们不仅对工作有更大的抱负和期许，还想要更多的机会和更大的平台。

一个具有凝聚力的团队需要多样化的人员组成，既有成长性好、渴望晋升的“明星员工”，又要稳定性强、安于现状的“基层员工”。

最典型的团队是《西游记》中的取经团队，他们性格各异、本领不同，却又缺一不可，团队中的每个人都知道自己应该做什么，知道出了问题找谁。

唐僧虽然战斗力不强，处处需要别人的保护，但他是团队的核心，执着、自律，不管遇到什么艰难险阻，也不管遇到什么诱惑，都没有放弃，确保了团队的方向和目标，一路上朝着正确的方向教导徒弟。不仅如此，每经过一个关卡他都要负责对外沟通，凭借良好的沟通才能带领团队一路顺利前行；孙悟空法力高强，遇到问题第一个挺身而出，探查究竟，离开本职岗位还不忘安排师弟及时补位，业务能力强且有一定的组织能力，在团队中发挥了重要作用，没有孙悟空的能量许多事情就没法干成；沙和尚一路挑担，照顾师傅，从未有不满或畏难情绪，业务能力虽然一般，但听从组织指挥，顾全大局，在团队中甘做老黄牛，对团队的价值观念强烈认同，如果没有沙僧的话，我想那副担子恐怕多数时间只有唐僧自己挑了；猪八戒业务水平一般，抗压抗挫折能力弱，但一路上说说笑笑，憨态可掬，总能让紧张的气氛自然化解，让团队在前行的路上始终充满动力。

这几个人物都是现实工作中的典型角色，缺一不可，只有协作才能在团队中发挥重要效能。一个理想的团队最好由不同类型的成员组成，长短互补，从而保持功能上的均衡。

做好时间管理

管理者期待员工有主人翁意识，能像自己一样紧张目标的达成、关心企业盈利，因此有不少人抱怨："现在的员工越来越自私了，没有团队意识，一到下班时间马上不见人，周末加班更是不可能。"

那么，管理者为员工做了什么呢？有多少管理者每周至少抽出一小时来培养员工呢？

"不是我不想这样做。"几乎所有人都会说，"作为管理者，每天那么忙，哪有时间去培养员工呢？"

其实，并不存在没有时间这回事，只是这件事在你的优先排序里面是否重要，如果真的是性命攸关的，你肯定会预留时间去做的。

希望员工像你一样投入，但却没有真正花时间去培养他们，你发现其中的悖论了吗？好的管理者懂得只有他们开始重视员工的职业和个人发展，员工们才会更加重视工作，以及组织的成败。这就需要你拿出时间与员工在一起，培养他们、影响他们。

1. 不给自己找借口

大部分的管理者往往会说："我知道自己要去培养下属，但是工作太忙了，我也没有办法。等不忙了，我会把团队提升作为工作重点。"但我们知道，这样回答的管理者很可能将处于不停"救火"的状态，忙于解决各种问题，而不会在辅导上投入时间。

管理者为自己没有辅导下属找的很多理由，都是一些如"没有时间""突发事件"等外部因素。管理者知道自己应该培养员工，但是实际上没有做到时，归因于外部因素可以建立起"我是不得已才没有去培养下属"的认知，来合理化自己的行为，以减轻的内疚感。

还有的时候，即使安排好了要与员工沟通，也总会被随时出现的各种人和事所打扰，一旦调整和推迟过很多次后，培养计划也会不了了之。

对于这些“无助”的管理者来说，首先要认识到这是自己工作规划和时间管理的问题，而不是其他任何人让你“没有选择或没有办法”你才可能改变现状。是否能够投入时间去培养员工，首先取决于你自己的选择，即你是否真的想去做。

时间对于每个人都是公平的，很多人都会说“我快忙死了，这件事我没时间做”，更真实的情况应该是“我不选择做这件事，因为它不是我此刻重点关注的事情”。

应该责怪的不是时间，而是你的选择和优先级排序。当我们把一些事情放在最高优先级时，我们总是能挤出或找到时间的。如果你选择不做某事，就别骗自己说“因为我太忙了”，换句话来说，你不是太忙了，而是没有选择去做。

2. 调整日程

很多管理者花了几乎全部的时间在处理具体事务、走访客户上，但是却很少关注员工的成长和培养。管理者要把指导员工视为工作重心，这点再怎么强调都不为过。很多公司之所以未能留住重要人才，关键就在于他们的管理者没尽到“教练”之责。对于管理者来说，你在关注“人”上花的时间不能低于50%。而且管理者的层级越高，花在具体事务上的时间应该越少。每个管理者都有责任帮助团队提高绩效。或者换句话说，如果你没有帮助别人提高绩效，那你的时间都用来干什么了？

3. 亲力亲为

在团队管理上，管理者要尽量亲力亲为，不应该假手于人。多和团队成员在一起，充分了解他们。你的下属希望得到“你的”反馈意见。他们想知道，你对他们或对他们的工作，会有什么看法。毕竟，决定他们薪酬标准的人是你，决定他们能否升职的也是你。他们需要，也应该得到你的反馈意见。其他的任务可以分派给他人去做，唯独这个不行，所以请尽量安排出时间。

把辅导融入日常工作中

有的管理者一想到要辅导员工就发愁："我也不太擅长给别人做培训呀，怎么辅导呢？"

其实，辅导员工并不需要你正襟危坐、沐浴更衣、专门抽出时间开个讲座，好的辅导是与日常工作结合，润物细无声的过程，最好的培训都是在工作实践中完成的。

例如，管理者经常有机会和员工共同完成工作，比如销售管理者要和员工一起拜访客户，职能管理者要审阅员工提交的报告，研发管理者要和员工开会讨论技术问题等。这些你和下属共同完成工作的时刻，都是你辅导员工的最佳时机。

1. 辅导是一件日常应该做的事

你可以从中观察到员工的工作表现，了解到员工有待提升的地方；你可以通过与员工复盘工作，给员工直接的反馈和指导；你还可以分享你在面对相似问题时的经验，让员工得到启发。所有这些工作都不需要你特意留出大段额外的时间。

- 当你的下属有一件工作完成得很好时，让他/她立刻知道你的赞赏。当你表扬团队成员时，大家也就容易了解，什么是令人满意的结果，大家就会做得和这个一样好，甚至更好。
- 同样地，要是一个下属的工作"不太好"，你也应该立刻履行职责，让他/她知道自己哪里做得不好，以及之后应该如何改善。

你会发现，两种情况都会出现在日常工作中，培养团队不是一个需要花费多余时间去做的单独任务。

好领导可以让培养人才与日常工作做到无缝连接，他们可以在普通的工作中发现随时可以用来培训的时机。其实，你每一次帮助员工答疑解惑，每一次给员工示范正确的做法，都会给员工带来影响，你只是需要投入更多一点耐心和时间。

只有将辅导融入日常工作中，才可能真正持续下去；也只有将辅导同日常工作相结合，员工才能快速提升解决实际问题的能力。

2. 保持耐心，不要拔苗助长

对于很多管理者而言，习惯了快速解决问题，投入时间来辅导员工，就会期待立竿见影的效果，如果迟迟看不到转变，难免会急躁或泄气。他们可能就会认为员工“资质平平”“不堪大用”，从而放弃辅导。

俗话说，“十年树木，百年树人”。人和事不同，人的改变和发展本就是一个相对长期的过程。不可能今天说了，明天就焕然一新，如果这么容易就改变了，那做管理者可太容易了。

另外，人们的习惯往往根深蒂固，短时间内很难发生大刀阔斧的巨变，改变往往是从细节开始的。比如一个努力改善自身影响力的员工，一开始的改变可能只是主动坐到了前排，或者在培训中主动同身边的人交流互动等。这些变化并不显眼，但对于员工而言，却可能已经是他们当时能做出的最大努力了。

如果这时你急于求成，看不到员工发生的变化，或者认为这些改变不值一提，就会觉得失望或者泄气。员工感受到你的这种情绪反应，会更加自我怀疑和沮丧。

管理者要学会关注进步，而不是只看到问题。有经验的管理者往往善于发现员工的亮点，一旦出现向好的苗头，要及时给予肯定和鼓励，这样才可以不断正向反馈，激发员工持续自我成长的热情。

别忽略了关键员工

团队中通常会有三类员工：第一类是特别优秀的员工，他们在工作上常常不需要你操心也能取得很好的结果，甚至能超出你的期待；第二类是表现相对稳定的员工，他们的工作表现中规中矩，不会出太大的问题，偶尔也会有惊喜；第三类是有待提升的员工，他们的经验或能力不足，还达不到团队的平均水平。

当面对这三类员工时，该如何投入自己的时间呢？

在体育赛场上，教练在顶尖的运动员和巨星身上花费的时间最多。其他队员努力训练，完成分配的任务，在多数时间里，他们只是坐在场边的板凳上观战。

这是因为只有成为最佳、最优秀并且最努力才能赢得教练的时间和关注。教练尊重每一个人，但是更重要的是，你必须先赢得教练的尊重。

在职场，管理者经常做相反的事情，就是他们在那些后进员工身上花费更多的时间，反而让那些值得关注的优秀员工独自完成他们的工作。

有些管理者是这样想的，优秀的人已经很优秀了，为什么还要在他们身上花费时间呢？按照“木桶原理”，要把最低的那块“木板”拉高才行，我需要把弱者改造成为强者。

这听起来似乎很有道理，但这样的做法其实是欠妥的。管理者这么做其实并不是产出最大化的选择，而更像是出于一种照顾“弱者”的考虑。

1. 提升优秀员工会使团队的收益更大

优秀员工对团队贡献最大。比如，一个优秀客户经理的业绩贡献往往是后进人员的好几倍。在一些创意型企业，优秀员工甚至决定着公司的命运，而一般员工则可能更多只是在做一些辅助性的工作。团队的整体绩效更多取决于优秀的员工有多优秀，而不在于后进的员工有多大进步。所以，把更多时间投入到优秀员工身上，才能够极大程度地提高团队的上限。

2. 优秀员工更需要辅导

相较于一般员工，优秀员工往往专业能力比较强，工作中一般的问题难不倒他们，他们往往承担更具有挑战性的项目。在这一过程中，他们会遇到更有难度和个性化的问题，常常超出他们自身的经验范畴，更需要直接上级能够进行及时反馈，给他们启发、指导和鼓励。

而工作表现一般的员工，面对的则是常规的工作问题，相对难度比较低，也更加基础，可以通过系统性的技能培训，以及优秀员工“结对”带教等方式来提升。

每个人都想得到领导的关注。优秀员工也一样想得到领导的肯定，他们希望自己的工作是有价值的，是值得投入的，他们对自己的期望更高，精神上的激励和认同，有时甚至比物质更加重要。

如果对那些优秀员工长期视而不见，会发生什么呢？优秀员工可能会觉得被忽视，他们会另谋高就，寻找更珍惜他们价值的企业。

你的时间花在哪里，就会传递出一种价值导向，即你重视什么。当领导把时间花费在那些优秀的人身上时，其他员工会看到，他们会认为要争取领导的时间就必须变得优秀。这会促使他们工作更努力、并取得更好的成果。

要关注那些表现优秀的员工，要把本部门内蕴含着最大机会的工作交付给优秀员工来承担，给他们更多成长机会和成就感。

- 你找他们谈过话吗？
- 你知道他们对自己的工作感觉如何？
- 他们追求的是什么？
- 他们希望向哪个方向发展？

如果你定期与优秀员工进行沟通，就可以马上回答出这些问题。而不是等自己手下的优秀员工辞职时，管理者才追悔不及。

唤醒“不在状态”的老员工

每个团队中都有一些资历相对比较深的老员工，他们可能是从团队创立之初就加入的元老，也可能是在专业技能方面比较资深的人，处理好与这些老员工的关系，对于管理者来说，是非常关键的。

1. 借助老员工充分了解团队

通常来说，团队中的老员工由于资历深，在人群中会有一定的影响力。作为管理者，特别是你来到一个全新的组织或团队，首先需要的就是快速了解和融入团队，那么老员工就是一个很好的切入点，走出办公室，和他们聊一聊，你会获取很多信息，比如这个团队的过往、人员情况等，你需要做的就是充分尊重老员工，让他们觉得你是可信的。

2. 发挥老员工的专业经验

将老员工看作“权威”或是“专家”。如果他们展现出培训才能，就让他们负责培训工作。太多的公司高薪聘请外部专家来对员工进行培训，但这些人根本不了解公司。这种“外人”带领“新人”的做法，使培训根本达不到效果。通常情况下，做出过卓越工作、经验丰富的人乐于教导别人，给他们这样的任务不仅会提高整个团队的绩效，也是对老员工另一种形式的认可。

3. 对老员工一视同仁

有的管理者底气不足，生怕得罪老员工，在管理中不能一视同仁，不敢对老员工提要求，甚至对于老员工的一些问题视而不见，苦活、累活都让新人承担。

信任应该建立在贡献的基础之上，而不是工作资历的深浅。对老员工过于纵容，不仅会损害团队的文化，而且会影响团队中那些竭尽全力、追求卓越的人。只有当团队中每个人都尽其所能地作出贡献时，他们才更容易赢得大家的信任和尊重。

当老员工表现不佳，并且你已经向他指出了问题，他仍然没有表现出任何进步的迹象，给其他人造成较大负面影响时，就必须采取行动了。

林丽最近陷入了深深的困扰之中。她的团队中有一位资深员工蔚姐，颇具“个性”，常常迟到早退，只做自己感兴趣的工作，遇到棘手的项目则选择推诿。

在分配任务时，林丽总是感到左右为难。蔚姐本应是团队中的中流砥柱，她却选择退缩，将重担推给他人。当团队成员忙得不可开交时，蔚姐却与业务助理闲聊，或者沉浸在短视频和网购的世界里，这自然引起了其他团队成员的不满。

我建议林丽：“你应该要求她承担起应有的责任，而不是任由她随心所欲，挑三拣四。”

林丽很无奈地说：“唉，她在公司干了这么久，没有功劳也有苦劳呀，我也试着去要求她，但她的对抗情绪马上就来了。”

我提醒她：“你的团队里还有七名成员，你容忍蔚姐不是因为她的贡献，而是因为她在这儿干了很久，如果蔚姐一直这样的话，那么会让其他人感觉不公平。”

不久，林丽迎来了一位新主管，这位主管迅速洞察到了蔚姐的问题。林丽向他倾诉了自己的困惑，以及为何一直对她宽容。

新主管要求林丽与蔚姐进行一次严肃的对话，明确指出她必须规范自己的行为，承担起应尽的职责。如果蔚姐无法做到，那么团队、公司乃至她本人都需要作出更好的选择。

林丽与蔚姐进行了坦诚交流。蔚姐最终决定，是时候开启新的征程了。

蔚姐离职半年后，团队非但没有遭受损失，反而更好了，士气达到了前所未有的高度。更令人惊讶的是，蔚姐在新环境中迅速找到了自己的位置。她感激林丽促使她迈出了那一步，找回了工作的挑战和激情。

有些人可能一开始真的很喜欢自己的工作，并努力做好。慢慢地，他们失去了继续这样做的意愿，开始自满，觉得做了足够多的事情，足以躺在“功劳簿”上了。

然而，机遇不会从天而降，无论你是谁，或者工作了多久。一旦认为自己有权获得更多，就会感到不满，开始抱怨：我为公司付出了这么多，就不能吃一下“老本”吗？

实际上，我们除因付出时间获得的薪水之外，没有什么是理所应当的。所谓的“老本”只会滋生人们的负面情绪。管理者对所有人都应该一视同仁，一味纵容只会破坏团队公平公正的文化和氛围。

如何识别优秀员工

不少管理者会说：“识别优秀员工这有什么难的？看业绩和创利不就行了吗？”

实际上，真没这么简单。是不是优秀，除了现在的绩效水平，还要结合公司未来的发展要求来进行判断。

业绩结果不是唯一的标准。在判断谁是优秀员工时，常见的做法是以业绩结果论英雄。比如销售团队，搞个业绩销售排行榜，谁在榜首谁就是英雄，谁就是最优秀的。

但是，影响绩效结果的因素有很多，绩效结果并不等于能力。很多时候因为市场利好，行业处于上升期，或者资源到位，销售人员就会有不错的业绩表现，但这并不代表销售人员的个人能力突出。

小于是S银行的客户经理，他的工作职责是拉存款。幸运的是，他的亲舅舅是当地一位声名显赫的企业家，掌管着一家资金雄厚的地产公司。凭借着这层特殊关系，舅舅自然将大量资金存放在S银行，这使得小于连续多年稳坐业绩冠军的宝座。他每天吊儿郎当的，迟到早退是常态，但因为业绩贡献大，主管也拿他没办法，甚至在需要增加存款时，还得对他百般讨好。

然而，随着行业环境的变迁，舅舅的公司遭遇了经营上的挑战，无法再为S银行提供巨额存款。面对这一突如其来的变化，小于不得不去拓展业务，寻找新的客户资源。但多年来习惯于“躺赢”的他，此刻却陷入了迷茫，不知从何下手去发掘潜在的客户。

所以，你更要关注员工的绩效结果是否真的与其能力有直接关系，还是因为其他一些客观因素带来的，绩效结果是否可持续，员工是否在较长的一段时间内持续表现好。

首先，评估员工时，如果参考员工的绩效结果，还需要看员工在较长时间的整体表现。员工的行为表现是否具有一致性，即是否能在不同的环境下都有好的表现。只有这样，你才能排除外部环境因素的影响，对员工的能力作出准确的判断。

其次，聚集当下，但也要关注未来。在对员工作判断的时候，不仅要看你当前的业务状况，还要结合企业的发展方向来考虑，否则你的团队将难以应对未来的工作挑战。比如，销售管理者在带团队时，如果仅从当下来看，优秀员工就是擅长做线下渠道推广的人。但是，如果你正准备布局线上销售，在定义“优秀”时，就需要考虑线上的营销能力了，包括如何制造流量、大数据营销等。

最后，员工本身的成长潜力。每个人的能力、禀赋不同，发展潜力也不一样。有的人在现有岗位上表现优秀，但学习能力、承压能力都一般，你想让他承担更复杂的工作就有难度了。而有的人虽然暂时工作经验较浅，但性格坚韧、为人豁达，也善于举一反三，有一个好的老师指点一下，假以时日，就有可能成为团队的中坚力量。

陪伴员工度过困难时刻

员工在成长过程中，一定会遇到挫折，并因此感到气馁。这时，管理者要允许他们失败而不苛责，帮助他们更好地成长。

1. 发现并肯定员工的闪光点

员工没有达到理想的结果，但在过程中一定有可取之处。你可以去发掘其中的闪光点，并及时给予肯定。比如，小刘是这次投标的项目经理，虽然公司很重视，但最后还是没有中标，你可以告诉小刘：

“小刘呀，虽然这次的项目没有中标，但在过程中，我看到你一直在积极地和对方沟通，还做了大量的市场调研和数据分析，写出了一份很有价值的调研报告，这为今后同类项目的开展打下了基础，你的努力并没有白费。”

如果过程中出现问题，要帮助团队成员尽快找到解决方案，不要让他们沉浸于问题而茫然不知所措。

2. 引导员工以长期视角看待当下的挫折和挑战

人们在遇到挫折时，往往容易困在当下的情绪中走不出来。但当从更长的时间维度去看整件事时，人往往会变得更理性，也会有不同的感受。所以，当员工陷入挫折情绪中而无法自拔时，你可以引导员工换一个角度看问题，例如让员工思考：“三个月之后，你再来看现在经历的这些事，你会有什么感受”。

3. 分享自己的受挫经历

让员工知道失败是很正常的，每个人都会遇到："我当时作为新人的时候，也出现过这样的困惑……"这会带给员工一种"原来不是只有我"的心理安慰。他们会发现自己原本以为"无所不能"的上级也碰过壁，也有过一样的情绪和迷茫，而且只要坚持，最后还可以挺过来，获得成长。这样既能拉近管理者与员工的距离，也给了员工克服困难的信心。

4. 调整员工的工作内容

每个人的能力有高低，如果员工无法应对复杂的工作，那么可以适当地进行调整。比如，把员工的角色从直接负责转为配合或支持。你还可以让员工从不擅长的数据分析，转为更擅长的对外公关，给员工以"喘息之机"，让他们调整心态和状态。

允许员工以自己的节奏成长

作为管理者，我们总是期待下属个个都能够独当一面、团队战斗力爆表。但现实是骨感的，每个人的天赋、经历、视野千差万别，有些时候我们认为是很基础的事情，在别人看来可能是需要竭尽全力才能达到的天花板。

禀赋资质的不同，必然会导致大家对事情的认知、学习的速度迥异。作为管理者要因材施教，给予耐心。而不是一遇到员工出错、就心生不满，觉得员工能力低下。

1. 放下"以己度人"的精英思维

有些管理者有着一种追求完美的"精英思维"，把对自己的要求和标准投射到身边人身上，达到一定标准的人才会得到其认可和肯定，达不到的就忽视。

在工作中，大多数人都是普通人，管理者要放下自己的"精英思维"，在充分了解每个人特质的基础上，用人之所长，你可以提供机会和平台给员工，但也要允许员工按自己的节奏成长。

> 慧慧在一家公司工作了两年多，她主要负责部门的业务数据统计工作，一直以来她的表现都相当出色。然而，她的性格较为内向，无论是说话还是做事，总透着一股不自信。
>
> 部门经理凯琳，一直关注慧慧的成长。对慧慧的工作给予了充分的肯定，同时也指出她可以尝试接触一些自己不熟悉的领域，鼓励她在适当的时候可以考虑换岗学习。
>
> 终于，在一个合适的时机，凯琳将慧慧安排到了更具挑战性的风险管理岗位，期待她能够在这个新领域取得更大的进步。
>
> 然而，两个月过去了，慧慧在新岗位上非常吃力。她神情颓丧地找到了凯琳，坦白道："我还是想回到原来的数据统计岗位，现在的这个岗位专业度太高了，平时使用的分析工具对我来说太难了，因此我感觉很糟糕。"

每个人的承压能力、自我预期都不一样，有的人在压力下可以飞速成长，有的人在压力下直接就崩溃了，有的人喜欢不断挑战自己，涉足不同的领域，也有的人喜欢在自己熟悉的领域不断深耕，这些都没错。一个具有凝聚力的团队需要由多样化的人员组成，既要有成长性好、渴望晋升的"明星员工"，又要有稳定性强、安于现状的"基层员工"，管理者要懂得因材施教。

有时管理者会对一个人能做的事提出不合理的预期，将自己的能力映射到下属身上，期待他们有同样的表现。管理者忽略了这样一个事实：这些比自己经验少很多的人，还需要时间和历练。

关注员工成长是好事，但也要允许员工以自己的节奏和方式成长，否则就很容易变成拔苗助长，反而不利于员工的发展。

很多管理者认为苦难是员工的试金石。他们甚至会"逼"员工去克服困难。有高成就、高挑战意愿的下属，可能会欣然接受你的挑战，而其他人则可能会抵触或畏难，过大的压力不仅无助于员工的成长，还会让其产生畏难和退缩的情绪。我们曾经见过"被压力摧毁"的员工，他们因为过大的压力，对工作产生"厌恶"心理，甚至开始怀疑自己。

> 马克是一个很有潜力的业务新手，有人说他有朝一日能成为行业里最优秀的专家。为了精进自己的业务技能，他决心向公司里的资深前辈们寻求指导。
>
> 这些前辈们慷慨地分享了自己的见解。财务部门的冯总建议他融入团队，强调向上管理的重要性；负责运营的吴总告诉他要以目标为导向，业绩才是一个人最大的优势。
>
> 马克得到的建议越多，越迷茫，他甚至不知道该如何开展工作了。
>
> 就在这时，老员工老赵注意到了马克的困惑。他首先告诉马克的是，不要再盲目听从那些经验丰富的前辈们的建议，他们并没有教你如何成为一名真正的业务专家，只是分享了自己成功的经验，但每个人的道路都是独一无二的，因此他们的建议难免会有冲突。
>
> 马克恍然大悟，意识到前辈们并没有真正指导他，他们误以为自己的成功之路就是唯一的路径，而忽略了每个人都有可能走出不同的道路。
>
> 老赵并没有给马克具体的建议，而是鼓励他去探索适合自己的方法。马克开始重新审视自己的优势，并学习如何将这些优势转化为实际的工作能力。
>
> 在随后的工作中，马克的专业技能稳步提升，他的个人品牌也日益响亮，他对自己未来成为行业内的专家充满了信心。

管理者需要认识到，取得成功的方法有很多，让你的团队成员发现适合他们的方法，不要把你的方法强加给他们。

2. 用人所长，打造优势互补的团队

大多数管理者都知道用人所长的重要性，但麻烦的是，影响管理者与员工关系的问题在于，管理者总是想改造下属，尤其是不自觉地将自己作为一个成功的模板，而这常常招致下属更多的反感。

> 老柯从一名卓越的客户经理稳步攀升至经理之位。他目标明确，非常善于谈判。老柯对员工的成长投入了很大的热情，然而，他似乎不自

觉地偏爱那些与他性格相近的团队成员。

团队中的新星小瑞，毕业于某知名高校，以其聪明才智和勤奋好学赢得了老柯的青睐。老柯视小瑞为一棵难得的“好苗子”，渴望将其培养成一位出类拔萃的客户经理。

然而，小瑞的心思却不在营销上，他对产品开发很感兴趣，想成为公司最杰出的产品经理。尽管老柯多次劝导，小瑞依旧坚持自己的志向。这种坚持让老柯感到既恼火又失望，他无法理解为何小瑞不愿追随他的脚步。

人人都只能成为他自己，也只应成为他自己。

我刚做管理者的时候，领导的一句话让人印象深刻：“领导者要做木匠，不要做医生。”因为在木匠眼里是没有废料的，即便是一根小木条，也可以用来做楔子。

管理者的职责是用人所长。管理学大师彼得·德鲁克经常谈论组织管理的问题，在他看来，组织是显现人类成就的手段，人的成长和满意才是目的本身。彼得·德鲁克说：“让人们持续一致地发展，让他们根据自己天然的长处发展成于己、于人、于社会都有用的人，而不是试图让人变成不是他本来应该的样子。”

但这是不是与“跳出舒适圈”的理论相悖呢？

每个人都是生而不同的，能力可以拓展，但类型无法改造。概言之，与其训练鸭子上树，不如一开始就去找猴子。某种程度上，团队互补的意义也正在于此。

人人都向往“刘关张团队”，那真是一个理想的团队：人格上相互信任；能力上相互欣赏；价值观上志同道合。遗憾的是，这样的团队少之又少。

现实中更多的是“唐僧团队”。团队中只有唐僧对目标最执着，像极了企业中的创始人；孙悟空自以为是，但能力很强；猪八戒虽然懒一点，但乐观幽默；沙僧很少谈理想，但高度务实。这更像一个正常团队该有的样子，教会我们求同存异的重要性。

警惕团队中的不和谐因素

团队是由不同经历和专业技能的人组成的，每个人会带着不同的经验，可能还有人带着不同的目的加入团队。当大家在资源、做法或信念方面不同时，冲突就会发生。

如果团队成员心智成熟度比较高，心态更开放，大家聚焦于解决问题时，既不回避冲突，也不试图控制他人时，团队会更高效。最糟的情况是团队分裂成几个小团体，成员的注意力都转移到对付其他小团体上。

1. “和稀泥”只会让你失去人心

有的管理者面对团队内部的冲突，选择视而不见，常常选择的应对方法是“鸵鸟策略”，觉得冲突还不至于那么严重，忍忍也就过去了。到了不得不站出来调解的时候，选择“和稀泥”。

> 有一个朋友在幼儿园做老师，园长是一个很有情怀的教育专家，但是对下属过于宽容，他的口头禅就是“理解一下”，比如有的老师傲慢跋扈，他让其他老师们理解；有的老师玩忽职守，他还是让其他老师们理解……
>
> 这位园长不愿意直面团队内部的冲突，最终导致人心涣散，优秀的人才慢慢离开了。

同事之间的冲突，给团队的管理亮起了警示灯，是管理者反思自己、优化管理制度的契机。然而这位园长一味回避小冲突，导致组织面临了更大的问题。

有的管理者不愿意直接面对同事之间的冲突，遇到矛盾的时候，即便内心已经澄若明镜，但行动上始终不愿意面对，一拖再拖，只会让矛盾愈演愈烈。

> 小王年少有为，充满活力，在之前的工作岗位上，他的业绩始终位居前列。

> 集团最大的一个分公司在华南，由于管理团队思维僵化，导致团队缺乏活力，近年来市场份额持续萎缩。
>
> 面对这一局面，集团高层心急如焚，派遣小王前往华南分公司担任副总经理，寄望于这位年轻的生力军能为华南公司带来革新。
>
> 小王上任后，立即深入市场一线进行调研，详细了解产品状况及团队的现状。经过大量的调研和面谈，他提出了一份旨在提升市场份额的改进方案，并首先向华南分公司的总经理郭总进行了详细的汇报。郭总对小王的报告颇为满意，决定召开分公司管理层会议，共同探讨这一方案。
>
> 在会议上，大多数管理层成员对小王的报告表示认同，但资格最老的老侯却阴阳怪气地说："小王，你一来就指出这么多问题，难道我们以前都没干活儿吗？我们在华南这么久，不是一直都做得好好的吗，有必要改变吗？"
>
> 小王有些惊讶地回应："我没有这个意思，但市场份额下滑是事实啊。"
>
> 老侯立刻愤怒地反驳："那你是在说我们做得不好？难道就你懂业务？"
>
> 眼看气氛紧张，郭总不慌不忙地打圆场："今天先不讨论了，下次再说吧。"
>
> 会议结束后，小王找到郭总，表达了自己的困惑："郭总，这份报告是否有不妥之处，我可以继续修改。但老侯的态度实在让人难以接受。"
>
> 郭总安抚道："小王，你不必与他计较，他是老同志，要充分尊重他，理解他的情绪，事情可以慢慢来。"
>
> 类似的情景屡次上演，郭总每次都让小王"理解一下"，事情最终都不了了之。

冲突并不是一件坏事，适度的冲突会给组织带来一定的活力。作为管理者，首先要正视冲突，不能"和稀泥"，如果冲突的程度比较低，没有影响到工作开展，那么可以先放一放；如果冲突已经影响到了团队的协作，管理者就不能再听之任之、一味纵容了，必须要积极干预和解决：

- 确保团队成员一开始就拥有共同目标。
- 确保成员重视的是团队成就而不是个人成就。
- 提醒团队成员接受不同意见及妥协的必要性。

在任何团队或组织中，冲突产生的源头，要么是人的问题，要么是事的问题。如果下属之间的冲突不是因为利益，主要是因为性格习惯等，这个时候基本的方法就是先努力和解，和解失败后再分割。

小组四个人一起配合，刚开始大家相安无事，合作一段时间以后，小彭觉得晓飞总是颐指气使，对别人的意见总是没耐心，而且经常喜欢抢功劳，这让小彭很看不惯。两人开始较劲，甚至在会议上相互斗嘴。

组长了解清楚情况后，首先把他们两个一起叫到办公室，让他们说出自己的感受，再进行调解。这样的面对面沟通，让他们都从侧面看到了自己的问题，对彼此态度都有所改善。

有时候，团队停滞不前的原因是员工之间的矛盾，就像是巨大而沉重的锚，将所有人都拖入了更深的泥潭之中。当你任由这种消极的行为延续，就会有损你的公信力，逼走最优秀的员工。

我们的文化似乎倾向于对“热冲突”进行“冷处理”，而一些管理者往往把“冷处理”变成了“不处理”，最后不但自己内耗，团队氛围乃至公司的文化也受到负面影响。管理者可以少一些华丽的“圆融”，多一点显眼的“棱角”。在如今的商业环境中，我们恐怕已经没有足够的时间来“冷处理”，若想高效地解决冲突，最好的办法就是把事情放在台面上讨论，及时、勇敢地面对它，艺术地处理它。

2. 调和不了，就果断分割

冲突管理，不仅是对领导魄力的考验，更是领导艺术的精妙展现。在这一过程中，管理者面临着双重挑战：一方面，冲突一旦被激化，其结果充满了不确定性，这要求管理者必须拥有坚定的决心和勇气，以承担可能产生的后果；另一方面，还需运用高超的调解技巧和领导艺术，巧妙地将冲突转化为组织的“资产”而非“负债”。

管理者在决定“上阵”之前，先充分思考下列问题：

- 他们之间的冲突，有没有自行消失的可能？
- 他们之间的冲突，对公司的危害有多大？
- 他们之间的冲突若得不到解决，对公司的危害有多大？
- 冲突产生的原因，是基于公司的流程、制度，还是出于团队或个人的利益，抑或与各方的性格、脾气有关？
- 我能解决吗？需要寻求外援吗？

团队需要的不是表面上的一团和气，而是战斗力。多数情况下，不涉及太大利益的人际关系冲突，如果领导者能出面调解，问题常常都能化解。如果出面调解后依然还是有矛盾，那就要果断分割了。

在作决策的过程中，首先要客观中立，不能厚此薄彼。其次要充分考虑到可能出现的情况，然后作好相应的应对预案：

- 在可能采取的行动中，谁受到的影响最大，结果会是什么？
- 大家可能会有什么反应？
- 该如何应对这个反应呢？

管理者和团队成员之间彼此信任，紧密凝聚在一起，每个人都愿意付出更多，这样就能够畅通地交流，工作成效也随之提高。团队成员之间并不总是彼此赞同，但是他们同心协力，遇到问题就大声讲出来，这才是真正的团队。

在信任缺失的氛围中，团队成员往往难以展开直接、坦诚且富有成效的辩论。相反，他们可能会陷入冗长而无目的的会议和讨论中。缺乏坦率的面对面交流，容易导致背后的小道消息和流言蜚语的滋生，成员们在公开场合戴着社交面具，私下里却议论纷纷。

要鼓励有建设性的冲突，关键在于识别并激发那些触及成员内心深处、真正关心的争议性话题。鼓励大家打破隔阂，在会议室面对面地讨论和沟通，避免无谓的内部消耗。在团队合作中，沉默不是金，而是死寂。

坦然作出艰难的决定

许多管理人员都会在员工去留问题上举棋不定，这的确是一个值得深思熟虑的关键问题。每个管理者都应该认真对待，再三思考。但不要为了回避矛盾而置之不理，或为了求得心安而无限拖延。

你可能会遇到一些不适合团队文化、已经对团队没有什么贡献的人。在这种情况下，你首先需要问一问自己：我是否已经作出了足够的努力去帮助对方。

- 我有提醒他需要改进的问题吗？
- 我有提供相应的培训吗？
- 我怀有偏见吗？
- 我是否客观地对待他了？

如果你对员工的表现不满意，但又没有明确向对方指出，那就是你自己的问题，而不是他的问题。如果你明确了期望，提供了必要的帮助，但情况始终没有改善，那么为了团队，以及为了这位员工，你能做的就是帮助他离开。

每个人都有自己的优势和强项，只不过这些强项和优势并不适合他目前的岗位。如果员工的表现的确很糟糕，你不请他离开，其实并不是在帮助他，而是在阻止他进一步提升自己的强项。

> 在卢拉的团队中，曾有一位财务主管，他脑海中充满了无数创新的构想，然而在实际操作中却屡屡受挫，难以将这些构想转化为切实的成果。经过长达半年的耐心指导和专业培训，以及持续的跟进，卢拉最终不得不作出了一个艰难的决定——请他离开。
>
> 转眼一年已过。某日，卢拉接到了这位前财务主管的电话。电话那

头，他的声音中透露着前所未有的轻松与喜悦："被辞退，对我而言，是最好的安排。我当初选择财务专业，是顺从了家人的期望，而非我内心的真实渴望。因此，我始终无法全情投入到那份工作中。我当时缺乏决断的勇气，对未知的未来充满了恐惧。然而，正是那次辞退，给了我离开的勇气。如今，我是小有名气的旅行博主，工作就是我的爱好，每一天都充满了充实与喜悦。衷心感谢你，是你让我找到了真正的自我。"

和员工说再见，并非易事。不仅关乎组织的优化，更牵涉到员工个人的长远利益。在这个过程中，我们力求以最人性化的方式，确保每一位离职员工都能感受到尊重与关怀，还可以提供一些实用的建议和资源，比如职业咨询、推荐信或行业内的联系资源等，帮助他们更好地开启新的职业旅程。

第四部分

横向管理

在组织中，管理者不仅要处理好与上级和下属的关系，还要与平行部门、外部合作伙伴等建立良好的合作关系。横向管理的核心在于如何在没有直接权力的情况下，通过沟通、协作和影响力，推动跨部门项目的顺利进行。这一部分将帮助你理解横向关系的复杂性，并提供实用的策略，帮助你在跨部门合作中游刃有余。

第七章　化解冲突：建立合作伙伴关系

从个体贡献者晋升为管理者，人们的思维模式不会在任命通知发出来的时候就马上转变。随着职责范畴的变化，与人打交道的要求同样也增加了，利益相关者也变得多元化，使得每次的互动变得更加复杂，管理者必须联结并且了解广大利益相关者，才能更好地推动工作的开展。

与他人合作，绝非易事。在流水线上，机器人以其精准无误的协作，优雅地完成每一项任务，而人类则远非如此。我们每个人都是思想的独立体，拥有独特的情感波动，这种复杂性使得人与人之间的合作充满了挑战，但也正是这种多元化，赋予了人类合作独特的价值与魅力。

理解横向关系的复杂性

对于管理者来说，除向上（领导）和向下（下属）两个关系维度之外，还有一个重要的维度，即横向关系，要想做到高效管理，首先是要能够敏锐地察觉这些关系是什么。

在组织架构中，作为一名管理者，你的领导和下属团队很清晰，但是横向的关系则没有那么清晰和明了。我们会花心思关注领导的动向和态度，也会及时了解下属的工作情况。但有时候却会忽视横向关系的建立和维系。

超出控制范围。相对于领导和下属关系的确定性来说，横向关系更加复杂：不稳定、不明确，而且往往很难被察觉。你的领导是谁，下属团队是什么人，在组织架构图上说的清清楚楚，但横向关系就很少会具体标示出来。横向关系并不是平行部门，平行部门有可能是横向关系的一部分，也有可能不是，主要看你的项目推进所要涉及的部门，或者外部的客户关系等。

此外，与权力管辖范围内的各种关系相比，横向关系不在你的控制范围，你没有办法使用职位影响力，只能靠沟通和谈判来影响别人。你可以发一份通知要求下属达到什么样的工作目标，但你不能一句话就要求平行部门的负责人无条件配合你，你只能通过友好协商来实现。

横向关系不是固定不变的。实际上，工作中的依赖关系主要受从业人员的目标、价值观和规划的影响，一旦这些因素有所变动，依赖关系也会随之而变。这就意味着每一项新任务都会带来新的横向关系，即便是同一项任务，工作方向的重大改变也会带来新的横向关系。

冲突是常态。组织内各组成部分会按照不同的职能进行分工，每个人掌握的信息不同，会作出不同的推断，所以关于团队的战略决策，经常会意见不一致。更糟糕的是，如果每个人都认为自己是对的，别人是错的，冲突就会升级。

每个职能部门都有自己的关键绩效指标，即使每个人都认同组织的目标，也难以保证大家能够齐心协力地工作。虽然在共同目标上是一致的，但是对于实现目标的最好路径，却未必能达成共识。这是因为人们只看到了自己的行为产生影响的那一小部分，并不知道他们的行动会如何影响公司其他部分。

在现实世界中，人们并不总是齐心协力的，而是被自己的关键绩效指标牵着鼻子走，大多数情况下，会优先考虑个人业绩。

既竞争又依赖。在任何组织中，资金、人才和资源都是有限的。不同的部门、职位必然会有不同的视角和优先级，人们都在争抢同一个有限资源池中的资源，竞争和冲突无处不在。你的团队得到了更多的晋升名额，那么别人的团队自然会少一些。为了争取资源，你必须不停地谈判和竞争。

同时，作为组织的有效组成部分，我们又很难完全依靠自己搞定所有的事情，需要别人的协同和支持。更头疼的是，其中的部分人是你可以直接影响的，但大部分是你控制不了的。

要妥善解决这一问题，必须具备前瞻性，以预见未来可能产生的合作需求。这就要求我们密切关注工作进展，明确待完成的工作任务，并深入理解完成这些任务所需的人才配置。

同时，我们还应敏锐地察觉到哪些人可能对此持反对态度。在处理这类横向关系问题时，必须采取极其谨慎的态度，避免无意中冒犯那些将来可能与我们合作的人。这需要你能够经常思考下列问题：

- 我想实现的工作目标是什么？我未来的事业远景是什么？
- 我需要完成的主要任务是什么？这个月、这星期、今天所要完的主要任务又是什么？
- 在每一项任务中，与谁的合作是必不可少的？可能会与谁合作？
- 谁的支持是必须的？谁有可能阻碍或耽误这些任务的完成？

一旦准确地找出了相关的横向关系，第二步则是弄清楚哪些人可能抵制合作、原因何在，以及抵制的程度如何。

如果认识到冲突是任何组织中普遍、正常的一部分，我们就可以迈出处理它的第一步。冲突所涉及的不是具体哪个人的个性或品格，而是不同的视角和优先级。

- 永远不要回避冲突。有冲突存在是常态，不要视冲突为洪水猛兽。冲突决定了如何确定优先事项和作出决策，它会磨炼管理者的领导力和人际协调能力。
- 将冲突去个人化。冲突不是你和同事个人之间的恩怨，不要把冲突个人化，要关注不同群体的视角和利益。
- 不要感情用事。一些冲突确实会使人变得情绪化和不愉快。然而，一旦你带着情绪，就很难推动事情顺利解决。即便你内心情绪翻涌，也要积极以对话的方式来解决问题。

保持独立和超然，别忘了你肩负的责任。身为管理者，你必须通过和他人建立一种不断的、相互支持的关系，你除了与整个组织积极互动之外，恐怕别无选择。

让渡优越感使沟通更顺畅

彼得·德鲁克曾说：“我们生活的使命应该是做出积极的改变，而不是证明我们是多么聪明或多么正确。”这条建议看起来浅显易懂，但如果可以选择，我们会选择做出“积极的改变”吗？

每当有机会展示自己的聪明才智时，我们都很少考虑身边的其他人，也不会想着为他们创造积极的结果。这种做法是“错误的积极性”：我们在说话时往往喜欢贬低他人，抬高自己。

当你引用明显的事实反对他人时，总会产生一种所谓的“逆火效应”，就是你精心组织的论据不但没有说服对方，反而强化了他的信念，他会加倍坚定自己的信念。结果就是，你们两个都会更加偏激。

这样的争辩没有任何意义。最好的情况不过是浪费大量时间，也没能改变别人的想法；而最差的情况则是制造一个敌人，还会给自己带来不好相处的坏名声。

> 华浅是一个非常有天赋、正处于职业上升期的“明日之星”，他非常聪明，野心勃勃。但是他不够谦虚谨慎，似乎从未学会站在他人的立场上思考问题，总是以一种盛气凌人的姿态示人。尤其是在会议桌上，他那几乎要将对手“碾压”的气势，让许多同事望而却步，不愿与之共事。
>
> 遗憾的是，这样的工作态度终究未能长久，不久之后，华浅便离开了公司。

领导力教练马歇尔·戈德史密斯曾在一次培训会上说：“人们总是迫不及待地想要提升自己的价值。如果下次有人正在讲话，而你想要发表意见，想要让自己看起来精明能干，你可以试着停下来思考并深吸一口气，然后问自己：这样做会让他们更加投入工作吗？”

不够谦逊的管理者常常有傲慢的倾向，竞争意识太强，到处都是“战场”，他们经常会把对话变成竞争，一定要“胜人一筹”，控制全场，掌握最终话语权。

其实，这种强势的方式不仅解决不了问题，反而会招人反感。要知道，向别人展示自己精明能干并不是目的，关键是能否达到沟通的效果。我们要开始有意识地改变，学着考虑他人的感受。当脑海中出现新想法时，不要立刻说出来，而要停下来思考：

- 我的目标是什么？
- 争论有助于解决问题吗？

不要为了争论而争论，让自己冷静下来，聚焦目标，之后再更加有效地作出回应。

一旦在公开场合产生分歧，大家都会更加固执己见。尽早与关键人物私下会面，让他们在不丢面子的情况下改变自己的观点，以赢得支持。

> 梅兰是一家金融服务公司的总顾问。她讲述了一个曾与她共事过的有才华的律师的故事。她说："我见过很多人无法融入团队而不得不一直换工作。我觉得这类人有几大特征：聪明绝顶，对自认为重要的事情充满热情，认为自己对事情更加了解，他们的判断才是正确的。"
>
> 然后，梅兰笑了一下又继续说道："我那位同事非常聪明，他觉得自己的想法比我们所有人的想法都要好，实际上90%的情况确实是这样。但是他的表达方式让人讨厌，特别喜欢跟人争论，总要在气势上压倒别人，因此他非常不得人心。
>
> 梅兰还说，那位同事参加了职业发展培训，总监让他配合教练的工作，但是教练根本拿他没办法。他戒备心强，没有意识到自己脱离团队，不愿检讨自己，将自己的问题归咎于企业文化不当，最后他离开了公司。我猜测他到下一个公司也只能待两年，然后又会因为企业文化问题离职。

看到了吗，我们常常会诧异于别人"莫名的恶意"，不曾想到可能是自己的无心之举造成的。不善倾听会阻碍人们的职业发展。首先，会冒犯他人，让别人对你敬而远之。得到认可和理解是人类的两大基本需求。如果你不愿倾听，对方的基本需求便无法得到满足。其次，我们自己也无法学到新东西。要学会观察、倾听，以下是六个提高倾听能力的小窍门：

- 谨记"每个人都能够教我们一些东西"。与他人交流时，请告诉自己对方知道很多自己不知道的东西。
- 听别人讲话时，切忌中途打断或突然插入提出自己的意见。
- 学会积极倾听，例如点头、记笔记等。
- 对方讲完后，提出自己的疑问。
- 复述对方的话，以此证明你确实仔细倾听并且理解了对方的意思。

- 不要立刻作出评价。好的倾听者绝不会不假思索便对自己听到的东西提出意见，给出解决方法，或者提出反对。他们首先会思考对方想要从这段对话中获得什么。

如果你的攻击性太强，别人不会欣赏你，不会认为你是一个拥有鲜明观点、具有说服力的人，而是会厌恶你，认为你固执己见。在专业的环境中，如果你足够幸运，特别聪明、具有才华或工作能力强，人们会容忍你的行为。但是，当你犯错误的时候，他们不会对你网开一面，不会伸出援助之手，甚至想看到你一败涂地。

在职业发展的过程中，随着职位的晋升，人际交往问题都会变得越发复杂。如果我们对此毫无察觉，那么就会让自己陷入非常被动的局面。

基层岗位以专业能力论事，因此专业水平高的人即便不善于人际交往，一个人单打独斗也能胜任工作。但是对管理岗位来说，要完成一项大型跨部门任务，他人的支持至关重要。正如光辉国际领导力研究专家戴光荣所说："一些性格特征在职业发展早期会对我们起到促进作用，但之后会阻碍职业发展。"

在我们的一生中，最难的不是学说话，而是懂得沉默。当不懂得闭嘴的时候，你永远不知道下一秒，你说出去的话，会变成什么样的武器，伤害了别人，也伤害了自己。

所以，一个谦逊的管理者对自己的认可不是压倒别人，凸显自己，而是来自其内在。他们更关心什么是正确的事，而非苦心孤诣证明自己是正确的。

赢得支持，而不是赢得一场争论。

每个人都是自己"故事"中的英雄

我们来做一个小测试，闭上眼睛，回想一下：

- 你认为自己会犯错误吗？
- 你最近一次犯错是什么时候？
- 你犯错是因为什么呢？

我们知道每个人都会犯错，但是当这种错误发生在自己身上的时候，却常常浑然不觉。几乎每个人都以为自己看到的，就是事实的全部，就是世界本来的样子，因此我们在大多数时候，对大多数事情，都会认为自己是正确的，而这显然是不符合事实的。

在实际工作中，我们很难认识到局势的复杂性，尤其难以客观评价那些与自己观点迥异的人。每个人都有自己的心智模式，决定了我们是如何看待世界和他人的，我们讲述着不同的"故事版本"，我们都是自己故事中的英雄。在一些人的思维中，很容易就把观点对立的人塑造成一个反派，即使这个"反派"是他自己故事里的英雄。

> 你费了九牛二虎之力和团队做了大量的调研，提出了新产品的设计方案，打算作为下个季度的"爆款产品"。你信心满满地向管理层做汇报，面对大家的疑问，你都顺利地解答了，眼看就要顺利通过了。
>
> 突然，某个同事却毫不客气地指出了新产品的目标受众面有点窄，难以形成规模效应，他的意见马上引起了管理层的重视，管理层要求你重新测算一下新产品的市场容量和盈利预期，调整之后再过会评估。

现在，你有什么感觉呢？

你的故事版本是这样的：你带着团队付出了大量的努力，眼看就要苦尽甘来，却有"小人"从中作梗。你认为这是同事故意在老板面前阻挠你、诋毁你，是你的故事中的反面人物。然而，在他的故事里却是另一种景象：他并不会自鸣得意地说是如何给你制造障碍的。相反，他会满怀正义地告诉自己，这么做是为了组织的利益，是一种英勇的行为。

打开对方的故事版本看一下：他知道你是公司里的业务新星，认为你的专业能力一向很强，也深得管理层的信任，但你的方案的确有不足，而他犹豫了一下，在可能会得罪你和维护公司利益之间，选择了后者，鼓足勇气指出了方案的不足之处。或者，你可能会发现，你所谓的诋毁在他看来不过是表达另外一种不同的观点。

这并不是说没有那些自私的、不负责任的人，而是说不要轻易下结论、贴标签。世界比我们想的要丰富、复杂得多，不是某一个简单的"故事版本"所能概括和描述的。当你在头脑中说"我经历过，知道会发生什么”的时候，请提醒自己：保持开放的头脑，接受更多的可能性。

即便是同一件事，你看到的有可能是迪士尼版，而我看到的则是玄幻版。电影不同，我们的想法与做法也将不同。你的感受可能是诙谐、刺激、愉快和充满欢笑。而我可能正紧张地面对着威胁，随时做好了自我保护的准备。

> 有一幅漫画流传甚广，上面有两个人，各自指着地上的数字。一个人站在数字这边，说是6。另一个人站在那边，说是9。漫画下面是这样解说的：你对，不代表我错。

若以此来形容管理者面对不同利益相关者时的复杂性，可谓非常贴切。一旦我们为某人或某事设定一个“故事版本”，那么就很容易选择那些支持我们观点的信息，从而下意识地忽略那些不符合我们假设的信息。

当我们不同意别人的时候，常常把这归结为对方的见解缺乏广度，或者对方的思维能力不如我们强。其实更可能的原因是，对方只是采用了不同的方式整合外界信息，讲述了不同的故事。

对于工作中发生的事情，我们会有自己的理解：我们是故事中的主角，为了一个崇高的目标而努力，然而总会有“小人”从中作梗，阻碍我们得到自己想要的东西，有时候我们历经曲折，达到了目的，我们成了“胜利的英雄”；有时候我们差点运气，成了“落难的英雄”。这种认知模式对我们具有强大的暗示作用。

没有人一直是对的

在一个重要的会议上，你代表团队汇报一个重要项目的费用计划。你已经为此准备了两个星期，仔细阅读了每一份资料，列明了下一步要实施的每一个步骤，你信心满满一定会获得批准。

然而，你刚结束汇报，就有一位新同事举手提问，你的反应是：

- 心生不悦，满不在乎：呵，一个爱出风头的家伙，这点问题怎么可能难倒我呢，让你见识一下什么是专业。

- 觉得恼火，感到被冒犯：这家伙以为自己是谁，提的问题一点水平都没有，纯粹在浪费大家的时间。他太傲慢了，不自量力。
- 非常不满，觉得有人故意给你设置障碍：看来以前肯定是不小心得罪了这个人，否则不会现在来找茬，他提的是什么意见呀，就是打击报复。
- 保持开放的心态和好奇心：我们已经做了全面深入的思考，竟然还有人可以提出从未想过的问题，这实在是太难得了。这家伙看问题的角度与众不同，有好奇心，他的加入对公司来说，简直太有价值了。

通常来说，大多数人不会是第四种反应。这是因为我们的正确感不仅改变了我们的想法，也改变了我们的行为。在对某件事情感到困惑和好奇的时候，如果有人向你提出了与此事相关的建议或想法时，你会觉得很有帮助。

然而，在你自我感觉良好，对某件事情非常笃定的时候，如果有人向你提出了与此事相关的问题，你会感到被冒犯，视不同意见为挑衅，把对方当成对手。

总要坚持认为自己是对的，这是不可能的，也是非常有害的，它带给你的是轻蔑他人，而不是力量和尊重。相反，偶尔犯错并不会让你掉价，它会让你更有人情味，更平易近人。

- 下次你觉得需要证明自己是对的时候，问问自己，赢过对方是否如此重要，重要到足以令你冒着伤害他人和被人厌恶的风险去做。
- 寻求反馈。如果你表现得像个万事通，那么其他人要么会反击，要么会表现得毫无防备、被征服——然后避开你。
- 在证明自己没有错的时候，确保你没有让别人感觉他们错了。
- 承认并认可他人的意见和观点具有价值。
- 如果你冒犯了某人，那就承认你错了。

一个道理肯定会遭遇另一个道理，一种情绪也会引起另一种情绪。如果你认为自己一直是对的，你就无法学到任何新东西，逐渐把自己封闭起来，变成井底之蛙。

不坚持证明自己是对的，你能接受这种感觉吗？

“正义之心”把对方变成了“怪物”

日常生活中，我们往往倾向于将他人的不良行为归咎于其卑劣的品性：他们之所以会撒谎，就是因为他们本身就是坏人。在虚构这种想法时，我们会把理智而正常的人变成十恶不赦的坏人，把问题归咎于对方的邪恶目的。

例如，我们会把高度关注质量问题的领导称为控制狂；当配偶抱怨我们说话不算数时，我们会说他们顽固不化。你和交好的同事吃顿饭就是君子之交、同袍之谊，别人这样做就是互相勾结、图谋不轨。

> 菲比和乔治是同时进入黄鹂鸟服饰公司的同事，两个人都很拼，很快成长为公司的骨干。背景履历又相当，所以经常会被同事拿来比较，在很多资源的竞争上，两个人也是刀光剑影，互不相让。久而久之，就把对方当成了自己的“假想敌”。
>
> 菲比对公司的人力资源管理持有强烈的批判态度，她认为乔治在用人上偏袒亲信，将重要职位赋予了自己小圈子内的成员。在她眼中，这些被推荐的人不过是些庸庸碌碌、阿谀奉承之辈。对于这些人的实际能力，菲比却懒于探究，仅仅因为他们的推荐者是乔治，她便断然否定了他们。
>
> 有一天，乔治被外派至分公司，菲比接替了他的位置。她怀着坚定的信念，誓要矫正乔治过去的用人方式，展现出真正的公平与公正。
>
> 然而，数月之后，菲比也遭到了同事们的非议。她所推荐的，是她所信任与亲近的人，而这些人在他人眼中，同样被贴上了“马屁精”的标签。

“大反派”的思维让我们越来越狭隘，常常会蒙蔽我们的双眼，把我们的视野局限在一个狭小的范围，看不见更多的真相。菲比把乔治当成了“假想敌”，当成了“大反派”，所以乔治的工作必然是有问题的，推荐的人必然是有能力缺陷的。

反过来，因为自己怀着“正义之心”，我们的动机纯洁，工作结果是经得起检视和推敲的，我们认同的人也必然是能力出众的。

显然，这是违背事实的。

在大反派想法中，我们带着一颗“正义之心”，占据着道德的制高点，把任何正常意见分歧看作敌我矛盾。我们永远只盯着别人最邪恶的动机和最差劲的能力表现，完全忽略他们身上任何善良中立的意图和突出的表现。

在虚构这种想法时，给对方贴标签是最常用的方法。例如，“不是吧，那个坏人竟然又想让我出丑！”给对方贴上带有某种“特色”的标签，我们便心安理得地认为自己打交道的对象是个愚蠢十足的家伙，而不是具有复杂心理情感的正常人。

会议上我们的提案没有顺利通过，不愿意相信是提案水平不够，不去反思是自己的准备不充分、措施不具有可执行性，反而愤愤然地说：“都是那个小人，非要提那个让所有人都关注的问题，他就是故意的。”

其实，受害者和大反派想法的本质是对事的歪曲。这种思维的产生，往往源于我们在情绪失控的状态下，对双方施加了双重标准的判断。当我们自己犯下错误时，我们倾向于采取受害者心态，将自己的行为粉饰为出于纯粹的好意，至多不过是好心办了坏事。然而，一旦对方的行为对我们构成伤害或带来不便，我们便容易陷入大反派的思维框架，过分夸大对方的过失。

这种思维模式不仅扭曲了我们对事实的认知，也加剧了人际关系的紧张。在自我辩护时，我们往往选择性地忽视自己的责任，而在指责他人时，则倾向于放大对方的错误。这种不平衡的视角，无疑会削弱我们理性分析问题的能力，导致沟通的障碍和误解的加深。

如果你在对话中把对方视为险恶小人，对他们肆意诽谤，你应当问一下自己：

- 我看到的是不是事实的全部？
- 我有没有带着情绪和偏见？
- 一个理智而正常的人为什么会这样做？

在寻找这些问题的各种答案时，我们的负面情绪会逐渐淡化，以同理心取代苛刻的负面评价。学会把对方当作正常人对待，他不是“领导”，也不是“竞争者”，只是一个想尽力把分内工作做到最好的人。

实际上，随着为人处世经验的不断积累，我们慢慢地会越来越不关注对方的“目的”，不再沉浸于寻找行为背后的“邪恶动机”，而是关注其行为到底会对我们造成什么样的影响。当我们学会更客观地考虑问题的时候，才能真正投入到对话中。

围绕“利益相关者”进行思考

在组织这一有机体中，各部门宛如交织的网络，每一个工作流程的微妙变化，都可能影响到其他部门或同事的工作内容和绩效表现。若对此缺乏足够的敏感性，仅从个人便利出发，草率地提出新的设想与方案，无论新方案的益处多么显而易见，若忽视了利益相关者的声音，它可能在实施过程中遭遇挫折，甚至夭折。

跨部门的关系维系，需要秉持合作双赢的原则，工作中多从对方角度去思考。交流时注意就事论事，如果能力所及，可以适时为别人提供方便，也会给自己工作带来不少帮助。

当冲突不可避免地出现时，应当采取一种更为建设性的态度：避免在谁对谁错的问题上纠缠不休，而应将焦点转向问题的解决之道。在此过程中，保持冷静与理性，不仅有助于我们更加清晰地看待问题，还能够避免事态的进一步恶化。

> 工程师泽华，负责的项目是为公司最大的客户开发最新的软件。初时，泽华急于向品质管控经理赵大海提出自己的计划，期望能立即付诸实施。然而，赵大海手头已有多项任务，难以分身。泽华试图用产品的潜在获利能力说服赵大海，但赵大海似乎不为所动。
>
> 在情绪平复之后，泽华反思了整个交流过程，意识到自己一直在单方面表达，忽略了对方的立场与顾虑。于是，泽华决定转变策略，耐心地倾听赵大海的想法和意见。
>
> 结果是，赵大海想知道泽华过去做过什么成功的产品，以及他的团队是否有过成功的经验，因为如果把泽华的计划排到第一优先，他就要冒很大的风险。
>
> 理解到赵大海的这一顾虑后，泽华采取了必要的措施，以消除其疑虑，确保计划的顺利推进。

“利益相关者”指的是与你的工作流程、结果有关系的人或部门，可能是本部门的同事或领导，也可能是跨部门的主管，甚至是公司外部的客户。有经验的管理者会以终为始地思考需要什么样的工作成果，并考虑工作结果的使用场景和使用者，关心“相关利益者”的利益。

让自己站在别人的角度上去思考，究竟能为其他人、其他部门，乃至整个组织贡献什么？这种横向的贡献意识有助于你赢得他人的支持，或者至少是减少他们反对的可能性。

赢了“战争”又如何

年轻的管理者富有竞争意识，这种特质让他们在普通员工阶段脱颖而出，但成为管理者之后，竞争意识太强，总想证明自己是对的，就会制造不必要的纠纷和麻烦，反而不利于工作的开展。

不要老是想要证明自己是正确的，因为在多数人际交往中，我们面对的问题不在于你是对是错，而是你是想证明自己是对的，还是想取得效果。

王刚正准备出差，去给一位客户做培训，他请妻子小雅帮他处理一件事，并强调了其重要性，妻子向他保证没问题。

“你保证？”

“是的，放心吧！”

当王刚回到家，问起这件事时，小雅才想起来自己忘记了，王刚很愤怒。

“简直不敢相信！你保证你会处理的！”

“我知道。不过，真的忘了……”

“这件事很重要，如果你有点责任心，你就不会忘记。”

“这几天真的太忙了，所以就……”

王刚不想听：“没有任何借口，如果你有一点责任心，就不会在作出承诺后忘记？”

“我本来是记得的，但临时有个项目要加班……”

“我不想听这些借口，我告诉过你，这很重要。”

小雅站在那里，然后平静地问道：“嗯，你想得出什么结论呀？是我没有责任心吗？”

如果王刚在这场争论中赢了，就会让自己深信，他的妻子小雅没有责任心。但事实并不是这样，这一点他很清楚。

正确的观点不一定是有益的观点。当我们的某些观点正确的时候，唯一的收获就是酸楚、忧伤、愤怒、压力和对人性的否定。我们赢得了什么？

如果确实想要改变那些阻碍我们前进的惯常做法，就需要挑战我们的观念，虽然这样做很难。物理学家戴维·伯姆曾经写过：“通常情况下，我们的想法左右了我们，而不是我们左右了自己的想法”。

我们在争论什么？你也在争论吗？我们试图改变些什么？

问题不在于我们的观点是否正确，而在于你的观点如何支持你的工作？正面观点会推动你实现目标，相反，那些负面观点则会使你偏离目标。

与别人出现意见分歧时，首先要明晰你的观点是否对你有益：

- 我的目标是什么？
- 这是一场值得一拼的战斗吗？
- 一定要斗争吗？
- 还有更好的解决方案吗？

最好的方法就是寻找双方的共同点，取得双赢的结果。这就意味着使蛋糕变得更大，而不是将精力放在如何瓜分蛋糕的谈判上。

第八章　主动链接：塑造非权力影响力

同样的话语，同样的事情处理方式，对资深管理者和新晋管理者来说，所产生的效果有天渊之别。资深管理者有着较为丰富的资历作为背书，他们脸上的皱纹就是他们的优势，人们更多是对他们的敬服。

而新晋管理者则少了时间的滤镜，一切都是全新的开始，你的贡献有待形成，你的个人口碑正处于别人的检阅和验证中。在一个组织中，要有效地开展工作，需要你充分发挥自身的影响力，维护好所有你需要但没有直接控制权的其他人之间的重要关系。

通过存储信用来编织影响力网络

信任是逐步建立的，你必须一步一步地证明自己，不要过早地要求别人信任你，先表明你在小的事情上是可以信任的，慢慢地，别人也会开始在大的事情上信任你。

在储存信用阶段，最首要的是向你的账户不断增加投资，包括你的贡献、你的口碑，待信用足够的时候，你才可能获得引发改变的资本。以过去的表现记录作为前提，并非意味着年轻管理者不该主动作为，而是说你要明白过去的表现能让你有多大的做事空间。如果你想要在组织中有什么独特的行为和变革，就必须先有某些成就作为背景和资本。

这种策略被称为存储“信用”。人们通过过往的成就来积累信用。之后，就可以从“信用账户”中获得与大多数人背离和引发改变的资本了。

郭嘉是公司销售部一名新晋的经理，经常感到颇为困扰和疑惑。在每次与公司高层召开的产品营销会议上，研发部经理何建国总是如光芒四射的“明星”，他的提案总能轻松赢得认可。即便是在立场和意思表达完全相同的情况下，人们似乎总是更容易接受何建国的观点，仿佛他们眼中自带一副无比宽容的滤镜。

相比之下，郭嘉的每一次发言似乎都遭遇着不同的挑剔和质疑。他有点困惑：何建国仅仅是因为资历更深，比自己在公司多积累了十几年的经验，为何结果却大相径庭？

影响力通过信任来实现，如果他人不信任你，那么你对他们的影响就非常有限。你也许有很多宏大的计划和设想，但是如果没有赢得他人的信任，这些计划和设想就无法付诸实施。热情、值得信赖且能力强的人会受到人们的拥戴，但前提是你已经与人们建立了信任关系，这时你的力量就变成了一种无往不利的天赋，而不是威胁。

一旦你在组织中赢得了更多的可信度和影响力，你想要表明自己的态度，或者实施自己的工作计划，就会事半功倍了。所以，在有什么大胆举动之前，请先问自己三个问题：

- 你有多少信用资本？
- 你拿其中的多少去冒险？
- 对你和其他人而言，可能的回报是什么？

有效管理的方法

一些管理者对日常工作中的人际互动不以为然，也很少主动参与，他们深信自己能力出众、勤奋兢业，一定可以大有作为。

然而，许多人不久就变得垂头丧气、痛苦不堪，他们指责企业文化太封闭，老员工固执己见，对新观念不够开放……受挫感甚至让很多人开始另谋高就。

若想扮演好管理者的角色，你就必须要在组织中建立影响力。如果你不能积极参与到组织的运作中，有效发挥影响力，管理者的效能将会大大降低。请想想“不愿意”扮演相应角色的后果：

- 你的团队与其他部门之间的问题，将无法得到解决。
- 你的团队常会根据不完整或不正确的信息行事。
- 你的团队经常被人误解。
- 你的团队经常受到外力干扰，因为没人可以帮他们过滤、调解或排除外来压力。
- 你的团队经常缺乏必需的资源。

在组织这个错综复杂的网络中，管理者要成为团队与外界沟通的“桥梁”，既要稳健地立足于团队之内，同时又需将触角伸向广阔的外部世界，与各利益相关者建立融洽的关系。

作为管理者，你代表的是所在团队的利益。你的行为表现直接决定了你所在的群体能否获得足够的资源和机会，你的失败就是群体的失败，你的成功也是群体的成功。

但很多人不能恰当地理解，仍然把人际网络的构建当作是浪费时间、令人厌倦。他们觉得让别人认同的最好办法就是产生业绩结果。

卓尔与思诚，同为一家公司的主管，他们的工作风格与优先级却呈现出鲜明的对比。卓尔致力于构建自身的组织影响力，他乐于在午餐时光与同事们共享美食，积极参与合作伙伴的入伙庆典，以及在办公室中与同事们进行轻松的非正式交流。他不仅关心同事们的职业发展，更对他们家庭的点点滴滴，比如孩子的教育、父母的健康等，投以温暖的关怀。

相比之下，思诚的视线则聚焦于外部世界。他将大部分精力投入到客户需求的满足与业务的拓展之中。然而，他并没有意识到建立内部影响力的重要性，毕竟，他还有一堆文件和工作堆在办公桌上，时间似乎永远也不够用。

尽管这两位主管为公司带来的收益大致相当，并且在一段时间内，他们在公司的组织结构中处于相同的职级水平。但在短短三年时间里，卓尔的进步非常快，他在组织内晋升超过两个层级。而思诚依旧留在原来的岗位上，尽管他有强烈的晋升欲望。

有效履行岗位职责，往往需要管理者有成熟的心智，把岗位职责和个人喜好区分开来。但当你处于某一个岗位的时候，积极参与到组织中就是你的职责所在。

这并不是说积极的人际互动比脚踏实地做好工作更重要。你实际的工作表现是成功的基础。但是，当你跃升到一定的职位之后，人际互动能力和团队影响力就成为你重要的竞争力。

想象一下：管理者毫无影响力会是什么样的状况？

它意味着你和你的团队孤立无援。

如果你曾经在一位影响力微弱的领导者麾下效劳，回想一下那时有多么痛苦和沮丧，或许你对他个人抱有好感，但内心的苦闷与挫败感却如影随形。得不到所需的资源和支持，没人把你或你的团队当一回事，遇到问题只能选择沉默或靠边站。

因此，你必须掌握这门艺术——影响那些你并未正式管辖的人们，以此推动你和团队的目标前行。你的团队成员依赖你的影响力，以确保他们能够安心工作；你的组织同样需要你的声音，以确保它始终沿着正确的轨迹前行。

正确认识自己的角色和职能

公司里的人际关系比较复杂，因为这里同时存在着竞争和合作，朝夕相处的同事们，有你喜欢的，也有你不喜欢的。我们可以凭直觉选择朋友，如果不喜欢可以随时远离他们，但同事通常是工作强加于我们的，无法选择。

> 小强是制造团队的主管，也是技术能手，性格比较内敛，平时最喜欢琢磨技术问题，几乎没有什么技术问题能够难倒他。
>
> 然而，晋升为团队主管之后，小强感到非常烦恼。他没法安心地做自己的技术研究，经常要协调跨部门的工作，比如和财务部沟通预算和成本问题；和销售部沟通什么型号的产品更受市场欢迎；和人力部沟通新员工的招聘问题……
>
> 这些工作对小强来说并不容易，每次在和别人沟通之前，他都要做

一番心理建设，权衡半天，不得不沟通的时候才逼着自己去沟通，遇到合作意识强的人，沟通就比较顺利，遇到合作意识没那么强的人，一件简单的事情则可能要反复沟通几次，有时候还会遇到推诿扯皮。

精疲力尽的小强忍不住向领导吐槽：“领导呀，我们单位的沟通成本太高了，明明很简单的事情，却要反复沟通，为什么有的人那么讨厌呢？大家都配合一下把事情做好不行吗？”

领导说：“小强，每个部门都有自己的工作重点，对你来说重要的事情，可能对别人来说就没那么重要，这是很正常的。你可以多和其他经理互动一下，听听他们的想法，大家建立了信任关系，后续的沟通才会更顺畅。”

小强很无奈：“为什么要搞这么复杂的关系呢？我只想把工作做好。”

领导认真看了看小强，反问道：“小强，没有别人的支持，你觉得能把工作做好吗？”

这似乎不公平，出色地完成自己的工作还不够吗？还要增加额外的辛苦和压力。

很不幸地告诉你，不够。残酷的事实是，你必须学会做好自己的工作，以及处理复杂的人际关系。就像在雷区里跳一场优美的芭蕾舞，如果你忽略地下埋藏的地雷，或者只是抱怨他们的存在，那你很可能会失去自己的双脚。

许多管理者都了解，处理人际关系是工作的一部分，但他们不喜欢冲突和竞争，用他们自己的话说，很讨厌和别人“玩这个游戏”，他们认为“本事”远比“关系”重要。

这些管理者们往往只在面临问题或特殊需求时，才不得已与他人交往，而在其他情况下，他们更愿意将精力投入到自己团队的工作中。他们坚持认为：“请根据我的工作成果，而非我的人际关系来评价我。”

然而，许多持有这种观念的管理者对组织感到失望，甚至产生了愤世嫉俗的情绪。这种反应虽可理解，但却不合时宜。实际上，如果管理者不能积极地融入组织，他们将难以有效地履行职责。

管理者要获取资源和支持，部分是基于其职权，而在很大程度上则是受自身影响力和关系网的影响。一位下属抱怨说，由于他们的经理与管理层不能充分沟通，领导并不了解基层和市场的真实情况，导致团队的年度目标非常离谱，从而使他们的工作变得举步维艰：

> 我们的经理人很好，对团队里的每个人都很关心，但也很有个性，不喜欢社交，公司里的非正式活动基本不参加，要么和团队一起加班，要么回家带小孩……每年团队的目标都高得离谱，大家长期处在高压之下，需要的资源支持也没法获得，和别的部门竞争的时候，我们常常是输的那一方，感觉部门像个“孤岛”一样。

对下属来说，管理者是他们和外部世界的联络人，拥有下属不能独自获取的信息和资源。因此，管理者必须能够认识到他们的角色和职能，并为此投入更多精力，营造一个支持性的外部环境，那么下属就能够在个人和专业能力方面获得更好的发展。

不要有门户之见，常用“我们”的思维

生活中有一句残酷却真实的名言：“无利不起早”。尽管我们不否认职场中需要友爱、人文关怀、奉献精神，以及无私情怀，但也必须承认，我们投身职场，从根本上讲是为了家庭的生计、个人职业的成长，以及实现事业上的成就和梦想。

因此，在跨部门协作中，必须时刻自问：如果我是对方，我为何要积极主动、心甘情愿地提供支持与配合。要学会采用“我们”的视角，而非局限于“我”的立场，这是构建高效跨部门协作的基石。如果你无法为他人带来实质性的好处，又有谁愿意无谓地耗费时间和精力呢？

> 小天才公司是一家中等规模的童装销售公司，其童装以款式新颖，材料环保而著称，市场销售份额一路走高。该公司的销售模式是依靠电商平台做营销推广，随着近几年直播平台的迅速崛起，销售部门认为要抓住机会，在直播平台上加大投入以推动销售增长，其中一个重要的诉求就是增加营销推广费用投入。而财务部则认为，额外增加费用投入会影响公司的成本收入。市场部认为财务部头脑僵化，不了解市场。财务

部则认为市场部只知道花钱，不懂得经营。双方僵持不下，互不服气，最终将问题报给了公司总经理冯辉。

冯辉听了两个部门的意见后认为，市场部关心的是销售和机会，财务部关心的是成本和经营效益，大家都没有错，是否可以这样：财务部根据市场部的销售情况，在销售份额上升的情况下，同步提升营销推广费用。如果市场部增加了投入，同时也有收入体现的话，财务部担心的问题也就解决了。

两个部门都觉得这样比较好，符合各自的问题关注点。

当面对推诿、难缠的队友时，请冷静下来思考：在这项工作中，我的诉求是什么？他人的诉求又是什么？我们共同的诉求是什么？这样的思考将帮助我们找到协作的平衡点。

首先，就市场部而言，别再抱怨财务部不配合了，因为是你"不对"在先——你从头到尾都是站在"我"的角度而不是"我们"的角度来思考问题，两个部门的诉求点不同，你在考虑你的诉求时，为什么不能想想财务部的同事需要什么呢？

其次，把关注点和发力点都放在问题本身，努力寻找双方的共同利益，然后想办法去实现它，这样别人才愿意配合你、支持你，而不是把自己和跨部门的合作伙伴对立起来。

只要稍微改变一下思路，一些原本看似无解的问题，不就立刻搞定了吗？既然这是整个公司的战略性项目，那么集团的高层肯定非常重视，因为这也是他的诉求和核心目标啊！所以他没理由不支持这个项目。

所以你看，所谓的跨部门协作无法推进，所谓的别人不配合，其实并不是队友的问题，而是你自己在犯迷糊。千万要记住：关注问题本身，用共同的利益来引导他人的配合，那么事情解决起来就容易多了。

别把同事当对手

横向关系之所以难以维系，是因为关系本身存在着复杂性。一方面，你需要与同级同事通力合作，共同推动公司前进；另一方面，你又需要在晋升的道路上与他们展开竞争。

有的人对同事有着不切实际的期望，平时相处得不错，所以就期待对方会像朋友一样支持我们。尽管同事确实可以成为朋友，但在很多情况下是很难做到的，因为每个人都有自己的优先级和关注点，当我们的需求与对方的需求产生冲突时，他们可能就不那么友好地帮助我们了。

比如，只有一个团队管理者的岗位，你和你的同事都期望自己可以获得这个岗位，这个时候你要求同事退出，转头支持你。你觉得这可能吗？你会因为同事拒绝了你的提议而恼怒吗？你会认为对方很差劲吗？

这是职场竞争的必然结果。我们认为这些同事很差劲，而实际上，是因为我们对他们的期望值高得不切实际。

有些人则会悲观地看待职场关系，认为除了为自己办事的人，其他人都是竞争对手，相互合作是行不通的。向别人寻求帮助，那说明你自己不行。互相合作，那意味着你无法独立完成，或者承认自己的做法是错的，不是吗？

这种观念很容易形成跨部门协作的各种“壁垒”，壁垒中的人进行着“我们还是他们”的斗争。运营部指责销售部——他们的销售方法是错误的；市场部挖着工程部的墙角——他们的设计和制造都有问题，最常看到的是财务部，他们会对所有人开战，好像人人都是敌人。

> 举一个盲人摸象的例子，一位国王让六个盲人通过触摸大象来说大象长什么样子。这六个人每一个人都说自己知道大象长什么样，但是每个人说的又好像是不同的东西。
>
> 摸到象腿的盲人说大象像一根柱子；摸到大象尾巴的盲人说大象像一条绳子；摸到大象鼻子的盲人说大象像一棵树；摸到大象耳朵的盲人说大象像一把蒲扇；摸到大象肚子的盲人说大象像一面墙；摸到象牙的盲人说大象像一根坚硬的管子。
>
> 国王对他们说：“你们都对，你们也都错。你们对，是因为你们每个人都确实摸到了大象的一部分；你们错，是因为你们把整个大象想象成你摸到的那一部分了。”

把一个组织想象成一头大象，把每个员工想象成摸到大象某一部分的盲人，每个人都相信，他所看到的就是事实的全部；每个人都认为，自己做的事情是最符合组织利益的。

其实，他们都错了。

在一个组织内部，最理想的状态是每个人都致力于使整个系统最优化。然而，有很多原因会导致有些人，甚至是非常通情达理的人，不会像我们期望的那样进行合作，哪怕我们认为合作会带来双赢的结局。人们不愿合作是因为有不同的工作重点，或者是因为时间、资源有限，无法兼顾所有的事情，还可能是担心在合作过程中自己的利益受损。

人们在利益关系、能力、工作重点，以及形势判断等方面，存在着重大差异，这常常会导致冲突而不是合作。对这些差异进行系统性分析，是横向关系管理的核心。但在大多数情况下，人们并不能对所处的环境进行客观分析，只是进行主观的臆断或猜测，要么低估了可能存在的分歧，要么夸大分歧。

一些新晋管理者，对同事抱着不切实际的期望，希望公司是个“快乐的大家庭”，一旦发现别人的想法和自己不一样，或者不按他们心目中的最佳方式做事，就会感到很意外和愤怒。他们不知道各部门之间天然就存在差异，却往往认定是对方能力太差或顽固不化。

即使公司各部门为了一个相同的目标而努力，各方利益仍然会存在冲突。例如，销售部门希望产品型号尽量丰富、个性化，以便满足所有用户的特殊需求。生产部门的愿望恰恰相反，因为，非标准化的生产会显著增加成本。

类似的冲突还有很多。每一方都会认为对方动机不纯、自私自利，于是就产生了敌对关系，这种关系对彼此都没有什么好处。

持续双赢的秘诀

有的管理者“胜负”意识太强，他们视同事为竞争对手，一心想成为胜利者，在面对别人的成功时备感失落。这样的态度既不能造就良好的关系，也无法产生协同效应。

这种想法背后隐藏的一种假设是在任何情形下，只有胜负之分，如果某人获得更多，一定会有人遭受损失。例如，在体育竞技中只有一个胜利者。因此，要尽可能多地为自己争取，否则别人就会拿走。得到的越多，你就越有可能是胜利者。

然而，在工作中使用这样的策略并不明智。职场中既有竞争，也有合作，而且合作要远远大于竞争。所有部门同心协力为公司赢得发展，那么所有人都能从中获益，没有人会成为失败者。

另外，持有这种观念的管理者，很容易在内部引发与同事的冲突。因为他们渴望成为胜利者。如果同事并不强势，也许这些领导者确实能够得到想要的结果。如果对方也表现强硬，双方利益都会因此受损，结果会是两败俱伤。

只有在彼此交流、相互支持的情况下，公司才会充满效率与竞争力。那些部门领导者间存在着对立、隔离关系的公司，在外部竞争中会遇到巨大挑战。与对手的竞争才是真正的竞争，内部竞争只能算自相残杀。

管理者有责任了解和强调本部门以外的其他人的诉求和利益，并在制定部门目标时予以考虑，公正地协商和整合本部门与其他部门的利益，避免零和博弈。

一个人越成熟，越会发现，现实中往往不是非黑即白、非对即错，现实中的人也并非非善即恶、非敌即友。如果我们单纯地用“对”和“错”来判断事情，总会有失偏颇。

优秀的管理者懂得如何处理各种人际关系，也知道在特定的情形下，如何施加个人影响力。即使没有很高的职权，也会通过非权威影响力，为自己的观点和想法找到关键支持者。

避免愤世嫉俗的心态。人性的错综复杂铸就了组织的多样性，没有任何组织能够达到完美或理想的境地。面对组织固有的缺陷，最明智的策略是积极与同事建立互动，而非选择自我孤立。

坚守自己最珍视的品格标准。无论环境如何，始终保持诚实、率直、开诚布公、可靠和诚信的态度。即使他人未能遵循这些标准，你仍应忠于自己的内心信念。

善于识别组织内技艺精湛的个体。深入研究并模仿他们的工作方式。如果条件允许，不妨直接与他们交流，表达你的敬意，并寻求他们的指导与支持。

作为管理者，你不能自视甚高，逃避组织中不可避免的冲突与妥协，同时期望取得进步与成功。最佳的途径是积极主动地融入所处的组织，以诚信和开放的心态，致力于实现那些富有意义的目标。

不要将反对意见视为个人恩怨

公司是一个庞大的网状结构，每个人都处于这张网的某一个节点，互相依存又相对独立。因此，你所做的工作必须最大程度被人所接受，与反对你的人保持互动，不要落入“敌我”意识的陷阱。

> 某银行信用卡部的主管刘文觉得很郁闷，每次提出营销预算的方案，都被计财部的冯乐否决，几次下来，刘文觉得冯乐一定是对自己有意见，才会屡次这样。
>
> 在一次财务委员会上，刘文的方案又没有通过，但隔壁金融市场部的预算却顺利通过了，刘文忍不住去和好朋友高飞吐槽：“你说那个冯乐是不是对我有意见呀，为什么老是针对我呢？”
>
> 高飞很诧异地说：“你怎么会这样想呢？”
>
> 刘文叹了一口气：“只要是我提交的预算方案，基本上都被否决了，但你看今天金融市场部的预算，比我提的数额大多了，却顺利通过了。”
>
> 高飞说：“哦，这个呀，那你有仔细看金融市场部的方案吗？”
>
> “我的方案一上来就被否了，一肚子气，哪有心思去看别人的方案。”刘文没好气地说。
>
> 高飞沉吟了一下：“虽然是朋友，但我还是要说呀，你们的方案和金融市场部的方案，的确还是有差距的，你们从头到尾就是说要资源，到底产出是什么，并没有说。但是，你看看金融市场部的，人家虽然申请的金额高，但对应的实施方案也很具体，效益产出更是高回报呀。”
>
> 刘文沉默了一下，说道：“好吧，那我们的方案可能是真的要完善一下。但是，你说那个冯乐是不是对我有意见呢？”
>
> 高飞笑了笑：“怎么会呢，你别忘了冯乐的角色，他可是计财部的经理，他要考虑的是整个公司的财务管理，每一份投入肯定要计算回报的，你只提要资源，但是你们没有产出，别人怎么会同意呢？换我是他的岗位，我可能也会这样。”

有些人总是将自我的身份认同和观点混为一谈，如果有人对你的观点有异议，他就是对你本人有异议。因此，但凡是质疑你观点的人，就是在质疑你的形象与自尊，这令分歧变成了争吵。任何对抗都会成为道义之争，你必须维护自己的身份——维护的方式通常是毁掉任何造成威胁的人，其对话常常是基于以下的假设而建立：

- 我是绝对理性的，我的观点是客观的，没有掺杂情感因素，我看到的是事物的本质。
- 别人不是理性的，他们闭目塞听、固执己见，看不到真相，更糟糕的是，甚至也不想看到真相。

有了这些假设，常常会导致以下的几种行为：

- 压倒别人。改变观点是示弱的表现，极力排除一切不同意见。只同帮你实现目标的人合作，排斥不帮助你的人。
- 操纵信息。只展示支持你观点的事实和意见，隐瞒与之相左的事实和意见。唯一重要的信息就是帮你劝别人相信众人皆醉你独醒的信息。
- 借用外力威胁。以严重的后果威胁不听从你命令的人，奖赏听从命令的人。完成工作最迅速的方式是劝服或铲除异己。

有些人与我们的目的不同，但每个人都认为自己的出发点高尚得多，包括那些惹人厌烦的人，他们都认为自己所做的是正确的事。

理解他人的工作风格，并洞悉他们所面临的挑战，这对于构建高效且稳固的合作伙伴关系具有显著的益处。在合作的道路上，每一个伙伴都携带着自己独特的工作方式和思维模式，差异化的见解和冲突是在所难免的。

当冲突不可避免地出现时，我们应该学会将冲突限定在特定的议题上，避免将其泛化为人与人之间的对立。这样的处理方式不仅有助于快速找到问题的解决方案，还能够维护伙伴间的信任和尊重。

他人的看法会影响你的领导效率

有时候，不管我们如何竭尽全力，偏见都是不可避免的。有些人可能会说："我知道自己在做正确的事情，别人怎么看一点也不重要。"这固然有一定道理。然而，在提升领导力的道路上，别人对你的看法——无论这种看法是否能准确反映你的真实情况，都会影响一个人在组织中的领导效率。领导力就是影响力，如果你不能获得别人的信任，那么你就无法施展影响力。

我们总是持有如下两条错误的观念：

- 所有关心这项工作的人能够分辨什么样的效果是好的，什么是坏的。
- 所有关心这项工作的人对好坏的判断标准都跟我们是一样的。

社交网络上有一句流行语：懂你的人，不需要解释；不懂你的人，没必要解释。听上去很酷，很高冷，实际上是完全站不住脚的，按照流行语的逻辑：根本不需要沟通，别人自然会懂你。把是否"懂"的责任推到了别人身上，放弃了沟通的主动权。

实际上呢，暂且不讲别人是否有义务去懂你，每个人的经历、背景差异较大，需要充分交流，别人才会明白你的意图，才可能有做事的共识。什么是好的，什么是坏的，很多时候只是观点、立场的差异，并无绝对的分界线，你的"蜜糖"却是别人的"砒霜"，这种情况都是经常会有的。

越是重要的、有价值的工作，才越是要加强沟通，最大限度地减少反对的声音，让更多人成为你的支持者。

最关键的是，不要太过于关注自己的项目目标，而要清楚地了解能够影响工作成败的关键性人物关心的是什么。要展现符合大家共同期待和利益的美好愿景，让"影响者"支持你。

第五部分

向上管理

向上管理是每个管理者都必须掌握的技能。如何与上级建立良好的关系，如何有效地汇报工作，如何在意见冲突时妥善处理，都是向上管理的关键。这一部分将帮助你理解向上管理的难点，并提供实用的技巧，帮助你在与上级的互动中展现出专业性和领导力，确保你的工作得到认可和支持。

第九章 主动作为：构建和谐的上下级关系

作为管理者，要处理各种各样的关系，其中很重要的关系就是和领导级之间的关系。虽然很多人也知道其重要性，很想做好向上的关系维系，但有时也会感觉别别扭扭的，你是不是也有这些困扰：

- 忙了半天，领导不知道你在干什么？
- 自己认为很重要的事情，在领导看来却没有太大价值？
- 一直想做一些更有影响力的项目，但是却没机会做？
- 很想为团队争取一些资源，却不知道怎么得到领导的支持？

我们都期望能够遇到人品好、能力强、又愿意激励和培养下属的领导。和这样的领导共事，即便平淡乏味的工作也会变得充满乐趣。

这样的领导在实际工作中可遇而不可求。在我的职业发展中，遇到的领导有十几个，但真正达到“出色”标准的寥寥无几。其中有一位领导个人能力很强，在单位也很有影响力，她真正关心和尊重每个人，对团队充分授权，在下属遇到困难的时候她会提供充分的支持和鼓励，遇到需要承担责任的时候，她总是会主动承担，绝不会甩锅给下属。和她一起工作的那段时间是我个人能力提升最快的阶段，虽然当时的工作压力很大，但大家都很开心，团队没有内耗，每个人都有使不完的干劲和热情，她带领的团队总是能够成为标杆和典范。

然而，更多的领导和我们一样，都是普通人，没有这么“完美”和“出色”，他们每天顶着很大的压力，一堆事情等着处理，忙得脚不沾地，很少有耐心能和下属好好说话，有的领导一年到头也不会找下属谈一次话，一言不合就骂人的也不在少数，更别说能够保持极大的耐心来培养下属了。

为什么向上管理这么难

有的人一听到要和领导搞好关系，马上就横眉冷对："我不喜欢拍马屁，做人何必这么累呢？"还有的人很淡定："没必要讨好领导，干好自己的事情就行了。"更有甚者，见了领导就害怕，恨不得躲得远远的。

老实说，这都不是明智的方式，里面掺杂了太多的个人偏见和理所当然。作为管理者，如果你也这样想的话，那就要尽快调整自己的观念了。

误区一：领导对下属是一视同仁的

虽然说管理者应该对下属一视同仁，但实际上每个人都有自己的好恶，员工的能力也有差异，因此难免会对一些人更有好感一些，对另一些人疏远一些。通常情况下，获得管理者信任的人会获得更多的关注和资源。

从管理效率上来讲，管理者一定是通过影响关键下属来影响整个团队。从人心士气上来讲，那些积极主动的下属会获得更多的关注，这样才能起到激励和榜样的作用。

信任是建立在充分了解的基础上的。处理和领导的关系，一定要积极地和领导靠近，多去与领导沟通，避免信息不对称。

大家不妨想一下，我们自己作为管理者，有两个下属：一个主动和你沟通，你很了解他的风格和能力，另一个整天躲着你，你对他了解不多，那么，当你有一个重要项目的时候，或者升职加薪的时候，你会优先选择谁呢？

误区二：向上管理就是"讨好"领导

有的人一听到"向上管理"就马上联想到"溜须拍马""唯命是从"，这是一个很大的误解。向上管理并非单纯讨好，其本质是充分理解领导的意图，通过深度沟通，从而建立信任，最终完成工作任务，彼此成就的过程。最终目的是要完成某项工作，解决问题，给公司、领导及自己取得最好的结果，最终实现三方共赢。

向上管理并不是为了讨好老板，你不必喜欢或崇拜你的领导，同样也不必怨恨或鄙视对方，而是以一种成熟的、职业化的态度，进行合作。

简单地说，就是要尽量迎合领导的长处、避免领导的短处，和领导一起干出好成绩。树立了正确观念，调整心态，在沟通时才会更坦然。

误区三：做好自己的事情就行了

我们身边都会有这样的同事：做事能力不错，但是为人很高冷，他们喜欢说："我不是来公司交朋友的，我是来做事的。"或者经常默默做自己的事情，很少去"打扰"领导，认为做好自己的工作就行了，不必在意领导怎样。

其实，领导与你的信息和资源不对等，如果尽量不"打扰"，就无法获取关键信息和更好的资源。要学会借力，借助领导的力量把事情做好。

任何领导都不会完全了解你的能力，他们不完全知道你能接受的工作量，很多时候工作本身就是高度模糊的。你必须告诉领导你能做什么、你不能做什么、什么时候需要帮助。主动同领导沟通，并设定管理预期，这样对领导来说就不会有意外。其实领导讨厌意外，意外很少是好事。

很多时候，要把事情做好，单靠自己是远远不够的。特别是作为团队管理者，我们要处理的问题经常需要跨部门协作，但每个部门都有自己的工作侧重点，别人不一定会配合你，我们处理不了的事情，领导一个电话可能就搞定了。

我们和领导分工不同，大家本质上属于一个团队。领导掌握的资源和信息都比我们要多，有了领导的加持，才能达到事半功倍的效果。

不要让"向上"关系成为问题

大家都知道领导很重要，可是很多人还是低估了领导在帮助自己做好工作、有效发挥领导作用等方面所扮演的关键性角色。对于管理者而言，如果不能得到领导的支持和帮助，也就难以真正处理好与部下及职能范围之外其他人的关系。

> 欧阳是一颗冉冉升起的新星。业务能力强，富有人格魅力，无论下属还是同事都很喜欢他。然而，他与领导的关系却很一般。
>
> 欧阳的领导是公司初创时期的元老，专业能力一般，在工作上也没有什么冲劲，是公司有名的“好好先生”，为人谦和，沟通协调能力比较强。
>
> 欧阳每次向领导汇报工作，领导都给不出太多新的思路和指引，只是说一些不痛不痒的话。这让欧阳觉得没什么可以跟领导学习的，汇报工作纯粹是在浪费时间。
>
> 有一次，公司委派欧阳负责一个极具挑战性的项目。他自信满满，深信凭借自己的能力能应对自如。然而，项目的复杂性远超他的预期，涉及大量的跨部门协调，而他在人际交往方面的薄弱基础使得进展屡屡受阻。
>
> 尽管欧阳倾尽全力，但最终项目仍以失败告终。这一挫折不仅让他错失了年度的晋升机会，更是对其职业发展造成了沉重的打击。

尽管上下级关系会影响工作成效，但许多有能力、积极进取的人却对良好关系的建立和维系不以为意。事实上，我认识好多像欧阳这样的人，他们能够积极有效地管理团队、拓展市场、革新技术，然而他们对自己的领导却采取消极的态度。这种做法对于团队和他们自身而言都是有害的。

领导是我们最重要的同盟，也是最大的资源，你需要与你的上级建立牢固的工作伙伴关系，这一点毋庸置疑。即使你可以很快掌握团队管理、经营运作的方法，如果少了领导的支持，你很难有施展的空间。

由于领导拥有合法的权力和地位，他们在以下几个方面发挥着极其重要的作用：

- 加强下属与横向其他成员的联系。
- 确保下属能够获得必要的资源和支持。
- 保证下属的工作安排与组织的目标一致。
- 确保根据员工的绩效给予有效激励。

诚然，如果每位领导都能做到领导有方，与领导的关系就不会成为一个问题了。

遗憾的是，有些人与领导的关系不仅未能转化为一种资源和支持，反而成为冲突和掣肘的源头。对于试图更好地开展工作、实现自我价值的管理者来说，如何处理好与领导的关系非常关键，也是必须要面对的一项挑战。

放下对领导的“敌意”

有的管理者在面对领导的时候很不自在，不仅不主动沟通，而且还会故意躲得远远的，内心生出一种清冷、孤傲之气，觉得自己不是那种一心讨好领导的人。

其实大可不必如此，特别是你自己成为管理者之后，更不该如此。

做好向上管理，其实就是大家互相信任，一起达成工作目标，你和领导之间更多是一种合作关系，职位上分工不同，但在人格上并无高低，领导也是普通人。

想一想我们自己，期待下属如何对待我们，是刻意疏远，还是亲近交流？

> 小王与领导一同前往他的家乡——一个闻名遐迩的美食之都出差。然而，仅仅两天后，他们便匆匆返回。我对此感到不解，便询问小王：“难得有机会回到家乡，怎么不多待几天呢？”
>
> 小王回答道：“和领导一起出差，就提前回来了。”
>
> 我接着问：“你带领导品尝家乡的特色美食了吗？”
>
> 小王摇头：“没有，我不是那种刻意迎合的人。”
>
> 我愈发好奇：“以往有同事去你家乡，你总是热情洋溢地推荐美食，这次怎么了？”
>
> 小王解释道：“以往是普通同事，这次是领导。我并不想与领导过于亲近。”
>
> 我追问：“啊，为什么呢？你和领导有矛盾吗？或者领导性格古怪？”
>
> 小王否认：“都不是。领导人挺好的，平时对我也挺关照的。只是，我不想显得自己在刻意讨好领导。”
>
> 我神情严肃地说：“小王，你自身也是团队的管理者，你期望下属如

何对待你？如果你的下属也采取同样的态度，你会有何感受？”

小王略显犹豫：“哦，可是我不是那种‘官僚’的人呀……”

我继续追问：“那么，你的老板是‘官僚’的人吗？”

小王若有所思地说：“哦，好像也不是呀。”

通过这次对话，我们可以感受到小王在面对领导时的微妙心理。他既不想显得过于亲近，又担心自己的行为会被误解为讨好。这种复杂的心态，或许也是职场中许多人所共有的。

小王对领导似乎抱有一种无意识的刻意疏远，这种心态或许连他自己都未曾察觉，但却潜移默化地影响着他与领导之间的沟通与信任。为什么对朋友可以热情周到，对领导却要显得如此疏远呢？

假设一位朋友晚上去你家吃饭，你会如何迎接他？打扫干净房间，摆上新买的鲜花，做一桌美味的饭菜，拿出珍藏的美酒，用精致的酒具端到客人面前请他品尝？还是心不在焉地招招手、拿出快要过期的预制菜，或者随便点个外卖对付一下？

大多数人一定会毫不犹豫地拿出最好的东西招待客人，让客人感受到尊重和被欢迎。但是，假如这位客人正是我们的领导会怎样？

当然是一样地用心款待了。

那我就想问问：为什么这样的款待适用于来访的客人，对那些在工作上帮助你、给你资源和支持的领导却做不到？为什么在家里你会竭尽全力地招待，但是在工作场合中这样的行为就不当，甚至被认为是讨好巴结？

我们经常说待人处事要不卑不亢，但很多人在面对权威人士的时候却是又卑又亢，生怕自己的行为被认为是“巴结讨好”，好像做了让领导开心的事情就会降低自己的人格尊严一样。别把正常的礼貌和礼节当成是讨好，想一想吧，你会怎么对待朋友，怎么对待同事，你明明一直很热情礼貌地对待同事和朋友，为什么却要对领导保持一种刻意的距离？难道仅仅因为他是领导？别忘了，领导是给你发工资的人，是决定你能否晋升的人，对我们这么重要的人，却要被你“歧视”，这不是很荒谬吗？

如果你只是一个普通办事员，你有这样的心态没有问题，最多影响的是你自己，但如果你是一名管理者，请保持合理的自尊水平，心智成熟一点，正确处理好这种“又卑又亢”的心态，才能给你和你的团队带来正向的影响。

成为靠谱下属的方式

要想高效、顺利地完成比较复杂的管理工作，必须得到领导的支持，由领导提供必要的信息、资源和帮助。有效地建立和维持与领导的关系包括四个基本步骤：

第一，做事靠谱。在职场首先要有做事的能力，这是我们的“基本盘”。不管你的沟通能力如何高，人缘如何好，如果你没有做事能力，交给你的工作次次都搞砸，那么任何人都无法拯救你。

第二，了解领导。要理解上级的苦衷和压力，应该有替上级分忧的意识。尽可能多地搜集有关领导的详细信息，不仅要了解领导的任务需求，还要清楚其工作习惯、办事风格、性格特点、长处、短处等。

第三，调整适应。适应领导的风格，主动建立一种满足双方关键需求、适应双方工作风格的良性互动。主动调整我们自己的行为方式，比如你的领导喜欢口头汇报，而你的口头表达能力一般，擅长文字表达，那你就要尽快调整自己，主动加强口头汇报的能力，而不是什么都不做，只一味地强调“我口才不好”。

第四，积极主动。要管理好同领导的关系，下属要积极主动地承担起建立和维持同领导关系的责任。在遇到问题和挑战时，你可以向你的领导提出来，同时提供解决方案，以便采取补救措施。即使这不是最佳解决方案，领导也会因此感到欣慰。而不是等到小情况变成大危机，领导自己发现问题了，你才说“对哦，我也觉得有问题”，请问你早干什么去了？

良好的关系能成为一种重要力量，你能够得到所需要的信息、支持、资源等。可是好多人并不这么去做，从而给自己带来很多本可避免的麻烦。

睿银公司的市场部来了一位新经理，这位经理是学法律出身的，办事极有条理、一丝不苟，而之前的经理是一个随心所欲、不拘小节的人。新的经理必须要有下级详细的报告才会作出决策，他还喜欢开一些议题明确、事先排好议程的正式会议。

下属小樱敏锐地意识到这些变化。在开展工作的过程中，格外留心经理所需要的信息与报告，小樱还特别注意提前将会议的背景信息和主要议程以书面形式送交给新经理。有了这些充分的信息准备，他们共同参加的会议总是非常高效。

与此相对应的是另外一名员工王建，他并没有真正看出新领导的办事风格与其前任有何区别，唯一的感觉就是恼怒，他觉得现在条条框框太多了，原来几句话就说明白的事，现在要准备各种材料。因此，他很少给新经理提供必要的背景资料。

而经理也觉得每次开会，王建的准备都不充分。经理总要花很多时间询问会前就应当提交给他的信息。因此，每次会议结束后，经理都觉得很失望，王建也总是被问得不知所措。

小樱和王建的差异不在于他们的能力高低，区别在于谁对于领导的工作风格更为敏感，并且调整自己的工作方式以适应变化。换句话说，小樱对以下这些问题更为敏感：

- 领导喜欢以什么方式获取信息（开会、纸质资料等）。
- 领导是什么样的工作风格（严谨，而非粗放）。
- 领导喜欢如何解决问题（会议确定，而非独自决断）。

有些人不喜欢考虑这些问题，认为自己把事情做好就行了，然而，如果没有良好的沟通，是很难把工作做好的。在大多数组织中，关注并适应领导的管理风格，对于提高个人的效率和绩效是非常必要的。

换位思考一下，如果你自己作为管理者，你会喜欢和什么样的下属交流呢？

每个人都有自己行为模式的舒适区，要别人改变很困难，你不可能要求领导改变吧？唯一能够改变的就是我们自己。

每个人对别人提供的信息都有不同的接收方式，彼得·德鲁克将领导分成两种类型，即“听众型”和“读者型”。他指出，有些领导喜欢从书面报告中获取信息，这样他们可以反复阅读和研究；而另外一些领导喜欢部下口头汇报工作，这样他们可以与部下直接交流。彼得·德鲁克强调：这种分类的作用是显而易见的。

如果你的领导属于“听众型”，那你最好当面向他汇报工作，随后再提交一份备忘录。如果你的领导属于“读者型”，你最好把重要事项或建议写成备忘录或书面报告，然后再与其讨论。

下属可以根据领导的决策风格来调整自身的工作方式。一些领导偏好亲力亲为，他们倾向于积极参与决策和问题解决过程，这种领导通常表现出较强的参与性，期望随时了解工作的最新进展。对于这类领导，及时向他们汇报工作进展是至关重要的。

参与性强的领导往往倾向于以某种形式介入相关工作，因此，最佳策略是让他们从决策之初就参与进来。另一方面，有些领导则更倾向于授权，他们希望下属独立处理日常事务，仅在遇到复杂问题或发生重大变故时才寻求他们的帮助。

同频共振的重要性

一线管理者的重要目标，往往是从直接上级的重要目标分解而来的。有时因为一线管理者掌握的信息不充分，难以准确判断目标的重要性和优先级。这时确认目标最简单的方法就是与上级充分沟通，让上级帮自己明确工作目标。

有些领导会向下属明确、细致地说明他们的期望。但是，在有些情况下，上级没有把要求讲清楚，是因为时间仓促，没来得及详细解释工作目标，或者忽略了自己和一线管理者之间存在信息差，以为下属知道。

你需要和上级确认三件事情：

- 从上级角度看，自己目前手上哪些工作是更重要的。
- 这几项重点工作的优先级排序，并充分讨论现有的资源是否匹配目标的优先级。
- 第三，要达到的工作目标和绩效标准。

有的管理者不敢去和上级确认目标，因为担心这样会给上级留下“坏印象”，让上级觉得自己连工作的基本情况都弄不明白。也有的管理者是害怕请教上级会占用对方太多的时间，导致上级发怒及批评自己。除此之外，如果平时与上级就很少沟通，且为数不多的沟通都是在工作汇报、年终总结等正式场合完成的，那管理者对上级的陌生和距离感更会阻碍他们去和上级确认目标。

实际上，大部分时候都是新手管理者自己“想太多了”，大部分上级都更希望下属能够来主动询问，而不是下属单方面的猜测胡乱行动。

领导希望向下属了解多少工作信息取决于以下因素：领导的行事风格、特定情境的动态变化，以及领导与下属之间的信任关系。这些因素共同作用，导致了领导对信息需求的多样性和复杂性。然而，一个普遍现象是，领导对信息的需求量都要大于下属对信息的实际供给量。换句话说，下属常常错误地假设领导已经掌握了他们认为不需赘述的细节，而实际上，领导并不清楚。

作为下属，搞清楚领导的期望和目标是你的必修课。要同上级确认你的工作目标，并经常与他核对。理解上级对你的预期永远是最重要的事情。理解了目标之后，你可以经常以电话、当面沟通或通过邮件和短信的方式告诉他你正在忙些什么。

这一点，很多人都会忽略，或者想当然地按照自己的理解就动手去做。忙了半天才发现，自己的努力结果和领导的期望并不一致。我们认为重要的事情，同领导认为重要的事情是否一致呢？在一些关键节点要和领导保持沟通：

- 事前：在每个年度开始制定目标之前，或者大项目开始之前。
- 事中：项目的关键节点，或者出现了意外情况，需要领导协助解决的问题或危机。
- 事后：项目结束后的情况。

和你的领导聊一聊，弄清楚他对你的期望、对项目的期望，并且详细记录，如有疑问及时沟通矫正，不要靠自己瞎猜，更不要不懂装懂。有

的人心存疑惑也不敢沟通，按照自己的理解一通操作下来，花了时间和资源，做出来的东西货不对板，反而更让人觉得“不靠谱”。

放下滤镜，领导也是普通人

在职场上，可能会遇到一些要么态度有问题，要么能力有问题的领导。有时候也可能不是领导的问题，而是我们自己期望值太高，总盯着领导的缺点，内心瞧不上自己的领导，不愿意把他们当作有效的资源用起来。

然而，这种因为领导的工作态度和能力，或者自己心态的问题而轻视领导的做法，对我们有害无益。

> 白剑心中充满了困惑与不安。他深感自己的领导视野狭窄，缺乏进取心。
>
> 领导是公司的创始人之一，公司所在的行业处于上升期，赶上了风口，没几年就上市了。公司上市之后，领导获得了大笔的分红收入，很快就实现财富自由了，已经没有了当初创业打拼时的激情和斗志了。
>
> 每当白剑试图与领导深入探讨新产品的设计规划，渴望聆听其独到见解时，领导总是漫不经心地打哈哈：“年轻人，加油干，我支持你。”随后便转移话题，谈论起自己周末又去了哪里钓鱼，或者又收集到了什么好茶。
>
> 白剑渴望得到领导更多的指导，期盼领导展现出精明强干、充满战斗力的领导风范。然而，现实与期望之间的落差，让他倍感无奈。

首先，我们要对领导有合理的预期。我们可以要求自己有上进心，但不能期待领导有多么上进、多么厉害，确实有领导是“工作狂”，勇猛精进，有更高远的事业追求。

还有另一种更普遍的情况就是人到中年，可能早就实现“财富自由”了，人生处在一种相对稳定的状态。事业上的天花板也已经肉眼可见，于是逐渐失去了开疆拓土的野心，也没那么大的动力提升自己。工作上早已熟门熟路，循着惯性运转，对业务的兴趣已经被其他的兴趣取代，比如品茶、养生等，这可能是一些中年领导的生活常态。

年轻的你，或许对那位看似缺乏进取心的领导心生不满，然而，这并非你轻视他、疏远他的理由。他年轻时也许比你更努力，为公司的发展打下了坚实基础，和客户结下了深厚的友谊。更不用说，他可能还拥有你未曾察觉的背景和人际关系资源。

因此，对领导的行为和决策抱有疑惑时，不妨以更宽广的视角去看待问题。每个人都有其独特的成长轨迹和价值，尊重与理解，是我们作为团队一员应有的素养。

有些人对领导有很高的期望，将领导视为导师，希望领导英明智慧，带领自己不断成长，在困惑时提供帮助，或者指点迷津。

期望是美好的，也是危险的。有着这样的期待，很容易在现实中形成心理落差。事实上，有些领导既不会像导师一般富有智慧，也不擅长培养下属。他们可能在某一方面有自己的专长和优势，但不可能永远比下属聪明和成熟。我们可以期望领导是有能力的，但期望他们在任何事情上都出类拔萃，则是不现实的。

我曾遇到过一个领导，她是公司的元老，业务能力很突出，公司的几个最盈利的爆款产品都是她主导和推进的。随着职位越来越高，她的缺点也逐渐暴露出来：骄傲自大、接受不了不同意见。她会把不同意见视作对她本人的挑战和藐视，有人提出不同意见，她马上就会怒目而视，用一些刻薄的话来回击，从气势上压倒对方。所以，只要是她组织的会议，大家都不敢提反对意见，要么沉默，要么言不由衷地说一些赞美的场面话等。

事实证明，没有人是万能的。这位能力突出的领导也是一样，后来她牵头的几个项目都因为对市场，或者对基层的了解不足而夭折，给公司造成了不小的损失，这也让她的声誉受到影响。

其实，只要她少一点自恋，多一点开放心态，认真听一下大家的真实想法，很多问题本来是可以避免的，她的成就也可以更上一层楼。

我们常会设想："这么高层次的人……"，随后便认为"他应该什么事情都知道"、"应该更有逻辑"、"不会犯这样的错误"或"不会出现这样不合适的行为"等。

实际上，即使是最优秀的领导者也只不过是一个人而已，而所有人都会犯错误。当你的领导有了错误，你要把焦点放在如何帮助他们上面，而不是去一味评判他们。

向上管理并不意味着唯上是从

很多人忘了领导还有一个非常在乎的问题，那就是个人的权威。不少职场人认为干好自己的事情就行了，有话直说就好，何必要捧着自己的领导呢？甚至和领导顶撞都觉得无所谓，一心想要“整顿职场”。

维护领导个人权威的方法其实很简单，就是公开支持，私下批评。在公开场合，始终要表达对领导的支持，即使你内心有意见，也不要公开唱反调，有异议可以私下沟通。慢慢地，你就会发现，就事论事、开诚布公地指出问题和不足，反而会使两个人关系更融洽。而公开场合则完全相反。可惜，很多人常常图一时爽快当面怼领导，结果只会让双方更加疏远。

领导与下属之间并非单向的命令与服从，而是一种双向的沟通与合作。每个人或多或少都有自己的一些盲点和不足，我们可以尝试对领导施以正面的影响。牢骚满腹或消极怠工对所有人都会产生不利影响，包括领导，也包括你自己。

尊重领导，并不意味着领导永远是对的。如果你习惯于对领导的意见不假思索就全盘接受，那么你也许能得到某类领导的喜欢，因为你是个听话的下属。但你可能得不到尊重，因为你仅仅是个听话的下属，而不是一个专业的、有价值的下属。

在职场中，存在着这样一类人：面对领导作出的看似不恰当的决定，他们选择沉默与顺从，而非勇敢地表达自己的异议。即便他们心中有不同的见解，或者只需提供更多信息便能促使领导改变主意，他们也宁愿保持缄默，与领导的决策保持一致。这些人心如止水，对周遭的一切漠不关心，尽管日复一日地出现在办公室，实则早已在内心“悄然离职”。

然而，这两种行为都忽视了一个事实：领导，如同我们每个人一样，都有其局限性，也会犯错，不可能在每一件事、每一时刻都做出正确的判断。同时，他们同样承受着压力，面临着难题，有时难免无法让下属感到满意。

在你的业务范围内，如果领导建议不合理，该怎么办？忍着不说？或者错了也照他的意思做？

如果这样做，你的工作将会很被动。因为总有一天，领导会发现他的想法有片面和草率的一面，或者你硬着头皮按着这个不合理的建议做下去，效果不理想。这时候，领导会讨厌你的奉承取巧，或者看透你的不专业、不负责。这样的下属，是得不到尊重的。

我们可以通过有效沟通的方式对领导施加影响，而不是永远只能消极接受。在工作中，有一些管理者将自己定义为“受害者”的角色，逆来顺受，即便内心不认同也不发声，直接放弃了解决问题的权利。千万不要这样做，这样就等于放弃了工作中的主动权，允许别人支配你，久而久之，你的工作体验就会非常差，甚至会对工作感到厌倦。

那么，该如何应对呢？是不是可以当场给领导更好的建议呢？

我的建议是你回去全面思考一下可行性，如果还是认为不合理，写一份书面建议，再约领导详谈。为什么要写书面的建议呢？这是我的个人经验，书面建议能让你对问题的思考更严谨，对问题的分析更全面透彻。而且书面建议还有一个更大的好处，可以让领导反复细看，全面思考，有利于改变主意。

遇到领导的决策令我们感到困惑甚至不满，要避免让自己陷入道德优越感的陷阱。譬如，当我们内心暗自评判：“这样的决定简直荒谬，我绝不会成为他那样的人！”我们可能不经意间在领导面前树立了一种优越感，这种态度往往会导致我们对领导的轻视和贬低。领导迟早会察觉到我们的不满，从而激发出对方的敌意。毕竟，没有人愿意被人轻视。

因此，当我们意识到领导的决策存在失误时，应当努力克制自己的评判欲望，转而采取一种更为积极或至少是中立的姿态。这种态度有助于改善我们与领导之间的关系，使其在一定程度上愿意接受我们的影响。试想，如果他人视我们为能力不足、水平低下的个体，我们又怎会心甘情愿地接受他们的影响呢？

恰恰相反，你将会看到，对领导怀有欣赏的态度会让你内心更加平和，在处理问题时能够聚焦问题本身，而不会被情绪带着走。

和领导意见发生冲突的解决办法

经常会遇到这样的情况，就是我们自以为提了一个很好的方案，但是却不被领导采纳，很多人就会心怀不忿，认为领导太没眼光了，这么好的方案都不采纳。

实际上，每个人的信息量不同，考虑问题的角度也不同，很多你认为的“好”方案，可能在领导看来并不合适。在这种情况下，有些人本能的反应是反感上级的权威，甚至反抗上级的决定，有时候这种矛盾会升级为重大冲突。

正确的处理步骤如下：

1. 确保你提的方案是经过充分论证的

我见过不少人所谓的“方案”，更多是一种“想法”，并不是严格意义上的方案，没有经过严谨的论证和充分的调研，头脑一热有个想法就迫不及待地找领导提意见，等领导追问几个问题就一脸懵，什么都答不上来。

> 小夏在总公司的市场部工作，部门工作繁重，而人员配置却颇为紧张。同事们常常为了完成任务而不得不加班。某日，小夏带着满腔的热情，找到了主管，兴奋地说道：“主管，我有一个建议，或许能减少我们的加班时间。”
>
> 主管的眼睛一亮说：“哦，说说你的想法。”
>
> 小夏信心满满地回应：“我们可以将部分工作任务委托给分公司的同事来完成。”
>
> 主管：“具体怎么分？分公司的同事们是否愿意接手这些额外的工作呢？”
>
> 小夏的脸上闪过一丝犹豫，他坦言：“这个……关于具体的分配方案和分公司的同事们的意愿，我还没来得及深入考虑。”

这就是典型的无效方案，自己还没搞清楚基本事实，就抛出一个想法，这样的建议怎么可能通过呢？

一个相对完善的方案，应该包括：

- 背景调查。
- 必要性、可行性分析。
- 成本投入。
- 效益产出。
- 利益相关者考虑。
- 可能出现的后果，以及相应的预案。

确保你把事实充分了解清楚，并且考虑领导关注的问题，针对这些问题你都思考过，而且有相应的解决办法，有数据、有分析，这样才能让你的提案更有说服力。

管理者都希望自己的下属能够积极主动地承担责任，如果你提的方案确实能够有效地解决问题，我相信只要这个管理者是正常人，都不会简单粗暴地拒绝。

2.不带负面情绪

有时候，即便你的方案做得很完善了，最终也没有被采纳，这种情况也会出现。可能管理层有其他因素的考量，比如短期和长远利益的兼顾，或者其他横向关系的考量等。

有些经理在和领导开完会后，第一件事情就是跑去茶水间和下属吐槽，作出各种负面性的评论，仅仅因为他的一个提议没有获得通过。

你的方案没有被采用，不代表你自己被否定了。但是很多人思考问题是这样的：我的方案没被采用，是不是领导对我有意见啊，然后自己又脑补一大堆剧情。

以专业的态度，把事情做好，至于结果如何，不一定在自己的掌控中，要用平常心看待。

3.坚决执行

在讨论各种解决方案时，维护自己的方案自然是理所当然的。但如果领导或团队选定了另一种方法，那么，你就应该接受这个决策，并且对外要保持一致的声音。

你是怎么做的呢？

可能决策结果令你沮丧，你是否在外人面前依然力挺自己的领导呢？

有的人在执行过程中带着情绪，各种抱怨吐槽，是很不明智的。特别是作为管理者，你的消极情绪很快会传递给你的团队，从而对你的个人形象和工作开展都会产生负面的影响。

在下属看来，你是管理层的一员，你代表着管理层的声音，如果你带着情绪开展工作，会给下属带来困惑，也会让你显得无能，你不接受，但又必须去执行方案，这不就是一个无能为力的受害者吗？

> 在部门每周的例会上，大家都感觉到了有些异样。团队主管冯勇，对公司战略调整与业务规划的冷嘲热讽，透露出一种难以言说的沮丧。当他宣布新的实施方案时，大家充满了疑惑，提了很多问题，包括为什么要这样做、可能产生什么结果，以及接下来具体怎么做的问题。
>
> 冯勇面露无奈，回应道："我也不是很清楚，只是传达公司的要求。大家要明白，我只是一个高级销售，根本没有参与权，都是上面的领导说了算。"
>
> 大家听了更加一筹莫展，甚至有人开始忧心忡忡，猜测是否裁员风暴即将来临。

冯勇的这个行为很糟糕，这样的应对很不合适，把自己置身于"受害者"的位置，放弃了主动权和影响力。他没有接受公司的方向调整，也没有领导大家去执行，而是抱怨公司让他无所适从。

作为管理者，对于自己不了解的内容，要尽快去了解和接受，而不是进行消极的猜测。在团队遇到疑惑的时候要及时解答，给予正向的激励，不要把负面情绪带给团队。

怎么把领导拉到你的战线里

管理顾问马歇尔·戈德史密斯指出，对待老板只需把握一个原则：

“你怎么服务你的头号客户，就怎么对你的老板。”

服务客户，是为了能达成自己的业绩，那么对待领导，也一样，是为了能让领导为我们提供协助，达成团队目标。想想看，如果头号客户拒绝了你，作为一个优秀的销售员，你是不会就此放弃的。面对领导的拒绝，你也应该保持这种态度，不仅不气馁，还要更努力找出他的需求是什么，创造“双赢”的结果。

这真不是一件简单的事。很多人觉得，这么复杂，实在太麻烦了，要不要直接换一份工作，找一个更好的领导，让他来帮我安排好一切？

我遇到过很多年轻人带着这种心态，屡次换工作，期待找到那个理想中的“领导”。但现实是，这几乎不可能。因为，我们对领导寄予的期望太高了。

高到什么程度呢？我们不愿意付出任何沟通的努力，不愿意表达，不愿意谈判，不愿意妥协，只是幻想着他可以自觉地发现“我”，主动地配合“我”，和“我”的需求保持一致。

这样的领导，在现实中基本不存在。

而那些在职场中不断突破的人，往往都早已认清现实，不再心存幻想，他们愿意承认自己的局限，愿意接受任何人都有局限，他们善于“管理”领导，能从工作中获得支持和资源。

记住一句话：“团队不过是一群各有缺点的人互相支持，合伙做事”，无论你能力超群还是初入职场，你和领导的关系永远是“合作”关系，不要把领导当作“神”，而是要把他当成你的“合伙人”，更敢于表达自己的需求，更愿意倾听他的需求，更主动地去寻找合作的方法，直到结果让双方都满意。

这样，才能让领导成为你工作上的助力，真正体现“向上管理”的价值。

1. 舍弃好恶，扮演好角色

在职场中，我们无法选择领导。有时，我们可能遇到无论如何都无法对其产生好感的人担任我们的领导。在这种情况下，若将个人的厌恶情绪表露无遗，领导很可能会轻易成为我们的“敌人”。

因此，管理者应当学会摒弃个人情感的好恶。这并不困难，只需将领导视为客户即可。在面对客户时，我们往往会超越个人情感，以专业的方式来应对，这便是专业精神的体现。

对待领导也是一样，扮演好岗位角色。公司归根结底是工作的场所。每个人都在扮演着自己的角色，总监扮演总监的角色、主管扮演主管的角色。即使领导令人不快，对于这位总监，你只需扮演好你的主管角色即可。可以说，坚持专业精神，就是舍弃个人的好恶，专注于角色本身。

2.不要试图改变领导

无论什么样的领导，都有一定的强项，应该最大限度地发挥它。

时不时听到有人发牢骚说，“我们的领导实在差劲，完全派不上用场”，事实果真如此吗？我认为，再怎么差劲的领导，身上都有可以利用的强项。

我以前的公司，有一位口碑极差的领导：不遵守截止日期，文件中漏洞连篇，毫不负责地把工作一股脑扔给下属，下属们都说“没有一点优点”。

其实，这个人身上也有强项。因为他在公司外部比较受欢迎，人缘不错。

这一点又成了不受下属待见的理由。完全不顾自己部门的情况，在公司外部总是和颜悦色，不管是否忙得过来，都把任务揽过来。不仅给员工增加了工作量，还因为“在外面当好人”招致员工的反感。很多下属都觉得“跟着这个人真倒霉”，看都不想看他一眼。

当然，这也是不可否认的一面。但是，即使不看他，也改变不了任何问题。所以，我决定要积极利用领导的强项。

除请他把自己的客户介绍给我外，在与难以攻克的客户面谈时，也大胆邀请他一起出席。有领导一起出面，对方的态度会明显变好，然后就可以趁对方心情好与他缩短距离。在他的帮助下，谈成了好几个销售订单。而且，还近距离学会了与客户打成一片的诀窍，这种机会非常难得。

没有缺点的领导压根不存在——这是与领导打交道的大前提。只要用对方法，无论什么样的领导都能为自己助力。

第十章　工作汇报：提升职场能见度

作为管理者，一项重要的工作就是向上的工作汇报，包括公开汇报和私下汇报，汇报的质量直接与工作成效挂钩，因此，如何改善汇报效果、提升汇报质量，是每个管理者都应该花时间去思考和提升的重要内容。

有些管理者习惯于埋头苦干，以为把事情做好就可以了，不需要经常在领导面前晃悠，更不需要主动讲述自己的“丰功伟绩”，领导肯定会知道的。实际上，这些人忽视了信息传递的复杂性和组织内部的沟通机制。

不要等出了问题再汇报

领导通常需要处理大量的信息和决策任务，他们未必能够实时关注到每个下属的具体工作进展。即使下属的工作表现出色，如果缺乏有效的沟通和汇报，这些成绩也可能被忽视或淹没在大量的信息流中。

> 在领导廖总看来，小李每次出现都是伴随着负面消息，“总有一堆困难和问题”，从来没听到什么正面的消息。
>
> 小李作为市场部主管，与领导廖总分处不同的城市办公，他认为领导平时比较忙，尽量不要去“打扰”。因此，很少主动与廖总沟通，即使团队取得了显著的成就或胜利，也未曾积极展示。只有遇到自己搞不定的问题时，才会去请求领导的帮助。
>
> 小李的这种做法，在他自己看来，是一种贴心的“分忧”和“不添乱”的表现。
>
> 然而，从廖总的角度来看，情况却截然不同。每次小李的出现，似乎都伴随着一连串的负面消息、总有一堆困难和问题等待解决。廖总从未从小李那里听到过任何正面的进展或成功案例，这使得他对市场部的印象逐渐偏向负面，甚至可能对小李的能力和团队的效率产生质疑。

有效的沟通在职场中至关重要。它不仅能够确保信息的准确传递，还能加强团队与领导之间的信任与合作。小李的“不打扰”原则，虽然初衷是为了减轻领导的负担，但实际上却造成了信息的断层和误解。他未能及时向领导展示团队的成果，使得廖总无法全面了解市场部的动态和潜力，从而影响了领导对团队的正确评价和支持。

因此，小李需要重新审视自己的沟通策略。他应该定期与廖总进行汇报，不仅在遇到问题时寻求帮助，更要在取得成绩时分享喜悦。通过这种方式，他可以确保廖总始终掌握市场部的最新进展，增强领导对团队的信心，同时也为自己的职业发展创造更多机会。

管理者要让领导知道你所在辖区发生的好事，这不仅仅是为了你自己，而是为了让高层领导者能够了解、利用你的信息，作出明智的决策，进而为组织带来积极的影响。这是管理中一个非常重要的方面。

领导真的很忙，他要关注的事情有很多，真的不一定会关注到你。尤其是一切顺利运行的情况下。及时汇报工作也是信息对称的过程。确保你忙的事情是领导关注的，确保你的项目在领导的预期开展。

很多管理者有一种观念，认为主动向领导说自己成绩，会不会显得太“功利”了。

其实最好不要幻想在没有充分沟通的情况下，领导会明白你所承担的工作。领导有自己的工作重点，根本无暇关注你的成就，对你的印象更多来自以直接或间接方式的信息传递。

高层对中层管理者的认识分为三类：

第一类是那些无法完成目标、能力不佳的经理。无论你多么善于处理人际关系，如果你无法胜任，不能达成工作目标，那么任何东西都无法拯救你。在职场中，这样的人通常很快就会被替换掉。

第二类是那些不添乱、能够确保一切顺利运行的经理。而对于这样的人，领导最多也就是留有些许良好印象，或仅仅把他们看作平庸之辈。他们没有听到任何批评，可也没听到什么赞誉。

第三类经理，因为时常听到对他们的好评，所以他们在领导面前印象颇佳。

你呢？你属于哪一类呢？

你属于第二类，还是第三类，区别就在于你如何彰显自己的成绩。

干得好更要汇报得好

年轻的管理者特别容易天真地认为“业绩说明一切”，这种观点常常导致他们不重视与领导的交流。换句话说，只要他们自认为工作表现良好，没出现什么问题，就认为没有和领导交流的必要性。

然而，要做到“业绩说明一切”，上下级之间必须在以下重要方面达成完全一致：

- 管理者的具体任务内容。
- 这些任务的重要性排序。
- 评价工作绩效的明确标准等。

只有这样，领导才能轻松地评估下属的工作质量。但在现实中，能满足这些条件的上下级关系很少。如果领导对你的信任度比较低，哪怕你作出了很好的业绩，领导也会认为是客观因素造成的，和你个人的能力无关。即便你的能力很出众，但是在遇到重要项目的时候，也不一定会有机会。

一些管理者花很多时间拼业绩，这当然是重要的，但是也要留出时间做好向上管理，让领导知道你在做什么，常常听到一些管理者说“我以为领导知道我在干什么。”请问，你不主动汇报，领导怎么知道你在干什么呢？领导每天一堆事情要做，他会时时刻刻拿个探照灯关注你吗？

我们自己会一天到晚关注下属的一举一动吗？

我们自己都做不到的事，凭什么认为领导就能做到呢？

也许你是一个低调的人，对那种吹嘘自己的人心怀鄙视，如果真如此，那你其实应该这样想，吹牛者是在编造并没有取得的成就，但你和团队获得的却是实实在在的成绩，而且，让别人了解这些成绩也属于管理者的分内事。

彰显团队成绩是明智之举，你可以在私下保持谦逊的品格。如果在工作中取得成就，却仍然低调，那就有点不合适了，毕竟你代表的是团队，向他人展示成就，这本身就是管理者工作的一部分。

这是在对自己和员工负责，员工会乐于在一位广受尊敬的管理者手下干活。特别是那些优秀员工，更无法忍受一位默默无闻、缺乏影响力的领导。要努力使公司里的人认识到你和你的团队所取得的成就。

对于你和团队取得的成就，要努力去争取理应得到的荣誉。要让别人知道，你的团队很优秀，你的团队做出了成绩和贡献。如果此时仍然谦逊礼让，就意味着剥夺了团队应得的认可。

高效汇报的模式

很多人都有这样的体验：明明平时说话很溜，但是与领导沟通时就磕磕巴巴，总是不能很好地表达自己的观点。虽然领导平易近人，但还是说不利索，如果领导面相威严，不苟言笑，那就更是惨不忍睹了。

我听过最多的关于汇报的抱怨就是拖沓、啰嗦，没有重点，从来没有人会因为对方的汇报时间太短而抱怨。

你要汇报的工作，虽然对你来说是件大事儿，但是你的汇报只是上级极其繁忙的日程表上很小的一部分。比起你的汇报，领导有更大更重要的事情去关注，很多时候可能要同时处理10到20个不同的信息。

所以，你会发现很多时候，你的领导根本没有时间和你寒暄，开场白就是："小陈，抓紧时间，十分钟后我还有一个会议。"

他们想要一开始就知道你的建议和想法，我同很多不同层级的管理者沟通过，从大企业到小公司，从生物制药公司到金融科技公司，他们的观点都非常一致，即请开门见山，直奔主题的汇报。

- 我喜欢汇报人先给我结论，然后再叙述原因。我不喜欢絮絮叨叨的长篇大论，讲了半天还不知道想说什么。
- 身为管理者，我每天要处理很多问题，不仅仅是在处理我面前这

个人带来的问题，还有很多决策要做。所以，我的要求仅仅是赶快告诉我你的诉求是什么，需要我做什么。

- 有些人觉得他们需要告诉我一切前因后果、来龙去脉，这样我才会明白他们有多么重要。其实，我根本没时间听这个。
- 今天早些时候就有人来找我，而我在半个小时之内就说了三四次“你需要我做什么？”但他们就是无法直接说出重点。

好的汇报一上来就应该说明：

- 我的目的是什么，或者为什么要开这个会议，类似的话。
- 问题或议题是什么。
- 可行性解决方案是什么。
- 需要领导协助的是什么。

过程中，如果领导想要了解更多细节的时候，再阐述原因，展示辅助文档。对方先了解你的核心信息，才能理解你汇报中其他的内容。

所以，请记住：

- 用最关键的内容开场。
- 用最核心的内容展开。
- 用最重要的内容结束。

不能直奔主题就是在浪费时间。一旦目的、背景、预期的会议时长都说清楚后，迅速表明你的具体目标是什么，以及你希望获得什么样的帮助和需要多少资金。比如这样：“今天我想申请10万元作为“双十一”新产品营销推广的启动资金。”这样说不仅可以节省时间，还可以让领导们一开始就把关注点聚焦在你的话题上。

直接点明核心内容，把你的结论放在最前面讲。高效汇报模式如图10-1所示。

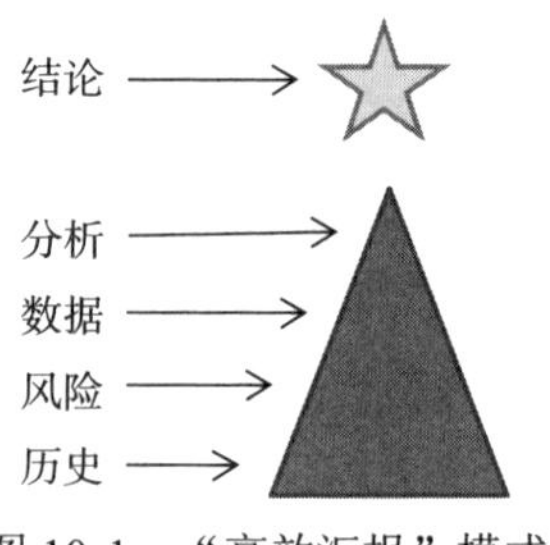

图 10-1 “高效汇报”模式

领导们每天都会听到无数的要求和申请，你是在与很多其他重要的项目竞争一小块公共资源。那么，如何让你的请求顺利达成呢？一个方法就是估算你的投资回报率，并且一开场就公布这个数字。

一开场你所做的核心信息展示应该包括所有关键指标，比如投资需要多少元，回报又能有多少元。

你要问自己：

- 这点对阐述我的核心内容有什么帮助吗？
- 这个能够让我们的业务扩大吗？
- 我们是否能得到更多流量？

设身处地的换位思考一下，如果你是领导，你最关注的是什么，然后把这些问题的答案在你的汇报中简明扼要地呈现出来。具体细节只作为后备资料，只有必要时才会使用。

互动与交流是必需的，因为汇报不是单向的信息流动，汇报是一种沟通，沟通需要双向的信息流动，这种流动包括显性的一问一答、彼此对谈，也有隐形的信息交互，即对对方疑问的关注和回应。

如何为每一次汇报做足准备

普通汇报只需要把几张 PPT 串起来就可以了，与之不同的是，向管理层的汇报需要你做大量的事前功课，其中就包括你的汇报内容。

在今天这种事物变化极快的大环境下，每天都有很多事情发生，每个人都需要在同一时间内处理解决多个问题，你的会前工作做得越好，你把自己与关心这些问题的高管们联系得越紧密，那么你就会越顺利。

什么事情都没准备好的汇报，不叫汇报，只能说是“信口开河”。时间长了，对方会觉得你的话都是无准备的临场发挥，容易引发对方的不信任。

微微是思科公司的培训和发展部经理。当时，她想为部门的行政专员培养计划增加一个工作室，为此需要获得公司领导的支持。微微得到了一个宝贵的会议机会，她直接面对的是罗琳——思科公司的副总裁。

当微微展示自己的计划蓝图时，罗琳表示了对该计划的赞成，并想更加深入地了解。罗琳问她：“你咨询过那些将来要执行这个计划的成员部门的意见了吗？”

微微的回答是“没有”。

罗琳回应道：“那好，你需要先咨询他们的意见，获得他们的同意和支持，然后我们才能继续下一步。如果你已经和那些会受到你的计划影响的人谈过，那么直接把他们的问题都摊开来讲，这样对我来说决策过程会简单容易得多。”

会议到这里就结束了。

如果你走进会议室，希望领导们做一项涉及100万元的资金决策，但是你却没有和那些利益相关的部门沟通过，那你怎么可能得到领导对项目的批准呢？

1. 分析你的听众

背负着诸多的希望和责任，汇报人需要对管理层汇报进行非常仔细的思考、规划才可以。一个管理团队就是一些人的组合，如果你想让他们批准你的计划，你需要了解这些人。

你需要分析你的听众：

- 他们是喜欢定性信息还是定量信息？
- 你在会议前能够与谁会面？
- 谁有可能支持你的计划？
- 谁又有可能反对？

考虑到你身上背负的责任，你更需要认真对待这些。你的首要责任是去了解那些你即将面对及汇报的管理层。

很多人是通过艰难的方式学习到这一课的。东明回忆起了他的第一次管理层汇报过程：

- 那是我这辈子参加过的最恐怖的会议了。在会议中我表现得十分糟糕，完全被击垮了，而原因就在于我把时间都用在了准备汇报材料上。
- 在汇报的过程中，我完全按照自己准备好的材料“自说自话”，而没有充分考虑和关注到听众的所思所想。我应该花更多的时间，思考我将会和谁对话，以及他们期望的是什么。
- “知己知彼，百战不殆”，不了解听众，不了解他们想要达成的目标是什么，汇报结果必然会失败。在会议前发生的事情比会议中发生的事情重要得多。当你走进会议室时，你应该已经了解谁会支持你而谁会反对你才对。

作为管理者，最大的能力差别就是展示影响力的能力。有一些人很让人惊讶，他们本身就是管理者，听过数百场的汇报，但他们还是无法很好地进行汇报和演讲。这样的景象我们随时随地都可以看到：他们的汇报没有核心观点，过度依赖 PPT，只是单调地叙述汇报内容，自说自话，与听众毫无互动沟通。

在获取信息的方式上，人们有各自不同的喜好。有些人喜欢幽默的风格，有些人则只想得到关键信息。一些听众喜欢高度提炼的概要，另一些则喜欢确切的数字。所以这两种方式你都要准备好，这很重要。

可以思考一下如何用不同的表达方式来描述同一个信息：直方图、饼状图、电子表格、照片，或者一个使用简短客户案例的总结也不错。当你用不同的方法汇报同一数据时，你能够满足会议室中不同的思维模式需求。

2. 找到你的教练

教练能给你更详细的指导。教练可以告诉你管理者们会如何反应，而你又能从他们那里获得些什么，因为这些教练们已经经历过无数次这样的会议。此外，他们会告诉你会遇到什么样的问题，什么样的突发情况会出现，比如转换话题或时间缩减。

当你做好准备之后，在你的教练面前大声排练一次你的汇报。大声排练会帮助你准备好应对这些状况。

一次全面的彩排能够让你在实战中拥有更好的感觉，同时这些了解会议情况的人还可以帮助你练习如何处理尖锐的问题，如何处理复杂多变的状况。

> 吴俊曾经是IT（信息技术）公司的工程部经理，负责过很多产品项目。有一次，他需要向管理层汇报，但是这是他以前从没做过的事情。对一个新人来说，有点害怕和紧张，因为在他和管理层之间隔了七个管理层级。
>
> 在汇报之前，吴俊找了两位经验丰富的经理，提前把他的汇报内容演练了一次。在这个过程中，他们提了很多宝贵的信息和意见，吴俊修改了汇报整体框架两到三次。
>
> 汇报的那天，一切都进行得非常顺利，那是一场十分出色的汇报。

3. 管理层汇报特点

在管理层会议中，你的汇报最不需要的就是各种花里胡哨的修饰，比如飞来飞去的PPT特效、页面上过多过炫的色块搭配等。管理者希望你的信息传达能够做到快速、清晰、简洁，这样他们才能以最快的速度作出决定。当你面对高管们的时候，你需要忘掉你学过的所有的公共演讲内容。

参加管理层会议的听众们都非常独特：专业、高效、时间紧迫，这就意味着你的汇报内容、汇报风格、观众参与等方面都会与标准的汇报演讲有着很大的不同。不同汇报类型的特点及区别，见表10-1。

表10-1　不同汇报类型的特点及区别

类　型	听　众	听众关注度	故事或数据	幽默感	时　间
演讲	社区、社团、专业组织；听众都是普通人	一般	大量的故事	必须幽默	自己支配
普通汇报	同级别同事、下属团队	一般偏低	故事与数据都有	可能会出现	时间弹性大
管理层汇报	管理层；听众随时可以炒掉你或提拔你	高关注、高压力	数据；严密的逻辑	不需要幽默	不确定，一般都很短，不由你支配

有一次，新晋管理者少杰做一个专题工作的汇报，一开场就是夸张的语调和表情，大家都很尴尬。看着他自我陶醉地讲故事，领导忍不住打断他："少杰，直接说你的结论。这是工作汇报，你不用演讲，也不用讲故事。"

少杰红着脸说："领导，我想先引起大家的关注。"

领导的时间那么宝贵，如果不关注这个议题，怎么会坐在一起开会呢？其浮夸的演讲，易使人误认为成功学讲师。众人繁忙，无暇聆听故事，只求核心观点。

4. 恰当的汇报结构

采用以下这个汇报结构模型（见表10-2），可以确保汇报简洁有力、数据支持观点，步骤清晰，收尾利落。如果你按照这个模型步骤来汇报，那么你的汇报将会引起管理者们的共鸣。

表10-2　汇报结构表

<table>
<tr><th>环　节</th><th colspan="2">内容描述</th></tr>
<tr><td>开场</td><td colspan="2">1. 介绍背景，确认会议主题
2. 阐述核心信息（目标、要求、解决方案）
3. 强调投资回报率与价值</td></tr>
<tr><td rowspan="2">要点</td><td>要点 1</td><td>要点 2</td></tr>
<tr><td>提供支持论据（事实、数据）</td><td>提供支持论据（事实、数据）</td></tr>
<tr><td>收尾</td><td colspan="2">1. 总结要点，回顾讨论内容
2. 重复核心信息
3. 重复价值和收益
4. 结束语</td></tr>
</table>

议题要点是你汇报的核心，是逻辑论证的主体。在高层会议中，你的议题要点必须要有数据支持。具体来说，是精准、确凿的数据。对这些数字你需要检查检查再检查，绝对不能出错。如果你的数据出了问题，那么你的结论也很难有说服力。

主题、开场白、核心信息及议题要点就可以覆盖绝大部分汇报内容，不过，很多汇报者喜欢用特定问题和解决方案来填充自己的汇报。实际上管理者们关心的问题是：增加、减少、风险。

- 如何增加客户？
- 如何增加高效、合理的工作流程？
- 如何增加市场份额？
- 如何增加净利润、营业收入（最高关注点）？
- 如何减少成本？
- 如何减少风险？
- 如何减少进入市场的准备？
- 这个方案可能存在什么风险？
- 如何管控风险？

任何公司的资源、时间、精力均有限。接受你的观点就意味着可能会否决其他人眼中的好点子。做好切实准备，你的方案需要的成本投入、产出是多少，做一个成本效益分析。

如果你的汇报跟上面中的某一项有关联，那么你和高管们就有共同语言了。

不要让 PPT 变成灾难

重担在肩，你除了做好应有的准备，还必须要准备好应对一切可能出现的意外状况。这意味着你必须有很强的应变能力。如果你一丝不苟地按照精心预演的剧本进行汇报，那结果很可能会失败。管理层面对的是整个公司瞬息万变的情况。可能在你进入会议室前的一分钟里，他们还在为财务状况、生产能力或质量控制而忧心忡忡。

嘉明为某线上卖家社区制定了一项新政策，当他步入公司管理层会议时，目标是得到公司高层对新政策的批准。在开始介绍项目历史时，他看起来相当自信，但是高管们却立刻变得坐立不安起来。他们并没有掩饰自己的失望，其中一位说道：“嘉明，你这故事要扯到哪里去？我们要做的到底是什么？我们只有 5 分钟的时间，所以请只讲必要的内容。”

但是嘉明对此却毫无意识，他回答道：“我有 7 页 PPT 展示给大家。我们的团队为此付出了辛勤的工作，大家关心的问题，里面都会有答案的。”此时，那位高管被激怒了，更为强硬地说道：“嘉明，你到底想从我们这里得到什么？你想要我们在看完这7页PPT之后就立刻给你一个决定吗？”

嘉明选择无视他，继续展示他的PPT。

“为什么你不给我们一个项目概要让我们好好看看呢。”第二名高管说道。

“到现在我还不明白问题是什么呢。”第三名高管抱怨道。

嘉明开始讲述一个背景小故事，试图以此来挽回局面。但是他得到的是更为严厉的批评。“你还是顺着你的流程不变啊。先说问题，有时间再看你的PPT。”

不幸的是，嘉明已经没有时间了。一位高管好像已经受够了，他表示还有另外一场会议要出席，中途便离开了。

嘉明有一个愿景，那就是让那些长年为他辛苦工作的员工都有一份具有成长性的、能够实现个人抱负的满意工作。然而这些员工的领导，却因为失败的汇报，连累了自己的团队。

会议结束后，嘉明终于反应过来问题的所在。

当我被打断的时候，我认为这只是个别人的不满。我想有条不紊地展示完我的PPT：第一页、第二页、第三页……但是他们无情地阻止了我。我的目标是让项目计划得到批准。不过我并没有在限定时间内传达完信息，这无疑会对我及我的团队产生一定的影响。这就好像我的队伍把球送到了我脚边，我却在跨越球门线的那一刻失败了一样。

如果日程上给你的时间是半小时，那么你准备汇报时要控制在10至15分钟。你的汇报不可能占用所有时间，因为过程中，会有各种意外和打断。

所以，你的汇报一定要保持弹性，准备不同时长的汇报版本，以备不时之需。在你走进会议室大门之前，你就应该思考过这个问题——如果我只能展示三张PPT，那么是哪三张？

很明显嘉明并没有做好准备。当高管们告诉他缩短汇报时间时，他应当立即调整自己的汇报内容。嘉明应该做的是，有一个按照原定时间长度准备的汇报，同时还有一个 5 分钟的简短版本，只阐述最核心的内容。

嘉明最主要的任务是向高管们表述清楚自己的需求和目标，然后回应高管们提出的问题。当高管们因为时间问题而注意力涣散时，他应该扔掉自己的 PPT，直接开始讲述核心内容。

人人都该学会的“电梯游说”

在职场中，“电梯游说”是一件十分重要的沟通工具。

“电梯游说”，原指在乘电梯的 30 秒到 2 分钟之内对产品、服务、机构及其价值主张进行简短的介绍，来向风险投资家和天使投资者推销自己的生意理念、筹备资金。

如果不能把你的策略或主题缩减到只剩几句、能够在电梯升降 10 层楼的时间内说清楚的话，那说明你自己对这个主题没有想明白，你根本就没有可以让人关注的核心信息。

为你每一次汇报都准备一份电梯游说版本，电梯游说的结构框架如下：

- 观点（核心信息）

用一句话解释你想从对方那里得到什么东西及能给对方的投资回报是什么。

- 理由

简短解释一下为什么你的观点对公司来说是如此重要。

- 证据

能够支持你观点的例子或证据之一。

- 观点（核心信息）

重申你的请求。

电梯游说的特点，概括起来就是：

- 列出你信息中的关键元素。
- 高度提炼总结。
- 给对方一个清晰且让人无法抗拒的理由。
- 把注意力集中在价值和收益上。

脱稿能让你讲得更好

在得到了高管们的建议之后，嘉明认识到他需要更强的应变能力用来应对高管们的时间限制。在第二次汇报中，他直奔主题，毫不拖泥带水地完成汇报，提出他的请求并且得到了批准。然后会议顺利进入到下一个日程议题。

嘉明反馈道："当我第二次进入会议室的时候，我准备了一个 1 分钟的汇报版本、一个 10 分钟的汇报版本和一个 4 分钟的汇报版本。我可以从 PPT 第一页开始讲，第七页开始讲，第二页也可以，一页 PPT 都不用也没问题。我已经准备好应对一切可能出现的问题。"

要避免陷入时间不确定的陷阱，你需要：

- 事先意识到你会遇到时间缩短的问题。
- 清楚这场会议的目标及你的核心内容。
- 为你的汇报准备一个极其简短的版本。
- 准备进行一场电梯游说。
- 选择三张最能传达你信息的幻灯片。
- 随时准备好扔掉你的讲演稿，直接进入核心内容。

时间的不确定性是汇报中经常会遇到的问题，可能是因为前一个议题拖延了时间，也可能是高管们临时有事，做好充足的准备，足以让你有效地规避这个陷阱。

对某些人来说，PPT 就好像是衣服，有些人没有了 PPT 就像没穿衣服一样难受。

汇报人好像只是 PPT 阅读机器，只专心于演示和朗读 PPT 内容，这无疑会大大限制你的职业发展。PPT 是支持你汇报要点和内容的工具，而不能成为你汇报的唯一。

如果离开了 PPT 就不知道该说什么，那注定你很难有一个成功的汇报。因为人们无法相信一个讲话不能脱离 PPT 的汇报人能够对议题有着深刻的理解。

这些管理者们想要的是讨论和观点，是你对问题的理解，而不是 PPT 展示。布布向我讲述了过度依赖电脑和 PPT 的危险性：

> 我是三人汇报小组的一员。我的上一个汇报人正在讲话时，他的电脑崩溃了，这情况让他面如死灰。他的所有内容和台词都保存在他的 PPT 文档里，没有了电脑他什么都干不了。
>
> 听众们看着他汗流满面，但是他无论怎么尝试都无法让电脑重新工作。最后他稍微总结了一下就草草收场了，议题当然没有通过。

布布那时已经可以在没有 PPT 的情况下完成她的汇报。对此，她建议道："永远不要把自己置于没有了 PPT 就无法汇报的境地。深入了解你的汇报内容，你可以不需要 PPT 辅助的。"

如果你对内容非常熟悉，又能清晰、准确地表达出来，那么即便过程中有一些口误，问题也不大，你把事情讲清楚了，就已经达到了沟通的目的了。

怎样汇报坏消息

在职场中，有一类非常让人抓狂但又不可避免的情景，那就是把事情搞砸以后，怎么向老板汇报？

在工作中，我们经常会向老板作出一些承诺，比如创利指标、要完成的某个项目、推出一款新产品等。作出承诺后，我们当然希望一切都能像预期的那样，顺顺利利地完成，以证明我们的可靠与卓越。

可在实际工作中，经常会因为一些突发状况，导致事情的发展超出预期，那么当事情被搞砸时，该怎么去汇报，并最终挽回领导对自己的信任呢？

有些人，他们对"坏消息"避之唯恐不及。极其不愿意跟领导谈"坏消息"，比如工作中出现的问题、达不成业绩指标、项目无法按预期推进等。因为很多人的认知是领导应该只喜欢或信任那些工作中不会犯错的人。于是，为了巩固那份脆弱的信任，就拼命地掩盖工作中出现的问题，能不讲的绝对不讲。即便是非说不可的时刻，他们也会半遮半掩或花里胡哨地粉饰一番之后，才拐弯抹角地讲出来。

然而，结果不但没有博得领导的信任，反而让领导对个人诚信产生了怀疑。那么正确的做法应该是怎样的呢？

1.及时汇报

一定要及时汇报。好消息可以慢慢说，但是坏消息一定要第一时间说。你最不想发生的事情，就是在你告诉领导之前已经被领导自己发现了，或者是其他人告诉了领导。

怎样算“及时”呢？虽然很难有明确的时间界定，但基本可以这样说，如果你是责任人，你就要第一个告诉领导发生了什么。

当事情的发展出现意外时，你必须立刻进行判断：这个问题可以在我的能力范围内解决吗？这个意外会影响最初设定的结果吗？还需要其他人的支持吗？

第一种情况。如果事态到目前为止还基本可控，而且你已经采取了积极有效的措施，事情正在往好的方向发展，那么这时你的汇报内容就应该是：

- 通报进展＋解释原因＋倾听老板的意见

有些人在这种状况下，很容易犯的一个错误就是既然事情在可控范围内，就不用告诉老板了吧。错！特别是一些重要的项目，领导关注的不只是结果，过程中的重要变化也要及时信息同步，一方面可以让领导知道你具备灵活处理突发状况的能力，另一方面也可以避免不必要的信息误传，这对于你今后的工作推进能起到很重要的作用。

第二种情况。如果事情的发展已经超出了你的可控范围，原有的预期已经受到很大影响，基本无法实现，那么这时你的正确做法就是：

- 通报进展＋解释原因＋拿出新的解决方案＋倾听老板的意见

2.勇于担责

千万不要隐瞒犯错、事情搞砸的原因。因为如果你不能一开始就把这件事讲清楚，并被老板理解和接受，那么后面的步骤你根本就进行不下去。领导会反复在发生问题的原因上和你纠缠不清，所以安抚他的情绪，让他千万不要怀疑你所说的话，这一点非常重要。

主动担责，不诿过于人。如果是因为你自己的过失造成的意外状况，你一定要如实地承认自己的过错，不能推卸给别人。关键时刻见人品，犯错并不可怕，可怕的是你没有担当，不敢承认失败，没有诚信。事情搞砸了，可以重新来过，但如果你被领导发现人品有问题，那就很难再有机会了。

讲事实的全部。事情搞砸了，面对暴跳如雷的领导，因为担心被问责，于是就各种粉饰，或者只讲部分的事实，这对你没任何好处，并且还会因为信息的不对称而影响后续的处理。最合适的方式就是，把你知道的所有情况如实告诉领导，只有在信息充分对称的情况下，大家对后续的处理才能更好地达成共识。如果你假装没有问题发生，那么你自然也无法讨论解决方案。

事情到了这一步，你一定要明白这样一个道理：人人都会犯错，但是不知道从错误中吸取教训，不懂得自我学习和自我提升，这些才是影响领导对你的信任的关键。

3. 使用严谨、理性的表达方法

怎样才算严谨理性呢，送大家十个字：“避免绝对化，对事不对人。”

上学的时候估计很多老师都跟大家说过，“在选项里出现绝对化的表述，那么这个选项就要格外小心，它很可能是错的”。为人处世也是一样的道理，如果我们对一件事轻易地下绝对结论，那么我们后面就可能成了说错话的人。

常见的绝对化词语有：绝对、总是、每次、必然等。虽然结果很可能会跟着我们的判断来走，但即便你对了，领导也会觉得你这个人比较武断、草率。而一旦你判断失误了，这个感觉就会被强化。

“对事不对人”是我们职场语言中的一个很必要的注意点。为什么我们要避免针对人呢？（即使用人格化语言，例如“某某不作为”“他们不行”“某某心眼儿太小”）这就涉及人的情绪了，当我们表达出人格化语言的时候，聆听者容易感到你带有情绪，对你的信任度会降低。

而且，聆听者本身可能和你汇报的这个人有利益或认同感。当你的情绪化表达出现的时候，聆听者的抗拒心理也会被激发，这时候，你的汇报效果就会大打折扣。所以我们汇报工作的时候可以对事，但不能对人，你可以说“在这个项目上他们没有做好”“某某提出的这个设想失败了”，请注意，这些表述中，最终的主语都是事情，而不是做这些事情的人。

4. 补救方案

问题已然发生，那就赶快修改原方案，或者找替代方案。在提供新方案时，请注意以下三点：

第一，尽量让领导做选择题，而非填空题。也就是说，最好给出备选方案。你绝对不可以在没有解决方案的情况下传达坏消息。

第二，务必全面客观地剖析每一种方案的利与弊。在阐述个人偏好时，我们应坚守诚信原则，避免断章取义地筛选信息和数据，以免误导我们的领导，使其接受对个人有利的决策。每一种方案的探讨，都应紧紧围绕领导的核心目标，确保在这个关键问题上，我们立场坚定，绝不含糊。

第三，一旦与领导就新方案达成共识，就要迅速行动起来。这样，即使未来出现潜在的危机，我们也能从容应对，确保领导不会因为我们的失信而感到失望。因为我们已经提前预见了可能出现的各种情况，并制定了相应的应对预案。简言之，我们为领导设定了“合理”的期望值，这样一来，当计划出现偏差时，领导便能保持冷静，不会因此而责难我们。

没有人喜欢坏消息，尤其是财务和法律问题上的坏消息。所以，你传达坏消息的方式至关重要。如果你有坏消息要告诉领导，可以参考以下步骤：

- 开门见山地直接把坏消息说出来。
- 如实解释为什么会发生这种情况。
- 接下来立刻说明你计划的补救措施。
- 给出解决方案，让领导做选择题。

按照上述步骤进行，用积极主动的心态对待问题，巧妙地和领导沟通，这是让你渡过难关的关键。

第六部分

自我管理

每个管理者都会经历低谷期——项目失败、团队动荡、决策失误。这些时刻考验的不仅是专业能力，更是心理韧性。那些看似痛苦的失败经历，恰恰是塑造卓越领导力的关键时刻。

在这一部分，你将学会如何在逆境中快速恢复，以及如何将这些经历转化为宝贵的领导智慧。管理者的成熟不在于永远不犯错，而在于每次跌倒后都能站得更高。

第十一章　管理风格：避免成为差劲的领导

做过领导的人都会对此深有体会：管理者的任何行为都可能被下属解读，甚至被解读得与你的初衷大相径庭。管理者的一言一行都暴露在聚光灯下，就更须谨言慎行，用“他者”的眼光来反观自己，然后才能做到自我控制、自我激励和同理心。

可以说，几乎没有人不想成为受人欢迎的优秀管理者，但在实际工作中，由于个人的认知局限和经验不足，很容易在管理思维和管理方法上陷入误区。这些误区可能导致管理者采取一些不当的行为，这些行为不仅对团队成员的士气和积极性造成负面影响，还可能对整个组织的稳定性和发展产生长远的伤害。

拒绝恐吓式管理

在追求结果或效率的名义下，一些人逐渐变得傲慢，他们吹毛求疵，只关心工作目标，不断给员工施加压力。强烈的任务导向让他们将工作任务视为核心，忽略了团队的感受。

一些人错误地认为，管理就是发号施令，指挥他人是管理者的天职。许多管理者习惯于以“做这个”“做那个”的口吻要求下属，他们认为利用权威就能取得期望的成果。

然而，管理者很快便会失望地发现，仅凭职权并不能有效地影响他人，也无法实现他们所期望的团队成果。相反，以专横的态度下达强硬的指令，只会激起员工的反感。

仅仅依赖职位所赋予的权威，本质上是通过“恐惧”来进行管理。恐惧作为一种管理手段，其功能有限且极具破坏性，无法激发真正的认同感和使命感。

有的管理者对事情的关注度远远高于对人的关注，注意力放在对工作目标的达成上。他们很少去理解别人，遇到问题一言不合就怒气冲天，在众人面前把那些犯错的人骂得狗血淋头，让别人抬不起头来。

> 有一位管理者，他习惯于以一种居高临下的姿态质问员工：“为什么结果与预期不一样？”每当员工试图解释背后的原因时，这位管理者便会粗暴地打断他们，用一种不容置疑的语气说：“我不想听你的解释，为什么你总是有这么多借口？”
>
> 这种沟通方式导致了许多员工的不满，他们感到自己的声音被忽视，尊严被践踏。不少人选择离开。

这类管理者在骂完员工之后，往往会给自己的行为找一个“合理”的解释，比如“一时着急”“最近工作压力大”等。然而，糟糕的行为就是糟糕的行为，不要为此寻找什么借口。没有人喜欢被粗暴地对待。用这种激进的方法，即便短期内会有一点效果，但从长远看，一定会失败。

管理既是一个拥有权力的职位，更是一个依靠团队的职位，管理者必须学会以影响的方式而不是以命令的方式进行领导。你必须忘记你的权威，并开始影响别人，而不是简单地发号施令。

不要进行情绪化表达

管理者的自我情绪管理能力，对团队的影响是直接性的。一个情绪不稳定的人往往会因为内心的阴晴不定，出现随意领导行为，比如，高兴的时候就宽松管理，很多事情轻拿轻放；不高兴的时候就开始控制，过多地干预和挑剔。这种情绪化的随意管理，不但会削弱自己的权威，而且还会影响团队士气。大家会有意无意地花很多时间研究和满足领导的情绪需求，而不是去做事情，从而导致组织效率降低、成本提高。

你的下属向你汇报工作的时候，越来越小心翼翼。交谈时，无论你指责什么，对方立即道歉，但并不真心认为是自己的错，只是不想引起更多争执。如果是这样，那你就要认真反思了。

> 罗迪在很多方面都是一名出色的管理者，但是他的情绪波动非常大。他心情好的时候对下属特别大度，但如果在个人生活或工作中遇到什么不开心的事情，就会情绪大变。
>
> 前一天晚上你与他共进晚餐，他显得风趣、坦率、友好，而第二天他就变得冷淡、疏远。他的情绪波动毫无逻辑可言，因此他让人难以预测，最终让人无法信任。他的直接下属觉得，无论他们工作得多么努力，或者作出了多大贡献，罗迪都不会有恰当的反应。
>
> 因此，下属们在工作的时候还得观察他的脸色，判断他今天的心情如何，每个人压力都特别大。为帮助人们判断罗迪的情绪变化，他的秘书曾偷偷地使用手势，用拇指向上或向下的方法来暗示罗迪的直接下属，这样他们就能知道是否该与罗迪交谈。

管理者要有胸怀和格局，能够容得下事情、耐得住性子。控制好自己的怒火，将有助于事情的解决和团队的成长，在一个相对宽容和自主的空间氛围里，人们的状态是舒展的，不用时刻战战兢兢，团队的智慧和力量才会流动起来。

发脾气意味着你在困难面前的焦虑与无助。一个真正有力量的人，是可以平静面对困难的，越平静越容易找到有效的解决方案。怒火往往会扰乱我们的心智。

学会为自己的情绪负责，是一个成熟的职场人应有的职业素养。弱者遇到困难会吐槽现状，但强者在遇到困难时会思考解决问题的办法。

有一位领导前辈曾经说：

> 当我还是业务骨干的时候，如果某一天很郁闷，我会让每一个人都知道。我是个非常情绪化的人，我不太会隐藏我的失意和沮丧，人们会因此理解我、安慰我。发泄后，我会感觉好多了。
>
> 现在，作为一名管理者，我看到了他们脸上的表情不同于过去，你会看到他们流露出的不安和忧虑："我们还能信任你吗？"
>
> 你不能消极悲观，下属希望从领导那里获得信心和力量，特别是在困难的时候。

在轻松的情况下，表现出温和和包容是很容易的。真正能体现一个人品格的，是他身处逆境时的态度。没有达成业绩目标、下属没有成功完成任务、时间紧而工作量大等，遇到这些状况时，人们往往就会忘记维持自己的外在形象。身处逆境的管理者表现，见表 11-1。

表 11-1　身处逆境的管理者该怎么办

不要做	可以做
询问出了什么问题、谁做错了	寻找解决方案
分析过去 关注不足和问题	采取行动 关注机会和结果
传播焦虑的情绪	传递希望和乐观
批评、指责	赞美、关怀

当然，我们无法逃避压力，压力是每个人必然要面对的事情。你的内心可能会感到愤怒和沮丧，但将它们表达出来通常于事无补，反而会让事情变得更糟糕。遇到问题，不要纠结于过去或试图推卸责任。要展望未来，聚焦行动。

领导不仅仅是一种行为方式，它还是一种角色。你向别人展示的东西，是基于角色和他人需要的，而不是你真正感受到的。你不能以人们现在的状态进行领导，而是要以公司的目标和发展方向进行领导：当他们感到害怕时，你要表现出自信和决心；当他们感到自满、冷漠时，你要表现出担忧。你表现的可能不是真实的，但却是团队需要的。

比如，公司正在进行战略调整，涉及大规模的组织架构改革，这让员工们倍感恐慌，如果你也表现得很焦虑，那只会让下属们更加沮丧。所以你必须隐藏你的真情实感，做一个真实的“骗子”。

没有哪个管理者能够解决所有问题，所以需要大量的即兴发挥，表现得像是云淡风轻、游刃有余的样子。慢慢地，你会发现工作开始与结束时的感觉截然相反：在负责大型项目开始时，你充满了恐惧和不安，但你将自己的焦虑隐藏起来，向别人展示自己积极自信的一面。随着对项目的投入，你的信心逐渐高涨，按一个管理者“该有”的样子来表现，装着装着就变成真的了。

员工需要视你为有能力的人，只有把自己从坏情绪里解救出来，处于放松的状态，你才能够调动内在的精力和激情。

对自己的感受负责是管理者要学会的艰难一课。想象一下，你刚在会议室度过了艰难的一小时，一位同事走过来告诉你把某个项目搞砸了。这时，你完全有权利感到愤怒和沮丧，但是你可以对自己的心情和反应作出选择：你可以选择生气，也可以选择不生气。

摒弃主观偏见

有的管理者喜欢搞“小圈子”，我听过最离谱的是以大学时候读的“文科”或“理科”来划分圈子。选择和自己相似的人，把团队里的员工划分为“圈内人”和“圈外人”，在工作安排上也会差异化对待。

可以说，这是一种非常不专业的做法，会产生很严重的后果。

一般而言，任何小圈子必然衍生出不必要的排他性与敌对性，这种负面特质会破坏团队整体的和谐。管理者与圈子里的成员“卿卿我我”，让处于圈外的员工有被边缘化的感觉。圈外人在“我没受重视或不重要”的负面感觉之下，凡事消极应对。如果再加上管理者有意无意对圈子成员的优待，圈外的员工更是心灰意冷。

> 小孙来自南方，他的团队由六名成员组成，其中两位是他同乡。在与这两位“老乡”交流时，小孙习惯使用家乡方言，这让他感到无比亲切和轻松。
>
> 然而，这种亲近的交流方式却让团队中的其他成员感到了被忽视。特别是当小孙与“老乡”们用方言交谈时，其他人完全无法理解他们的对话内容，这种隔阂感愈发明显。
>
> 到了年底，团队进行绩效分配时，其中一位“老乡”小赵因其卓越的工作表现，额外获得了两万元的奖金。但在其他成员眼中，这却成了另一种解读：“唉，谁让小赵是领导的老乡呢！”
>
> 小孙的上级得知此事后，便找小孙了解情况。面对领导的询问，小孙显得有些委屈，他解释道：“领导，小赵的工作表现确实非常突出，去年团队的销售利润中有超过30%是他创造的，多发两万元的奖金完全是基于他的实际贡献，我并没有徇私啊。”

小孙完全没有意识到，自己不经意的一些行为，却产生了麻烦和误解。要知道，团队里的六个人都是可以依靠的力量，小孙在和“老乡”走近的同时，与团队里的其他人却渐行渐远了，这实际上削弱了自己的影响力。

作为个体，我们从心理上难免会对一些人亲近，对另一些人疏远，但是作为管理者就要特别注意，尽量不要搞“小圈子”，对所有员工要一视同仁。如果进行圈内、圈外的划分，对“圈内”的员工特殊关照，犯了错误常常是轻拿轻放或忽略不计，但对于“圈外”的员工则是吹毛求疵及横加指责，这必然会造成团队的分裂。

团队内部的沟通和公平感是维持团队和谐与效率的关键，管理者要确保每一位成员都能感受到公平与尊重。要让员工感觉到，在团队里，不用刻意讨好领导，也不用琢磨如何成为“圈内”人，而要把注意力放在为团队做贡献上。

作为管理者，要始终记得：管理者的角色是带领团队达成工作目标的，而不是建立基于个人好恶的“友谊”。要把个人关系与工作关系分开，学会与自己本来不喜欢的人保持良好的工作关系。你要与团队的所有人保持互动，让他们获得“被关注”的满足感。你和下属之间的人际互动，要以工作为最终目标。

优秀的团队要“和而不同”，如果大家的观念、想法都完全一样，任何时候都只有一个声音，永远是一团和气，这样的团队很快就会失去战斗力，变得平庸。你需要不同的声音、不同的思维方式的碰撞。真正能让一个组织保持活力的，是那些敢于发出不同的声音、敢于去挑战群体思维和现状的人。

事实上，新晋的管理者在组建自己的团队时，倾向于选择与他们本人的性格和能力都相似的人，认为这样的员工比较容易带动，并使团队产生高绩效。这种做法有明显不足之处，那就是团队的构成会因为管理者的喜好而变得单一，能力短板会非常明显。

因此，新晋的管理者需要有更清晰的自我认知，了解自身的优势和短板，并知道如何通过团队成员的力量取长补短，要学会超越自己的喜好和情绪，包容和接纳不同类型的员工，理性地思考什么才是对团队最好的选择，这是管理者创造更高绩效的坚实基础。

管理者需要认识到每个人都是不同的，尽管你可能有自己的标准和喜好，但学会欣赏各种人，尤其是和自己特别不同的人，是管理者的一大跨越。

践行“己所不欲，勿施于人”的黄金法则，想一想，我们希望被怎样对待，那么，我们就该怎样对待别人。

摈弃小圈子，才能实现大格局。

放弃控制欲

控制欲强的管理者的口头禅是“就按我说的做”或“这个事情我比你清楚多了”，他们常常不等别人把话说完，就粗暴地打断对方，源源不断地输出自己的观点和意见。

他们想要实时掌握工作任务的全部信息，对员工的工作进度和质量不放心。他们要求员工随时汇报工作进度和各类工作细节，并设置多道审核程序，不允许有一点偏离。

这样的管理者容易陷入微观管理，容易捡了芝麻丢了西瓜。虽然管理者投入了大量的时间，但团队的效率并不高，管理者和员工都在细枝末节上浪费了太多的时间。

有些管理者不仅对工作细节进行过问，而且对员工的行为也要进行管控，喜欢搞“侦探”工作，明明把一项工作交给了 A，但私下里又悄悄向 B 去打探，想要了解细节，以验证 A 讲的是不是事实，确保所有的细节都在自己的掌控之中。

刚晋升为管理者的时候，有一个重要的会议，夏扬需要在会议上汇报项目的情况。时间紧迫，仅有一个下午的时间准备汇报材料，而夏扬对之前的情况完全不了解。因此，夏扬迅速联系相关同事了解详情，并利用晚上的时间将材料梳理好。

第二天的汇报颇为顺利。面对领导们现场提出的几个问题，夏扬也能从容应对，轻松作答。

会议结束后，夏扬的直属领导黄总监走过来，轻轻拍了拍他的肩膀，赞许道："干得不错，这么快就掌握了情况啊。这些材料都是你自己准备的吗？"

夏扬如释重负，松了一口气，回答道："是的，昨晚我忙到凌晨才弄清楚情况。"

然而，在夏扬暗自庆幸之际，一位同事悄悄走过来，低声说："夏总，黄总监刚才在问，今天的会议材料是不是你自己准备的。"

这一刻，夏扬的心情顿时变得复杂。他至今未能明白，会议材料是否由他亲自准备，究竟有什么关系呢？

可以说，这种行为严重侵蚀了管理者和员工之间的信任纽带，试想，谁愿意在全神贯注于工作时，背后却有一双无形的眼睛紧紧跟随，时刻监视着自己的一举一动？

与那些控制欲极强的管理者共事，难以感受到来自上级的信任与认可。这种环境下，员工往往感到束手束脚，对工作的掌控感大打折扣，这无疑是导致员工敬业度下降的一个重要因素。对于那些自主性较强的员工而言，不仅无法认同上级的管理方法，甚至可能会选择离开，以寻找更符合自己价值观的工作环境。

没有安全感的管理者希望一切以自己为中心，沉醉于"被需要"的虚幻感觉中。而优秀的管理者则懂得赋权于人，他们心甘情愿地放弃聚光灯下的荣耀，让他人站在舞台的中央，帮助他人获得胜利，为他人的成功喝彩。

打破保守观念

在一些管理者看来，成立公司的初衷，就是要让公司和股东们的利益最大化，个人有时可能会需要牺牲自己的利益，来维护公司的利益，所以当员工提出个人利益的诉求时，往往会被认为是一种"过分"的表现。

“现在的员工太爱计较了，我真的很讨厌他们的自私。”老肖气呼呼地说。

“哦，说来听听。”老肖的朋友小王问道。

“我们部门的销售冠军志伟，发年终奖的时候，他一个人就独占了整个团队接近三分之一的奖金，而其他人收入就比较低，我特意找他谈过，希望他能适当减少自己的奖金份额，但他立刻就拒绝了。”

“哦，志伟的业绩表现怎么样？他的年终奖是否符合既定的考核标准呢？”

老肖有些无奈地回答：“他的业绩确实很出色，完全符合考核规则。但在年初制定这些规则时，我们并未预料到会有人能够拿到如此高额的奖金。”

“既然如此，志伟的努力和优异业绩使他有权获得这样的收入。从规则的角度看，志伟并没有做错任何事情。”

老肖似乎有些动摇：“话虽如此，但作为团队的一员，他是否应该考虑一下其他人的感受呢？”

小王耐心地解释：“老肖，志伟的业绩并非凭空而来，他付出了相应的努力。你希望他将本应属于自己的奖金分给他人，而他不愿意，你就认为他自私？”

老肖一时语塞：“嗯，这……也不是……”

小王进一步提醒：“志伟并没有损害别人的利益，他只是坚守自己的权益。作为一名如此出色的销售人员，他有很多其他的选择。如果他选择离开，这对你们团队来说将是一个巨大的损失，你们能承受吗？”

管理者要有开放的心态和观念，尽量客观地看待问题，员工遵守契约精神，能够保质保量地交付工作成果，这样的员工就是好员工，不要期望对方是道德完人。

当员工抱怨工作量太大，或者是没有得到足够的成就感，不开心时，不少管理者的第一反应是“开心？公司是请你来工作的，不是让你寻开心的”。

有员工告诉你，外面有公司要挖他，但他还是想留在现在的公司，希望你能给他提高一点薪资待遇，你有什么反应呢？有的管理者会质疑员工的忠诚，还会无奈地感慨“现在的年轻人越来越功利了，这在我们当年肯定是不会发生的”。

在当今这个日新月异的时代，我们见证了一个显著的转变：传统的“组织人”形象已逐渐被流动性极高的“自由工作者”所取代。作为管理者，面对这一现象，我们不应感到惊讶，更不应轻易地对其进行指责，认为他们过于以自我为中心。

相反，我们应该以开放的心态去接纳这一变化，以更加智慧和包容的方式引领我们的团队前行。当我们深入了解员工的实际需求时，便会发现，他们其实变得更加易于管理。

不要压制敢于唱反调的人

一个人在管理岗位久了，会发现周围的人都在发生着微妙的变化。他们和你说话越来越小心翼翼，不敢直接指出问题，而他们以前说话可是非常直接，甚至不留情面的。

特别是有了独立办公室以后，你会发现一下子安静了很多，而且别人来你办公室时都有点胆怯，还会努力展现出最好的一面。

听到的反馈意见越来越少了，很多管理者会觉得困惑：为什么没人提意见了呢？那些反对的声音都去哪里了？当然，还有一些管理者选择不去获得反馈，这是为什么呢？

一些人在成为领导后，会不自觉地感到自己比下属更优秀或更聪明，很容易产生“自己很特别”的感觉。他们担心从下属或同级那里得到反馈会暴露自己的问题，让自己看起来很无能和软弱，损坏个人形象。

与此同时，要做到坦诚有一定的难度。组织内部的层级结构，往往使得个人的表现评价在很大程度上依赖于他人的主观感受。直言不讳，虽然是一种美德，却也无可避免地冒犯某些人。因此，在这样的环境中，真诚地表达意见便成了一项挑战。

你或许不经意间营造了一种氛围，即不愿接受任何负面消息，尤其是那些直指自身的批评。随着你的职位逐渐攀升，影响力日益扩大，下属可能也会越来越顾虑，不愿将那些不那么悦耳的真相呈现于你面前。这种情况下，建立一个开放且包容的沟通环境显得尤为重要，它不仅能够促进信息的透明流通，还能增强团队的凝聚力和效率。

> 有一家非常成功的新能源公司，该公司的财务总监相当有能力，个性张扬，并且以喜欢正面交锋、能言善辩的领导风格而闻名。他一贯表情严肃，言谈间处处透着不容质疑的权威感。
>
> 如果谁有不同意见，那最好把相关事实列举得一清二楚，因为他会对别人提的问题追根问底，直到对方词穷方才罢休。
>
> 在他的凌厉言辞的追击之下，员工可能很快就面红耳赤无地自容，会觉得自己很蠢，后悔不该有不同意见。
>
> 由于他特殊的领导风格，他身边的人都会采取他们认为比较明智的策略。有位下属是这样说的："先试着搞清楚总监在想什么，下次谈话时尽量表达类似的观点，不要提出不同的意见，否则就有你好受的了。"

虽然这位总监一直说欢迎大家多提反对意见，但实际却没有人提，你知道是为什么吗？

一些管理者虽然声称喜欢听到不同的意见，但他们在行动上却恰恰相反。他们一方面征求大家的反馈意见，但却又防御性地捍卫自己的决策、驳回所有的反对意见。

> 有一位业务总裁，他是从基层岗位一路升迁上来的，熟悉公司的流程，同其他管理者相比，他的业务经验的确很丰富，他也深知自己的优势所在，非常以此为傲，他的口头禅就是"没人比我更懂业务了""某某业务是我从无到有，一手做起来的""我做某某业务的时候，你们还没入行呢"。
>
> 偶尔还会同下属吐槽别的管理者："那个产品研发的赵总真是搞笑，连业务都不了解，还要对我们的方案指手画脚。最烦这种外行指挥内行了。"或者是"渠道部今天太没水准了，情况没搞清楚就乱提意见，真

是班门弄斧”。

每当与下属探讨问题时，他总是展现出一种宽宏大量的姿态：“大家不妨畅所欲言，说说你们的新想法。你们年轻人总是充满创意。”

然而，实际上很少有人敢于提出异议。不仅如此，下属们还会变着法地恭维他是“业务领域的权威”，他的观点让人“深受启发”等。

你征求员工的意见，但现在又告诉对方，他给出的所有理由都是错误的。

领导已经觉得自己是“业务专家”了，如果下属提意见，那很可能会招致领导的反感：你觉得自己比他更专业？你是挑战他的权威吗？

人的本能就是趋利避害，你到底是不是愿意听到不同的意见，员工是可以非常敏锐地捕捉到的。

管理者需要警惕一种先入为主的心态。把评判心放下，先去试图理解对方的立场。如果只在自己的立场上想问题，就永远都觉得真理与我同行。只有首先假定对方可能是有理的，才有可能看到另一边的道理。

因此，即使一开始很多看法让你觉得不快，也要虚心聆听，允许不同的声音。在行动之前，除了自己的想法，你是否考虑过其他人的方案？

有很多方法都能让你了解到员工在想些什么，目前存在着哪些阻力，以及在此背后隐藏着哪些诉求。你可以随机走进员工们的办公区，如果团队整体氛围不佳，或者大家正处于压抑的状态中，那你当场就能感受到这一切。气氛这个东西很微妙，我们在报告中读不到，却能在看着别人的眼睛时清晰地感受到。

人们常常对自己的人际理解力有一种“过分的自负”，但实际上，每个人的同理心都十分有限。有的管理者常喜欢跟下属讲，“我知道你是怎么想的”，但很可能是“你不知我，我不知你”。只有下属说出那句“你真理解我”，才是对你领导水平的最高肯定。

管理者想要在下属面前逞强，太容易了，分分钟就办到了，但是你真的懂得倾听吗？如果管理者经常觉得自己是对的，而别人总是错的，很有可能，这并非说明你的领导力很强，而是在预示你的领导力恐怕要出问题了。

如果管理者比较强势，那就更难听到不同的意见了。每次开会讨论，老板问：大家有没有不同意见？同事们面面相觑，或是低头玩手机，无人应声。但只要离开这个会议室，不同意见就冒出来了。各自开小会的时候，不同意见更多，只是不敢让管理者知道。

在这样的组织中，很难有真正意义上的沟通。即便偶有异议，得到的也只是被说服。

古语说："众谋独断，详虑力行"。遗憾的是，现实中的情况却常常是这个样子：既没有"众谋"，也没有"详虑"，甚至还没有"力行"，有的只是"独断"。

即便管理者认为自己已经指明了方向，但只要其下属骨子里对该方向不接受、不认同，那么该领导行为便是失效的。如果领导想要强行达成共识，那么这个欠账就迟早是要还的。

某区域性金融机构花重金聘请了国际知名咨询公司做战略规划，高级领导层非常重视，每次的战略会议董事长都会亲自参加。

本次的战略规划不只是做规划，而是要在咨询顾问的带领下，对规划的内容进行落地。为了保证项目的有效推进，明晰了每个项目的责任人，也制定了严格的时间表。

然而，该咨询公司虽然名气很大，但由于前期的调研不充分，对该金融机构的具体情况了解并不多，导致战略方案在落地过程中，与现实偏离比较大，引起基层机构较大的意见和不满。

在进行阶段性总结会议的时候，不少基层机构负责人都反馈了一些现实的困难和问题，但该机构的高级管理层认为是基层执行不到位，所谓的困难都是"借口"，还点名批评了几个提意见多的负责人，要求基层不要有顾虑，做好执行就行了。

看到管理层是这样的态度，很快就没有人再提出不同意见了，大家假装去执行，实际效果可想而知了。

经过一年多的"战略执行"，不仅没有达到预期的业务目标，而且对该机构的企业文化造成了重创，没有人再关心集体利益，更没有人愿意成为发出不同声音的"异类"。

许多商业竞争都不是败在“战场”上，而是输在会议室里。早在开打之前，内部人就有不同意见，或更好的主意，但这些统统都被压抑的组织环境所限制住了。

如果管理者排斥反对意见，只想听到奉承的话，那真是再容易不过了。但凡有了这种心态，常识感就很容易逐渐丧失，决策的信息雷达就开始变得不准了。

没有永远顺耳的话

作为一名管理者，我们知道对他人反馈的重要性。同时，如果你想要成为一名高效的领导者，也需要他人的反馈。领导者要学会“仰视”自己的下属，重视内部的“不谐之音”，让每个人都能畅所欲言，而不是压制异议，回避令人不快的观点。

领导力专家沃伦·本尼斯说道：“高效的领导者感激不同意见，并鼓励它。尽管领导者有时被告知自己的错误时，会经历暂时性的不舒服，但是他们应清楚这种不舒服比通过‘条件反射式回击’，更能提升他们作出正确决策的能力。”

1. 不要急着反应

如果听到那些意见后不是太明白，那么就去问清楚，请对方举出具体的例子。如果反馈信息比较尖锐，那么谢谢对方，然后自己“消化”。不要有任何抵触情绪，只有这样，才能让你针对反馈信息进行认真的反思。

2. 不要辩解

不要为那些建议找理由，或者是辩解。如果你发觉自己在辩解，想证明是提反馈的人错了，那么请试着把思维模式从“努力证明”调整为“努力提升”。不要责怪他人，不要生气。如果你要如此反应，他人有可能不会再给你真实的反馈。

3. 询问事实和实例

如果对方给的反馈比较模糊，诸如“你看看小张怎么做的，学学他。”此类的话，那就需要挖掘一下表象之下的实际情况了。要弄清楚情况，可以多提问，请对方说得更细些，比如，“您觉得小张的哪一点是我以后需要着重学习的？”或“您觉得哪件事对我来说最重要、最应该注意？”

4. 宽容一些，不要自我惩罚

有时候，接收反馈的体验并不好，可能是反馈者的表达方式欠佳，也可能是反馈的信息本身出人意料，这些都会让我们深受打击，无比沮丧。

听到一些刺耳的反馈信息，马上就反应过度，这几乎是所有人都有过的问题。更有甚者，听到一点批评就瞬间爆炸，随之而来的坏情绪会带来洪水般的负面想法。

在早年工作期间，我收到的反馈似乎都是我的不足之处，比如哪里需要改进、哪里做错了、什么时候说错了话等，听到这些反馈，的确让人很沮丧。我总觉得自己必须戴上面具、穿上盔甲，才能时刻表现出坚强和乐观的样子。

陷入这种情绪漩涡时，我们最好对自己宽容一些，控制好情绪，集中精力去想怎么才能进步，而不是责怪和惩罚自己。如果遭遇这种情况，可以想想以下几个简单的问题，避免陷入自责：

- 是哪句话让我觉得害怕？这句话能有多吓人？
- 对方说的内容，我最不想接受的是哪一点？
- 对方哪件事说对了？
- 对方哪里说错了或有偏差？
- 这对我以后的发展方向有什么影响？
- 我可以往哪个方向努力？

没有人是完美的，即便别人反馈的是真实的情况。比如，你没有考虑到别人的感受、创新性不够等，尽管这样也并不意味着是对你本身的全

盘否定，这些只是以前你所没有关注到的，并不意味着未来的你依然会如此。

反馈是为了给未来的自己指路，所以要用“以终为始”的方式来思考，即以自己的未来目标为前提，去思考那些利于自身成长和亟待提升方面的正面反馈和意见，这些前提包括：

- 这些信息是否能促进我更接近目标？
- 这些反馈是不是对自己未来观点的一种挑战？
- 这些反馈是否提供了新的视角和观点？

不要被反馈内容定义了，不要陷入自我怀疑无法自拔，甚至对自身的优势和缺点形成固定思维。相反，你应该想想要采取什么行动或做出什么成果，来展示自己在一点点地进步，然后付诸实践。

剔除“有毒”的反馈

当我们面对形形色色的反馈时，并非每一种都蕴含善意，也并非每一种意见都值得我们深思和采纳。对于那些带有恶意的人和反馈，我们需要勇敢地说“不”。

在我们的生活中，难免会遇到一些充满恶意的人。尽管他们的生活在外人眼中或许已经令人羡慕，但他们却以自我为中心，满腹牢骚，比如对公司不满或对同事挑剔。他们擅长搬弄是非，以恶语相向，将批评视为攻击他人的利器。

这些人的反馈往往夸大其词，缺乏具体细节，充斥着模棱两可的负面评判。比如，“听说你最近有点飘呀”“你有没有发现，你的沟通能力有点差”“你太强势了，这样不太好”等，当你试图追问更多细节时，他们却无法给出明确的回答，只会含糊其辞地让你“自己反思一下”或让你“以后要注意一点”。

这样的反馈，你是否感到似曾相识？听到这样的反馈，你是什么感觉呢？

面对这样的反馈，我们难免会感到困惑、焦虑甚至自我怀疑，会不自觉地在内心深处反复揣摩：“我究竟何时作出了这样的行为？为何会招致他人的非议？到底是谁对我心存不满……”。这样的反馈除了让人陷入负面情绪的漩涡，并无任何积极的意义。

因此，当感受到自己被诋毁或攻击时，我们必须果断地停止倾听，要清醒地认识到，那些伤害我们的批评，即使其中蕴含着某些道理，也不值得我们浪费时间和精力去关注。因为，当一个人将真相当作武器来攻击我们时，他就已经失去了与我们真诚交流的资格。

在面对恶意反馈时，我们要学会保持内心的平静与坚定。我们可以选择倾听那些真正关心我们、愿意帮助我们成长的反馈，而对于那些充满恶意与攻击性的言论，我们要勇敢地说“不”，果断地离开，不让它们侵蚀我们的心灵与生活。

莫被职位滤镜误导

在获得晋升之后，一些人会自我感觉良好，不自觉地放大自己对团队的影响力。当你这样认为的时候，你身边的人很快就能“捕捉”到这个微妙的信息，而且会刻意地迎合你的想法，讲一些你喜欢听的话，而把那些可能你不喜欢听的话过滤掉。用不了多久，管理者的认知就会发生扭曲，慢慢地就会脱离现实。

> 几年前，一名总经理向人吹嘘，他在一家组织的权利有多么大，地位有多么重要：“虽然我在外面还有更多机会，但我暂时还不想走。如果我辞职了，很多人都会非常难过的。可以说，只要我现在离开，马上能把一大批人都带走，这些都是我的好兄弟，我们可以自己创业开公司的。”
>
> 事实上，这名总经理后来因为同新来的领导理念不一致，冲突不断，最终决定要离开，而他以为会跟他一起走的那些“好兄弟”，一个也没有追随他。
>
> 这家组织的首席执行官说，没有了他，公司仍然会继续成长壮大。

太多崇拜会让人飘飘然，管理者最终也许会相信，自己真的那样完美、睿智、强大。他们更喜欢把成就揽到自己身上，而把责任归咎于不利的客观情况。

阿特·克莱纳提出的核心层理论，解释了为什么领导者特别容易受到不完全信息的影响。他还指出，在任何组织中，核心层均有着磁铁吸引铁屑般的效应。每当核心要员出现时，人们全都毕恭毕敬。

我们在公司里经常看到，一旦领导出现的时候，大家都自觉地围成扇形，站得笔直，仔细聆听，生怕错过任何细节。管理者一开玩笑，大家就开心大笑，这很容易让管理者产生一种错觉：自己特别有影响力，特别幽默。

管理者还会产生一种关注影响力。只要你关注什么，同样也会引起身边人的关注。这种关注的目光会逐渐转变成另外一种现象——向领导者看齐，“楚王好细腰，宫中多饿死”说的就是这种情况。在管理实践中，管理者的一言一行都可能对团队产生深远的影响。

> 在一位管理者身上，发生了一个有趣的现象。这位管理者是精致的女性，她平时喜欢把指甲涂上不同的色彩，设计不同的图案。
>
> 令人惊讶的是，这种对美甲的热情似乎具有某种传染力。不久之后，她发现身边的女性团队成员也纷纷开始做美甲，尽管她们之前从未关注过。

第三种现象是放大或变形。也许是很微不足道的一件小事，可能是当场随口说过的一句话，也可能由于并无恶意的疏忽纵容了不良行为。

> Facebook（脸书）首席运行官谢丽尔·桑德伯格对自己曾经宣布的在美国开会时不使用 PPT 的规定感到后悔。数周后她被告知，有些人对她宣布的规定非常不满，因为他们发现离开 PPT 很难向客户推销产品和服务。
>
> 因此，她不得不出面对整个全球销售团队作出解释：她只是表示了一种在本地同她见面时的个人倾向，并不是针对全球化公司的硬性规定。

阿特·克莱纳认为，人们总想取悦管理者，凡是使管理者不高兴的事情都没有胆量去做。这样一来，最接近你的人很有可能只对你说一些他们认为是你想听的事情。你心里必须明白：如果你不主动去了解更多真实的情况，只会使你越来越脱离实际。

不必总想证明自己最厉害

对于管理者而言，最重要的并不是自己能力多么出众，而是激发下属才能的能力。团队的智慧不只是源于管理者，而是云集了团队里所有成员的才智。

一些管理者自认为天赋异禀，他们主导所有的交谈，一定要成为焦点。他们很在意自己的形象，对于别人如何看待自己非常敏感，只要不是赞同或恭维，他们都会解读为攻击，任何胆敢批评或质疑其行为的人，很快就会变成“敌人”。

一个人想要在公司一路升迁，想要展示才华，这都是人之常情。雄心壮志可以给人带来积极影响。但是，一旦过于自负，就会丧失谦卑之心，就可能给组织带来严重问题。亚伯拉罕·林肯说：“几乎所有人都能克服逆境，但是如果你想检验一个人的品德，就赋予他权力吧。”

对自己诚实的管理者清楚地知道，他们并非无所不知，他们不能依靠个人的力量完成所有的工作。他们知道当一个团队共同努力，所有人各司其职的时候，他们才能获得成功。

你可以问自己以下几个问题：

- 你的团队成员是否能够自由地表达自己的观点和意见？
- 最佳创意是否都是你的创意？
- 团队的成功是不是能够归功于团队的其他成员？
- 在完成一项工作时，全体团队成员是否有共同的自豪感？
- 如果工作中出现差错，你是否会主动承担大部分的责任呢？

扪心自问，你的答案是什么呢？

自信的管理者能够从他人的成功中得到真正的快乐，让团队成员有机会展示自己的才华，收获应有的奖励与赞美。

换言之，团队的优秀表现才是管理者的优秀表现。

晋升为管理者，人们会觉得自己已经来到了一个高点，有了“被选中”的感觉，很难表现出谦逊的态度，一些管理者会越来越傲慢。不少管理者发现，他们的玩笑会显得更风趣，洞察力会显得更深邃，观点会显得更睿智，为什么呢？

管理者本身的确在不断成长，但更多时候是因为没有人会在这些事情上挑战他们。这样的局面会滋长狂妄和傲慢，甚至让人误入歧途。

你必须意识到，这种让你感觉良好的“顶峰”体验更多只是一种幻象。如果还坚持认为你得到这个职位是“天意”、是自己“天赋过人”，而忽略了谦虚和开放的心态，那么这个“顶峰”将会变成悬崖，你迟早会从上面跌落下来。

勿与下属较劲

在管理过程中，有的管理者会遇到这样的困惑：下属比自己优秀，会不会显得自己很无能？会不会影响自己的权威？该如何管理呢？

下属如果比你优秀，这是一件好事，你需要做的是：

首先，不要较劲。你需要明白管理者不必强于团队，尤其是不需要在具体专业或业务能力上强于下属。管理者的价值并不体现于此，你不需要跟团队在这个维度上竞争。相反，你的角色在于发掘并放大每位下属的独特优势，而非与他们在专业领域一较高下。

其次，为己所用。对于那些技术精湛的团队成员，让他们担任技术专家的角色，成为你的智囊团，向他们虚心求教。对于那些人际关系广泛的资深员工，利用他们的影响力帮助你构建良好的人际关系，营造和谐的团队氛围。当你能够巧妙地将这些资源融会贯通时，就已经在无形中展现了卓越的领导力。这样的你，自然会赢得团队的尊重与信任。

通过这样的方式，不仅能够提升团队的凝聚力和效率，还能在无形中树立自己的领导威信。记住，领导的艺术在于激发他人的潜能，而非单纯地展示自己的能力。当你能够做到这一点时，你将成为一个真正有影响力的领导者。

如果团队里没有比你强的人，要把“让下属比自己更强”作为一个管理目标，你需要团队里存在比你更强的人，包括专业实力及整体综合实力，甚至是领导潜力。这么做的原因有以下几个方面：

第一，你和下属之间互相成就。工作不像考试，成功并非完全依靠个人能力，要懂得借力和整合资源。你和下属之间是合作关系，而不是竞争。优秀的人在哪里都会发光的，“真金”不会因被你排挤或打压就无法绽放光芒，况且你还有机会成为高手的引路人和导师，桃李满天下能帮你建立良好的人际关系。

第二，形成羊群效应。当团队中涌现出越来越多的杰出成员时，这种“羊群效应”便悄然而至，如同磁石般将更多优秀的人才吸引至你的周围。随着团队整体实力的持续攀升，作为管理者的你，无疑是最大受益者。

从个人贡献者蜕变为管理者，真正的价值在于激发团队的潜能，让每一位下属都能在其擅长的领域大放异彩，而非仅仅依赖你个人的实力。如果你未能实现这一转变，那么这恰恰揭示了你在领导力方面的不足，更应在这一领域精耕细作，不断精进。

吕川是一家公司中新成立的一个部门的领导者。来到这里，他的第一件事情就是为自己挑选一位副手。他收到了众多优秀候选人的求职申请，很多人有丰富的部门管理经验，其中有些人甚至比他还要经验丰富。因为此前他只是作为管理顾问在企业中的众多部门工作，在这个新成立部门的领域，算不上专家。

有一次闲谈的时候，他说：“我将要选择的副手对部门事务可能比我还要了解，而且还积攒了多年的管理经验。这样一个人随时都可能把我替换掉。我明白自己需要优秀的人才，但内心总有个声音告诉我，找个不会对你产生威胁的人吧。我清楚地感到自己承受着一种不安，而且我相信，其他人也会面临相同的问题。”

然而，最终吕川还是选择了勇气，聘请了一位经验丰富的候选人。

而这位候选人，在随后的工作中，确实以其卓越的表现，证明了吕川的选择是明智的。

并非所有的上级都能拥有这样的勇气，将优秀的经理人引入自己的部门。吕川的这一决定，不仅展现了他的胸怀与远见，也为部门的未来奠定了坚实的基础。

优秀管理者具备一个特质，就是允许团队里有比自己更为出色的员工。而且，拥有鲜明个性和超群能力的员工有一个优点，那就是能够在领导面前表达自己的独立观点，这样的会议往往充斥着争论，并不会以管理者一个人的意见为圭臬。

在作出最优决策时，广泛听取各方意见至关重要。然而，若管理者缺乏安全感，他们往往将多元意见误解为攻击与威胁，从而偏爱那些毫无主见、一味顺从的下属，以此营造一种“一切尽在掌控”的假象。这种管理者所带领的团队，其成员也会效仿这种行为模式，导致团队实力日渐衰弱，难以取得卓越成就。

管理者的真正职责并非彰显个人优越，而是引领团队实现组织目标。如果你身边的人个个都很弱，那你做事也很困难，劳心劳力，也未必能达成目标。反之，若你的团队成员个个出类拔萃，那你自己也能很轻松。

作为团队管理者，切记下属的能力直接关乎你的成就。我们不应容忍身边充斥只会唯唯诺诺的“应声虫”。我们需要的是真正的合作伙伴，他们不仅支持我们，更在我们偏离正轨时勇于提出异议。

优秀的管理者不会将成功据为己有，而是慷慨地分享成功，确保所有为成功作出贡献的人都得到认可。你不会因分享成功而失去荣誉，反而会赢得更多的荣誉。

第十二章　立足本职：不要只做感兴趣的事

有的管理者可能会不自觉地陷入一个误区：只做自己感兴趣的事，对那些不是自己兴趣范围的事情则交给别人去做，或者视而不见。

什么样的工作可以交给别人做，如何分配你的时间和精力，都要从一件根本的事说起：你的岗位职责是什么？你的兴趣爱好首先要服务于岗位职责。

因此，你需要充分了解自己，弄清楚自己到底喜欢做什么工作。如果你讨厌做某件事情，你大概会想要避开它不去做；相反，如果你很乐意做某件事，你大概会为这件事自动安排好时间，觉得做得越多越好。

那么，问题就来了，你的热情和兴趣是否与你的岗位职责相符？

岗位职责先于兴趣爱好

管理者作为组织中的关键角色，其兴趣爱好与岗位职责之间的和谐统一至关重要。理想的状况是，管理者的个人兴趣能够与工作职责相互融合，从而提升工作效率与团队凝聚力。

管理者的兴趣爱好不应仅停留在私人领域，而应积极地转化为推动岗位职责履行的一种动力。避免过度沉迷于兴趣而影响正常工作，确保工作与兴趣的平衡发展。

> 浩然是一家培训公司的总监，由于无法有效管理手下的几位重要员工而备感挫败。她的挫败感之深，已经让她开始思考是否要继续留在总监这个职位上。
>
> 我问她："你最初为什么会选择这份工作呢？"她想了几秒，说她真的非常喜做培训师的感觉，一站在讲台上就很开心，很有成就感。这些工作令她心潮澎湃。

接着我问她，她讨厌工作中的哪些内容？她犹豫了一下，最后承认她确实不喜欢整日忙于招募人才及指导年轻员工。我问她这怎么可能呢，因为她目前带领的培训师团队已经过百人，而且这家公司的培训市场还在不断地扩展。

她解释说，早年公司刚创立时，她很兴奋地想要发展自己的事业，因此愿意花时间招募员工、给予教练指导。然而在公司创造出业绩之后。她就回过头去做她原本最想做的事情了。

然而，这种工作偏好对公司来说是场灾难，因为公司的教练指导事宜、人才培育、招募新人等工作就被放任不管了。随着公司规模越来越大，这种忽视造成的问题也愈发严重。

我们谈到，她抗拒这些工作，甚至完全放任不管很不合理。从另一方面来说，她其实不需要事必躬亲。她应该找位主管，授权对方管理招募新人、给予重要员工所需的教练指导，以及找出其他资深主管一起来负责教练指导的相关事务。

我们的讨论结束之后，她找了一位高层主管来担任公司新设的首席运营官一职。这位新任首席运营官直接负责重要设备的管理事务、人才培育及教练指导事务。

浩然肯定知道自己该做什么，也知道自己忽略了对公司至关重要的任务，所以她才会感到挫败和焦虑。如果她知道自己不想做，她怎么没有授权别人去做?

其实，从我的经验来看，很多时候问题并不是看上去这么简单。很多管理者都知道自己的职责是什么，也清楚有些事情他们非亲自去做不可。但是，他们常常会无意识地选择和自己的兴趣、能力更相符的工作，而对那些兴趣不大或超出能力范围的工作则会不自觉地回避，或者直接忽略。

问问你自己，会不会无意中忽略了不喜欢的工作，而且也没有将这些工作授权他人去做？是不是将时间都花在了感兴趣的工作上，把其他不那么喜欢的工作放任不管?

当然，并不是说你手边的工作都必须很有趣才行，很多工作是艰辛而无趣的。管理者有些必然要去做的任务，比如决定薪酬、进行人事评估等，这些任务小则琐碎无聊，大则痛苦万分，而管理者要学会欣然接纳这些任务。

好领导都是“变色龙”

一直以来有个很流行的说法，叫作“做真实的自己”。听上去很酷，还有比做自己更简单的事吗？

事实上，对于管理者来说，做自己是远远不够的。工作环境和岗位职责会发生变化，这就要求你也要作出相应改变。员工具有差异性，因此不能用完全相同的方式管理他们。管理者需要随机应变，一种管理风格并不适合所有团队或所有情况。

实际上，“做真实的自己”并不是一个好的管理者该追求的，为什么这么说呢？

“做真实的自己”的前提，就是要知道“真实的自己”到底是什么样的，你能够讲清楚“自己”具体是指什么吗？

每个人都有多面性，都有很多个“自己”：在和下属相处的时候，你有专业、严谨的一面；和孩子相处的时候，你有天真、幽默的一面；和朋友相处的时候，你有随和、开放的一面……哪个不是你？哪个才是你呢？哪个都是你。

请想想，二十年前你最喜爱的电影是哪一部，而如今又是哪一部？二十年前你的偶像是谁，而如今你的偶像又是谁？二十年前你最重要的朋友是谁，而时至今日，你最重要的朋友又变成了谁？

答案的差异性一定会让你大吃一惊的。

除了“过去的你”“现在的你”，还有一个“未来的你”。人们对自己的身份意识不仅仅基于过去和现在的自己，还同样基于对未来自己的展望。潜在的自己对于目前的你来说是非常重要的，因为那个潜在的自己会引导现在的你的行为，从而使你渐渐地朝着理想的自己而努力。

“真实的自己”是多面的，动态的，那我们能拥有一个静态的真实的自我吗？

在不同场合下，我们的职责和我们所扮演的角色也是不同的。管理者要根据你所在的企业文化、团队风格来调整自己的策略和风格等。

成为优秀的管理者和做真实的自己之间并不矛盾。想要成为优秀的管理者，你必须培养很多原本不具备的特质，这些特质对你来说可能是全新的，很难接受，但你必须改变自己。做自己习惯的事情很容易，而不习惯并不是拒绝改变的借口。

当人们进入一家新公司或承担一个新岗位时，团队氛围、行事风格的不同是显而易见的，必须调整适应，在另一个地方有用的东西在这儿不一定适用，如果继续用过去有效的方式去做事，很可能会遭遇失败。

我们常常把自己擅长的和不擅长的事情区隔开，把我们的优点当成真实的自己，而将缺点归咎于意外情况。我们倾向高估自己的优势，那些被放大的优势让我们感觉非常真实，我们深信，擅长什么，就代表着我们是什么样的人。这种认知虽然能带来短暂的自我满足，但也会限制我们发掘自身其他长处、学习新事物的机会。

有时候，你不得不做一些不符合你本意的事情。比如你可能性格比较内敛，不太喜欢主动争取资源，这在一些相对温和、竞争没那么激烈的企业里是没有问题的，但如果你突然你去了一个新环境，这个企业崇尚竞争，大家都习惯于主动争取资源，在这样的环境里，你也必须改变行为方式：自信地陈述观点，并据理力争，这时候你感觉如何呢？你会有一种完全不是自己的感觉，但却可以学到很多东西，丰富个人体验。

其实，重要的不是我曾经是谁，而是未来我想成为什么样的人。充分了解自己所处的企业文化，也要充分地了解自己的岗位职责，然后对标自己的性格和行为特点，适合的要继续保留和发扬，不适合的，就要及时调整，短缺的，要尽快补上。

过分坦诚地说出自己的问题和弱点，会让自己看起来是个真实的人——很多人对此深信不疑。做一个真实的人，这似乎是最近几年的流行话题，有越来越多的言论鼓励职场人士“做自己”。解放自己，活得真实，这的确会让一个人变得更富创造性、对工作更有激情。

不过，坦诚也有限度，职场中的信任更多是为高效工作服务的，一些话也许是事实，但你不能说出来。“我觉得我是个很没安全感的人”“有时我觉得自己不配做现在的工作”“我觉得自己太情绪化了”等，如果你经常暴露出自己的真实感受，尤其是弱点，就会使你的可信度大大降低，继而让下属们觉得你不足以得到他们的支持。

“真实的自己”并不意味着你需要举着灯，把自己内心照得透亮，让人们一眼就能看穿你。没有必要把每一个想法和感受都和别人说。

> 高林是一位工作能力很强的新闻记者，他对主管唐为很不满。唐为是社交达人，特别精于向上管理，面对领导八面玲珑，却不太关心下属，对于他和他的同事们在采集新闻的外勤工作中想要的支持，唐为却没有提供。
>
> 有一次部门聚餐，唐为得意地问大家：“嗨，伙计们！我是个不错的主管吧？”还没等大家开口，高林答道：“如果你真正能关心大家，而不是只做个对领导阿谀奉承的人，那就是一个好主管了。”
>
> 顿时，空气被冻住了。

高林并不想失去这份工作，他只是想让自己的真实情感表达出来。

发泄一下情绪，表达自己真正的内心感受，这可能让你感觉良好。然而，如果对象和场合不适当，良好感觉会转瞬即逝，当你的行为所造成的后果出现时，这种感觉也就结束了。

过度坦诚，可能会让自己陷入无尽的懊悔深渊。

不要对不熟悉的领域有偏见

我们时常会遇到这样一类领导：他们带着鲜明的个人色彩，对未曾涉足的领域或职能部门抱持着固有的偏见。然而，对于自己熟悉的领域，他们却怀着强烈的好感。

这种主观性使得他们难以保持客观公正的视角，尤其是在评价其他部门时。举例来说，一位自前端业务部门成长起来的管理者，可能会因为过往的经历而对中后台部门持有偏见，认为财务部门过于短视，只知精打细算，或是人力资源部门的人员对业务一窍不通。反之，若管理者是从后台支持部门起步，他可能会对市场部门的人员形成刻板印象，认为他们只会夸夸其谈。

这种倾向性导致他们过度依赖自己熟悉的业务领域，过分看重曾经工作过的职能部门和人员，即便这些部门可能并非推动业务发展的关键，即便这些人员并非最优秀的人选。

小张是风控团队的负责人，他是从客户经理成长起来的管理者，年轻有为，市场触觉很敏锐。但在团队培养方面，他不自觉地以自己为模板，非常看重成员是否有客户经理经验，小张经常说："没做过客户经理的人，哪能做好风险管控呢？""没做过客户经理的履历是不完整的。"

在重要项目的安排上，更是优先安排给有客户经理经验的同事——即便他们并不具备丰富的风控经验。这种做法，激起了团队中其他成员的不满。那些缺乏客户经理经验的员工，感到晋升之路被封闭，甚至萌生了离职的念头。

作为管理者，应当培养一种更加开放和包容的心态，拓宽视野，与多元的声音和思维交响共鸣。这不仅意味着跨越业务线的界限，深入了解业务流程，更意味着对那些曾经陌生领域的积极探索与理解。

对于不熟悉的事务，我们应持有一种敬畏与重视的态度。要相信在某个领域有经验更丰富、专业知识更扎实的专家，尊重他们的见解，倾听他们的声音，有助于我们从不同的维度去思考，洞悉问题的本质。

拖累你的也可能是你的专业

管理者肩负着引领团队的重任，需要具备一定的专业水平和技能，以便在方向和策略上为团队提供明确的指引。他们需要能够一针见血地识别问题的核心，预见潜在的风险，并提供切实可行的指导。

这就要求管理者一方面对业务有深刻的理解和精准的判断力，以及超越团队的洞察力。如果管理者对业务的理解不够深入，或者缺乏必要的专业知识，那么他们的管理决策就如同"无本之木、无源之水"，难以产生实效。因此，不断提升专业素养，对于管理者而言，是确保其管理决策有效性的关键。

另一方面，如果过于依赖自己的专业，一直做自己最擅长的事，又会制约你的发展。我们经常会看到一些管理者就像“保姆”一样，团队的大小事都要过问和经手，把本属于员工的工作职责一手包办下来，他们有很多理由，比如时间紧迫、任务重要、等不及下属反复修改，承担不起事情做不好的后果等。

这时，管理者往往会成为实际团队目标的主力，而下属则沦为做辅助工作的助理。这种工作模式一旦形成，团队没有机会成长，对管理者就会形成依赖，迫使管理者一直忙于做自己擅长的事，忽略团队管理真正应该做的事。

另外，管理者会陷入“专业陷阱”还有一个重要的心理动机：做自己擅长的事情能获得快乐和自信。对于业务能力出众的管理者而言，更多的时候是忍不住要插手。很多销售人员在踏上管理岗位之后，会因为找不到类似“拿下大客户或签订超大单”的兴奋点，而在很长一段时间内感到失落和迷茫。技术管理者也是如此，因此会在自己原本擅长的领域投入更多心力，干预很多技术细节，或是干脆自己亲自负责。

做自己擅长的事情，会获得一种专业上的“自信”和“被需要”，这种感觉很让人着迷，然而管理者的身份和职责要求我们要不断跳出原来的舒适区，学习和尝试新的事物，毕竟走老路到达不了新的目的地。

摆脱“专业陷阱”，不只做擅长的事，是需要刻意努力的事情。有的管理者在尝试发展新的工作模式时，一旦碰到困难或感觉效果不好，就不自觉地退回到过往习惯的模式。发展新能力时会有一段“黎明前的黑暗期”，此时可能会看不到什么效果，甚至比之前更糟，只有一直坚持挺过去，才会看到黎明的曙光，成功发展出新的能力。

那些讨人嫌的“口头禅”

在管理实践中，部分管理者可能不经意间养成了某些口头禅，这些习惯性的言辞往往会在无形中引发团队成员的抵触情绪，而管理者本人却未能察觉。

> 小周的职场生涯迎来了一次重大飞跃，从粤北一个规模较小的分公司，一跃而成为华南区域总公司的一员。他怀揣着满腔热情，渴望迅速融入这个新环境，与团队成员建立起紧密的联系。然而，每当团队讨论问题时，小周总是迫不及待地以“我在粤北的时候……”作为开场白，随后便滔滔不绝地分享他在粤北分公司的经历和所谓的“宝贵经验”。
>
> 久而久之，“我在粤北的时候……”这句话几乎成了小周的标志性口头禅。每次他这样说，团队成员之间便默契地交换着无奈的眼神，心中暗自叹息：“唉，他又开始了。”这种频繁的重复，不仅让讨论的氛围变得尴尬，更在无形中积累了团队成员对他的反感和不以为然。在他们看来，小周所来自的粤北分公司，销售业绩平平，其所谓的“经验”在华南这个竞争激烈的大舞台上，似乎并不具备多少说服力。
>
> 这种心态的积累，无疑给小周在新的工作环境中的融入带来了不小的障碍。

口头禅作为一种语言习惯，往往反映了说话者的思维模式和行为倾向。当管理者频繁使用某些特定词汇或句式时，这些口头禅可能会被团队成员视为思维固化、心态封闭，从而产生厌倦感。比如，管理者如果总是用“必须”“绝对”等强硬措辞，可能会让下属产生逆反心理，不仅影响团队的和谐氛围，还可能削弱管理者的威信和领导力。

管理者可能会觉得很委屈：“我之前的确有成功的经验啊，难道不能说吗？”

当然可以说，关键是以什么样的方式来说。表达的目的是解决眼前的问题，不是炫耀过往的成绩。因此，你的表达要着眼于“当下的解决思路”，而不是“过去的辉煌”。

比如，小周可以这样说：

- 关于这件事，我的看法是……（直接陈述自己的观点和解决方案）

不要刻意强调：

- 我在粤北分公司的时候……（讲述过往的案例细节）

你看，这样既表达了自己的观点，又不至于让人感觉不舒服。说到底，对于过往的高光时刻，管理者要真正从心理上放下，不要陶醉在过往的成功迷雾里。

作为管理者，我们会影响到身边的团队。他们能捕捉到我们发出的每一个细微的信号，不管我们是有意识还是无意识发出的。这些信号可能会令人沮丧，产生距离感或困惑。因此，对自己微妙的语言和行为有更高的感知，消除有害的行为模式，这是非常关键的。

从一般员工到团队管理者，并不是一个自然过渡的过程。需要克服惰性和偏好，改变过往的习惯，去探索和建立新的行为路径，这是一个需要刻意努力的过程。

只有头衔是远远不够的

有一些管理者，他们身居高位，有着光鲜的头衔和职位，但他们只关注自己的利益和光芒，不培养团队，不关心员工，尽管他们自我感觉良好，但他们很少得到别人的尊重，他们的影响力也很有限。

获得职位，不代表就获得了领导力。真正的领导无关乎头衔，而在于管理者的态度与行为：怎么激励身边的人，一块朝共同目标迈进。如果他的工作意义非凡，为员工创造了价值，那么有没有头衔也是无关紧要的了。

你听过驴子和佛像的故事吗？

有一头驴子，成天关在庙里拉磨，生活了无生趣。有一天，方丈让它驮一尊佛像下山。当它踏入熙熙攘攘的街道，意想不到的事情发生了：人们纷纷向它鞠躬致敬，仿佛它不再是那头平凡的驴子。这份突如其来的尊崇让它心花怒放，误以为自己已化身为神。

> 回到庙里，它拒绝再承担任何劳作。方丈无奈之下，只得将其放归自然。
>
> 它再次回到闹市，昂首阔步地站在市集的中心，期待着人们的膜拜。然而，它不巧挡住了迎亲队伍的去路，结果换来的是一顿无情的鞭打。

下属听从的可能不是你，只是岗位授予你的权力，而真正的领导力是什么？是即使你不在这个位置，说话也能掷地有声的影响力。

最简单粗暴的方式，就是靠职权威压去完成工作，因为只要坐上那个位置，人人都能办到。而无法靠职权完成的工作，才最考验一个人的影响力。

管理者与成员之间的关系，到底是你在上面，他在下面，还是你从内心深处认为，你们两者之间是平等的？

职级本身就是权威，具有一种强制力。身居上位者很少有人承认自己在心态上也是居高临下的，但下属们却很清楚：哪位领导是真的平易近人，不把自己当回事；哪位领导总是习惯性地强制你认同他，那些表面上的谦逊不过是摆摆样子罢了。

权力不等于影响力。不是说你身居高位，人们就自然服从；不是说你身居高位，你就能掌控一切；不是说你成为领导之后，就可以无拘无束。职位是组织赋予的，但真正为你赢得尊重的，是你的行为。

彼得·德鲁克对领导力是否有效，有一个简单的描述，或者说衡量：离开一家公司时还有多少人愿意追随你？从这个角度，领导者不妨想一想，你的人际影响力足够吗？

很多领导都有一种错觉，以为手上的权力越大，说明自己越有能耐。不要滥用你的权力，更不要迷恋你的权力。永远不要相信你的职位是你应得的。领导力不是权力，而是一种责任。你必须不断努力，使自己实至名归。

去掉领导的头衔，你拿什么服人？

第十三章　能力模型：专业和管理哪个重要

晋升为团队管理者后，许多人会迅速察觉到自己原有的知识与技能似乎不足以应对新的挑战，与新角色所要求的标准存在一定的差距。以领导一个营销团队为例，你可能会发现自己在人事管理和财务知识方面的不足。同样，当你试图解决某个业务难题时，可能会意识到自己从未全面审视过整个业务流程，而这种全方位的视角恰恰是解题的关键所在。

这确实让人很受挫。

你不必是最聪明的那个

一些管理者，会担心如果暴露自己并非无所不能，承认自己不懂如何解决问题，就会被下属鄙视，就不会受到尊重，所以一遇到问题就惴惴不安，担心会暴露自己的弱点。

实际上，没有人能够做到无所不知，即使最优秀的管理者也有自己的盲点。你之所以成为管理者，不是因为你能够解决所有的问题，而是因为你可以通过团队来弥补自己薄弱的地方，让合适的人做合适的事，让自己专注于发挥优势。

首先，要敢于说“我不懂”。不要害怕承认“这不是我擅长的”，在当今的商业环境中，变化无处不在、无时不在，总会遇到新鲜事物。大胆承认你不是无所不知的，面对现实，问问别人的想法。你可以这样说：

- 我没有类似的经验，你有吗？
- 你之前是怎么处理的？
- 我们可以一起努力来想想办法。
- 我不知道这个问题的解决方案，但我可以帮你联系知道如何处理这个问题的人。

如果你不理解别人对你说的事情，千万不要不懂装懂。一定要刨根问底搞清楚，不要自己猜测。如果你仅凭猜测行事，然后出错，不仅达不到工作目标，而且还会损害你的可信度。

刚刚晋升为管理者的时候，我曾天真地认为一个优秀的管理者必须要随时能给下属答案，很快我发现自己做不到，但是又不敢承认这一点，害怕自己不是一个优秀的管理者，也怕别人知道我不知道，于是就竭力地去伪装，遇到不懂的事情就大谈特谈一些空洞的概念，或者环顾左右而言他，想要掩饰过去。

然而，我的伪装并不高明，别人往往听得一头雾水，并不能从我的话语里得到什么有价值的信息，我自己也倍感沮丧。毕竟，“伪装”的感觉并不轻松，让人心虚和懊恼。

后来，我逐渐意识到，管理者不需要成为团队最聪明的人，而是能够把那些“知你所不知”的人才凝聚在一起，我就不再执着于知道所有答案，而是召集大家一起解决问题。这改变了我的领导力，也让我倍感轻松，不用再装作无所不知，反而省去了很多能量的消耗，可以聚焦于问题本身。

当你承认自己在某些方面不懂时，你会更用心地倾听，提出更多的问题，在实践中检验新理论和方法。最终，你会找到高效工作的新途径。

领导并不一定需要知道所有的答案。不要浪费时间和精力试图让别人认为你是完美的。每个人都会犯错，不可能回答或解决每个问题。

当然，承认有些东西自己不懂，这对于自我价值感很强的管理者来说，确实是一个不小的挑战。但是这种开放的心态，会让你获益匪浅，学到更多东西。

很多时候，管理者碍于面子或因为其他原因，在遇到难题或超出能力范围时，只想靠自己解决，不愿意向员工暴露自己无助的一面，这其实是不成熟的做法。成熟的做法是以结果为导向，想尽一切办法去解决问题，包括向员工求助，敢于向员工求助的管理者，更能受到员工的好评。

谭岳几乎每天晚上都要加班为客户会谈做准备。只为在客户提出任何问题的时候，都能给出“完美”的答案。他每天工作时长至少 12 个小时，即便在周末也是如此。

"太累了，而且很多晚上，我都会失眠。"他告诉我说："我总是一刻不停地思考，生怕忘了什么事。"

我让谭岳说说他对"领导"的理解。"专家"是他给我的第一个关键词——这一个词就很明显地告诉我们，到底是什么让他如此倍感压力。

思考一下：在这个瞬息万变的社会，怎么可能保证成为一名"专家"，将一切都了然于胸呢？如果有这种持续不断的压力，又怎么可能在晚上安然入眠？

最重要的突破在于：从想要成为一名专家，转变为想要成为专家们的领导。

谭岳一下就被点醒。在他过往的职业生涯中，他一直坚定地认为，只要自己知识量足够，他就可以成为一名杰出的领导。当他将领导的定义从成为一名专家转变成领导专家的时候，他就发现，自己身上的重压终于卸下去了。

不用时刻都给出完美的解决方案。他可以将工作重点放到向"专家"们提问，而不是自己作为"专家"指导他人。

谭岳可以轻松自如地参与客户会谈了，因为他知道自己随时可以从团队成员中找到一位相应的专家来解答对方提出的任何问题。

这种新的行为模式，可以让他变得更具战略性，少一些亲力亲为的细节工作。可以与自己的团队成员之间培养更多信任。

所以，你不必在意解决问题的是谁，重要的是问题能被解决，这是实现目标的另一种思维方式。我们看到，很多管理者开始发生这种转变时，整个人似乎都变得更"智慧"了，因为他将不会受到自己的局限。

专业并非做好管理的唯一前提

兰渝刚刚晋升为资金业务部的经理，喜悦之后是深深地担忧："我只有市场营销的经验，对资金业务几乎没什么了解，好担心胜任不了怎么办呢，压力太大了。”

好朋友媛媛马上说：“别担心，做管理不用懂业务，你把人管好就可以了。”

做管理不用懂业务，真的可以吗？

与之类似的说法还包括：技术管理者或更接近业务的偏一线管理者，需要懂专业或业务，但层级更高的综合类管理者，则可以只做管理，不用懂业务。

事实真的如此吗？

我们身边就有这样一些管理者，他们因职业发展需要，转换了业务领域，虽然有一定的管理经验，但不熟悉他们负责的业务。结果呢，因为专业或业务能力的缺失，他们的管理浮于表面，就像高手出拳没有了内力只有招式，无法获得实质性的成效。

老康曾长期深耕制造领域，因岗位调整，到了计财部工作。这对于从未涉足计财领域的他来说，无疑是一次艰难的跨越。缺乏基础专业知识的支撑，使得他在日常的会议中感到困惑，听同事汇报工作时如坠云雾中，向领导汇报时更是小心翼翼，每次都依赖别人精心准备的发言稿，并细致标注每个细节，方敢上台汇报。会议期间，他还要求同事们保持通讯畅通，以便在遇到不解之处时，能够即时求助。

通常情况下，新任管理者，尤其是跨领域调任的管理者，会享有1至3个月的宽容期。在这期间，即便管理者的专业水平、决策能力有所欠缺，甚至犯下一些小错误，团队成员也会给予理解和宽容。然而，一旦宽容期过去，如果管理者仍停滞不前，对其水平和能力的质疑声便会四起，这将对工作的正常推进产生严重影响。

在这个崭新的业务领域，老康作为新手，本应把握机会，迅速学习，尽快掌握新的业务知识，并深入理解各部门业务流程的内在联系。然而，老康并未抓住这一机遇，反而始终带着强烈的畏难情绪，一旦遇到问题便推脱：“我是新来的，没有办法呀。”

在日常工作中，他也无法提出明确的建议和指导，面对同事提交的方案，他只能含糊其辞，说些空洞无物的话。一旦工作出现差错，便立刻将自己撇清："唉，你们怎么总是误解我的意思，犯下如此低级的错误！"

同事们对此心怀不满："你的意思？你什么时候表态了？"

甚至一年过去了，老康依旧以"新来的"自居，每当需要发言时，都提前让同事准备发言稿，自己则低头念稿。若在现场遇到新问题，他便立刻在线求助同事。

同事们的心态也从最初的包容，逐渐转变为鄙夷：什么都不懂，凭什么你能成为领导？

这类管理者最常见的一些典型表现包括频繁开会、热衷于抓进度、制定各种行动方案。然而，他们往往与员工的日常工作脱节，很少深入探讨具体的客户需求或项目细节。

当团队就具体的客户或技术问题找到管理者时，通常管理者给出的是极为抽象和宽泛的建议，道理听上去都对，却缺乏实际操作的可行性。

管理者如果不懂业务，就无法给团队带来积极的影响和推动作用，管理效果肯定会大打折扣，即使团队在短期内业绩表现能达标，也不是管理者的功劳。在一些专业性比较强的领域，管理者可以不是业务专家，但对于核心业务还是要积极学习和了解，不要心安理得地做一个"门外汉"，以"外行"指挥"内行"，反而可能因为瞎指挥而给团队拖后腿。

管理者要懂专业，并不是说管理者自己要解决具体的问题。管理者需要做到的是专业引领，这意味着管理者要给出专业的洞见和判断，帮团队指明方向，做出指导，而不是运用个人专业能力解决具体问题。

想想看，如果你在听下属汇报工作时，不知道别人在说什么，听得云里雾里，无比心虚，你还能给出合适的意见和建议吗？敢作出决策吗？

管理者要基于专业，但又不囿于专业。这要求他们凭借丰富经验的积淀，对所掌握的专业知识和技能进行精炼与升华，从而总结出一套行之有效的解决问题的思路，乃至形成一套方法论。这不仅是对管理者在专业深度与广度上的双重考验，更是他们能够引导员工，授之以渔而非"鱼"的关键所在。

以专业打造“光环效应”。你可能不是所有领域的专家，但是拥有某些专长将对你非常有利。大多数管理者都是从某个专业领域里面的优秀人才开始职业生涯的，比如在财务、运营、营销、工程或法律等领域的专业知识，使你可以问出一些专业领域内有深度的问题，给下属提意见也会更有的放矢，这会让周围的人更信任你。

在日常工作中，并不是所有的事情都清楚明了，管理者不可能事事都懂。但一个优秀的管理者非常懂得如何找到关键问题，诊断问题，想出行动计划。

找准主线便能明确方向

这是一切工作的出发点。管理者要非常清楚自己的核心工作是什么，关键目标是什么。遇到棘手难以决断的问题，面对纷繁复杂的各种细节，就可以以关键目标为坐标轴进行思考：

- 这件事和核心目标有什么关系？
- 是否一定要做？
- 做了有什么利弊？
- 有没有更好的方法？

问了这几个问题，我相信你会有一个基本的判断和选择，而不至于让自己慌乱无措。

如果你搞不清楚自己的核心工作是什么，在需要抉择时就失去了可以对标的主线，可能就会内心空空，又担心别人知道你无法作出判断，所以更加焦虑。就像在荒野中迷路一样，如果我们不知道自己要去哪里，那就永远无法走出荒野。

如果人们怀疑管理者的能力，或者认为他们的管理者不胜任时，就会从心底轻视和拒绝这个人，这会导致随后的工作难以开展。

领导力指的是管理者带领团队达成目标的能力。这种能力激发人们的信心——管理者将能够带领整个组织迈向它所需要去往的方向。一个管理者不必样样精通，如果他什么都懂，那么他为什么需要追随者呢？

当人们谈论一个有胜任力的管理者时，他们并不是特别强调管理者在专业上的能力。管理者需要对行业、市场或专业服务有基本的了解，有相关的经历，但当管理者在组织中不断晋升时，他就很难成为最具专业能力的专家。

职位越高，越难以成为某个专业方面的专家，也不需要成为“专家”型管理者，对领导者而言，管理岗位的复杂性和多职能性，使得专业的重要性降低了。相反，对管理者的资源整合能力提出了更高的要求。

管理者所需能力，随着其职位和组织环境的变化而呈现出不同的侧重点。比如，对于那些身处高层管理岗位的领导者而言，他们必须具备战略眼光和决策能力，以引领组织在复杂多变的商业环境中稳步前行。

而对于那些在市场前沿或直接面对客户的领导者，他们的能力要求则更为具体和实际。与那些专注于中后台管理、计划财务和内控合规的同行相比，他们需要更强的产品管理能力，以确保产品能够精准地满足市场需求，从而在激烈的竞争中脱颖而出。

在高科技领域，管理者的角色同样具有其独特性。虽然一个高效的管理者不必非得是编程领域的专家，但他必须对电子数据交换、网络技术、云计算及互联网的商业应用有着深刻的理解。这种理解不仅限于技术层面，更应扩展到这些技术如何影响商业模式、市场策略及客户互动等商业层面，从而确保组织能够在技术革新的浪潮中保持领先地位。

总之，管理者的能力构建是一个动态的、适应性的过程，它要求管理者不断学习、适应并引领变革，以确保组织的长远发展和持续成功。

发挥优势与补齐短板需兼顾

每个人都有自己的优势，也有自己的短板，新晋的管理者可能会面临这样的困境：是应该集中精力改正缺点，还是应该努力增强优点？

这并不是一定要做非此即彼的选择，主要是看你当前的岗位职能是什么，岗位职能同你自己的个人特质之间的匹配度如何。比如，你做了财务部经理，但你之前对财务的了解不够多，那就要花时间补短板，即便不能成为专家，也起码要明白财务工作的基本框架、核心要务，否则别人向你汇报工作你可能都听不懂。

在保证基本能力匹配的前提下，尽量发挥自己的优势。在考虑自身优势与特点的情况下，你应该为更好地履行职责设定具体的目标和要求。

有些事情即使你本身抗拒去做，但是因为岗位职责的要求，你也要要求自己去做。比如很多人比较宅，或者觉得自己性格内向，不愿意主动社交，但如果你的岗位职责要求你要适度地去社交，建立人际关系，那你就要克服自己的“抗拒”情绪，主动参与社交。

在履行岗位职责的时候，不要带太多个人化的、情绪化的东西，我喜欢这个人，我讨厌另一个人，你一个人的时候，可以这样想，也可以这样做，但是当你履行的是岗位职责的时候，就尽量以专业化的态度，少一点“爱恨情仇”，以成熟的态度来面对人和事。

把自己的个人情绪和岗位职责分开的时候，做起事来会更加清爽，不会让自己过于纠结，也不会因为自己的个性原因而无法充分履行岗位职责。

我们会因为之前的优秀表现而获得晋升，但是之前的技能和方法并不能完全满足新岗位的要求，管理者在面对一个新的岗位职能的时候，要根据岗位的要求，敢于打破自己的边界，走出舒适区，这是一个优秀管理者的必修课。

普通人也能学会的领导力

什么是领导力？

自己埋头苦干，叫努力；把身边的人、事、物，为自己所用，叫领导力。

领导力是整合资源的能力。依靠你一个人的力量，可以取得 80 分的成绩，但通过整合资源、借助外力，你就有可能取得 100 分的成绩，领导力可以帮助你调动更多资源，达到事半功倍的效果。

像学习任何技能一样，没有一蹴而就的能力提升之道，从知到行，需要投入大量的时间。对于管理者来说，这是一个持续学习的旅程。成为优秀的管理者首先意味着成为更好的自己，领导力的提升过程也是自我完善的过程。

1. 成长型心态

尽管有些人可能“天生”更适合当管理者，比如他们拥有高影响力和人格魅力，使人愿意追随，但大部分管理者在职业早期都会经历一些“抓狂”的时刻，我们需要做的就是：面对它、适应它、跨越它。

培养成为终生学习者的能力，始于斯坦福大学心理学教授卡罗尔·德韦克所称的“成长型思维”。这种心态她说是基于一个信念，即你的基本品质是可以通过后天努力培养的。拥有成长型思维的人，相信可以通过学习成为更好的领导者——领导者是后天造就的，而非天生的。

她把这种心态与“固定化思维”进行了对比。后者相信“你的品质是先天刻在骨头上的”。拥有固定化思维的人认为，领导者是天生的，无论怎样的培训或经历都不会让他们超越他们天生的样子。

如果你认同领导者是天生，才能是天赋的这种观点，你很可能会避免挑战，在事情出现困难时迅速放弃，会认为在培训上投入任何努力都是浪费时间；你会坐等你的才能自然地发芽、开花，并希望处在一个匹配你技能的合适位置和合适时机。

如果你一开始就具备一个信念，即相信不管你现在的能力水平如何，你可以学习新的技能，那么你更可能会付出努力，更可能寻找和接受挑战，在遇到障碍时坚持不懈，在遭遇挫折时百折不挠，把你的努力看作提升领导力的必经之路。

在领导能力方面，一些人确实要比另一些人做得更好一些，但我们不能因此就把领导力看成与生俱来的天赋。

和员工谈话是管理工作的一个重要内容。回想一下，你刚做管理岗位的时候，可能一想到要找员工谈话就很焦虑，不知道说什么，担心自己会搞砸。但是，经过几年的历练，如今的你开展一场员工谈话可以说是驾轻就熟，不仅能够很好地激励员工，而且自己基本没什么多余的心理负担。

这个过程中发生了什么？你一直在成长，你的领导力水平有了很大的提升。

2. 用心观察

观察是领导力精进的关键。那些处于领导地位的人怎样应对挑战呢？如果你很幸运，能在一个能力超强且和蔼可亲的领导手下工作，那么请注意观察他如何解决问题、如何与相关人员交谈。

如果你与一位难以相处的领导一起工作，你就可以从中汲取一些非常深刻的教训。你也要观察这样的领导如何解决问题、如何与人交谈。然后，你要把这些例子整理归类，并注明在处理类似情况时应避免哪些做法。

为什么有的领导特别优秀，不断带领团队创造纪录？为什么有的领导只会用权威来管理？仔细观察，然后分析不同的行为方式产生的积极和消极后果，这一过程即“思考”。

3. 从坏到好

我见过很多优秀的管理者，他们的领导力也不是一开始就很高超的，而是经过长时间有意识地积累和学习，才逐步提升的。这个过程中的差异就是有的人提升得快，有的人提升得慢，这跟每个人的学习能力是息息相关的。

管理不是件容易的事，你会犯很多错误，做出许多糟糕的决定，遭受许多打击……最终，通过做错事来学习如何做正确的事，从困境中学习，你会获取更多智慧。

领导力并不是天生的品质特性，要记住一个基本的事实就是在领导力的道路上，没有人是一开始就站在金字塔的顶上，也不是一起步就跑在了队列的最前面。胆怯、迷惘，甚至焦虑会时时伴随我们左右。

领导力来自日积月累，而非一日之功。无论你多么迫切地想成为一名优秀的领导者，都需要花费时间来提高你的领导力技能。

在过去的管理经历中，每当踩到一些坑，觉得自己吃一堑长了一智，结果呢，又会有另一个坑在前面等着。不过，你一定会慢慢找到感觉的。

一个管理者的自我修炼

我们先来玩一个小游戏：

- 12只青蛙坐在一根木头上，其中7只决定跳进池塘。还剩多少只青蛙坐在木头上？

你的答案是什么？是7只、5只、12只，还是没有？

正确的答案是12只。

为什么？因为7只青蛙只是“决定跳”，但并没有真正跳。

决定和行动有极大的区别，想做和去做是两回事儿。

想成为一名优秀的管理者，就要让学习领导力成为一种日常习惯。领导力的提升并不是一蹴而就的事情，需要自觉地每天去践行。

每天，我们都有很多机会去做出改变，可能是一次与下属的谈话，或者是一次跨部门的会议。当你在一次关于新产品的会议讨论中发言时，当你听下属讲述一次冲突时，机会就来临了，每个这样的时刻都会帮助你留下成长的印记。

在实践时要不断复盘，抽出时间来反思一天的工作，问自己几个问题：

- 我今天领导得如何？（如果满分是10分，你会给自己评多少分）
- 我为什么给自己这一评价？（列举出你得出这一评价的具体细节和事例）
- 成功做到的事有哪些？
- 想要改进的事是什么？如何改进？

比如说，我以自己某一天的工作情况进行复盘：

1\. 评分是多少？

我给自己的评分是7分。

2. 我为什么给自己这一评价呢？

我尝试在和员工的对话中更用心地倾听，但我发现自己又习惯性地打断了别人的话。

3. 做得好的事情有哪些？

- 当众表扬了小蔡，小蔡挺开心的。
- 一听到项目有拖延，下意识地想发火，但能够马上控制住情绪，耐心地了解了原因，做了一些调整，保障项目结果可以如期交付。

4. 想要改进的事是什么？如何改进？

- 和员工谈话时，设定的目标过于宽泛，需要更加清晰和精确。
- 开会时专注。会前需要先调整好自己的心态，这样我就不会在会议期间因思考其他工作而分心。自己的注意力集中程度，并进行调整。

在很多管理者身上，我们经常发现这种现象：有时候，可能正是一些受到肯定的强项，突然之间变成了阻碍我们的短板。如果很好地完成了一件事，通常就会倾向于复制这条路径，因为我们在这件事上尝到了甜头，这种做事方式就会渐渐成为一种习惯。但是，当情况发生变化时，同样的能力可能就不再适用了。因此，在复盘时，一定要坦诚地面对自己。

同样地，我们也应该不断发展和拓宽对自身的理解和认识，放下一些带有局限性的观念，不要轻易给自己贴标签。

比如有的管理者会说自己“不善于表达”“不懂得表扬别人”，可能你过去的确是如此，但是作为管理者，你需要“善于表达”“懂得表扬别人”，这就需要我们改变思维模式，你可以说自己“过去不善于表达”“过去不懂得表扬别人”。从现在开始，就要不断地调整行为模式，直到内化成新的习惯。

你是谁不等于你将成为谁

如果你问一个 20 岁的人，接下来的十年里，是否会像过去的十年一样继续改变，他会告诉你，这是不可能的。

如果你问一个 30 岁的人同样的问题，他会告诉你，他在 20 岁到 30 岁的十年里发生了巨大的变化，而现在的他不会再改变。

40 岁的人会怎么说？恐怕你已经猜到了。他在 30 岁到 40 岁的十年里发生了巨大的变化，但展望今后的日子，似乎一切会变得更稳定。

无论年龄大小，几乎所有人都是如此。我们知道过去的自己改变了很多，但是现在的自己好不容易安定了下来，终于可以长舒一口气，不会再改变了。

事实上，在这一点上，我们总是错的。在现在固化的自我和过去进化的自我之间，我们画了一条鲜明的分界线。总是本能地认为自己已经完成了蜕变，未来不太可能再改变。

- 苏珊在她的职业生涯旅程中，一直与内心的不自信作斗争。她常常听到这样的建议："你需要更相信自己，更坚定地表达你的观点。"每当这时，她总会不自觉地回应："嗯，我明白，但我天生就不是那样的性格。"这番话让她感到更加沮丧和焦虑。
- 然而，当她开始转变态度，告诉自己："我或许目前还不是那样的人，但我正朝着那个方向努力。"通过这种微妙的语言转变，苏珊不仅在心理上获得了安慰，也在实际行动上展现出了更多的自信和果断。

注意"我本来就不是一个自信的人"和"我暂时还不是一个自信的人"之间的区别。第一句意味着已经给自己贴上了标签，而第二句则意味着正在走向另一种可能性。也许不久的将来，苏珊会成为那个自信的人。

我们都应该思考一下：接下来，我想成为一个什么样的人。这样，我们就不会陷入"已经完成蜕变"的思维误区，我们的未来会有更多可能性。

很多企业高管，尽管他们已经拥有数十年的管理经验，但并不能保障他们在面对新的问题时，仍能游刃有余。管理工作十分复杂与艰辛，即便是最能干的那些管理者也需要持续不断地学习，因为商业环境、下属、组织氛围都是动态的。

你想成为什么样的人、什么样的管理者？

要成为更好的管理者，你必须放弃心中的成见，接受改变和挑战，打破做事情的常规方式。走出你现在所处的舒适区，成长才会发生。

优秀管理者都擅长演讲

作为管理者，需要具备一些基本的技能，比如演讲。不管你之前作为个体贡献者是否擅长，但作为管理者，这项技能需要刻意培养和练习。

优秀的管理者都有很好的演讲能力，特别是那些著名的政治家，无一例外是演讲高手。演讲的作用在于让他人明白你的观点，并鼓励他人认同这些观点，这是提升影响力的重要手段。

想想我们过往忍受的那些沉闷的演讲，许多管理者在该项技能上表现得比较糟糕。学会有效的演讲技巧，可以让你充分地展示自己，为个人形象增加魅力。

1. 扔掉文稿

拿着稿子上台演讲会让你显得非常僵硬。如果你对自己的演讲没有信心，那么可以提前写好稿，记住你要阐述的核心内容，开头以故事的方式吸引听众，过程中要和听众保持眼神交流，让他们觉得你是在说话，而不是在背稿。

2. 有针对性

弄清楚你的受众是什么人，他们需要听到什么，他们最关心的是什么，这样就可以让你要传递的信息更加精准、简洁。

3. 专注目标

演讲时，把注意力放在要传达的信息上，不要去想“我表现的怎么样”，观众是来听你演讲的，你需要给他们提供信息、说服他们。越是关注你需要完成的任务，你就越能放松下来。演讲的中心是你要传达的信息，而不是展示自己。

4. 熟能生巧

即使最擅长演讲的人，在最开始学习演讲的时候，面对观众也会紧张，你可以从简短的演讲开始，比如先尝试对着3个人讲，再慢慢扩展到10人、20人……你做的演讲越多，演讲就越会成为普通的、日常的事情，你的信心与专业度会逐渐提升，你也可以从演讲中找到乐趣。

我们单位有个领导，明明能力还不错，但每次公开讲话都让人挺无语的。每次都只是在念别人写的稿子，在大屏幕上播放了几张幻灯片，很少看下面的人有没有在认真听，从头到尾都不会换音调，也不会插入一些即兴发言来给听众们提神。

有一次，在一个领导力项目中，一个教练提了个建议给他，希望他能提升一下自己的演讲水平。他的回答是："哎呀，我不是专业的演讲家，所以不擅长这个。"

他这是在告诉别人，演讲不是他这个管理者的真正工作，他把这项任务和他的其他工作划清了界限。身为一名管理者，他坚信自己的专业性毋庸置疑。然而，在演讲的舞台上，他给自己的定位就是业余选手，认为只要大致过得去便已足够（坦率地说，他连这个水平也没达到）。他在这方面的自我期许便是：平庸即可。

我们都倾向于将擅长的领域与不擅长的领域分隔开来，将我们的优势视为真实的自我。那些弱点，则被我们视为意外的插曲，它们仿佛属于某个遥远的陌生人。就这样，我们赋予自己业余选手的称号，获得了一张"差不多"的通行证。

我们或许在某些领域表现得极为专业，但在追求成为理想自我的道路上，却显得如此业余。我们需要摒弃这种扭曲的观念，至少要努力缩小专业与业余之间的鸿沟，以期成为那个理想的自我。

在某一方面做得好，并不能成为另一方面做得差的借口。

第十四章　有效平衡：领导和下属的需求冲突

作为管理者，既要对上级负责，达成工作目标，又要服务好下属，带好团队。然而，领导的要求和下属的诉求难免有发生冲突的时候，遇到这种情况该怎么办呢？

缺乏领导力的人才会对抗上级

有的管理者搞不清自己的角色定位，把自己视作替下属打抱不平的“正义代表”，时时刻刻护着团队，将所在团队经营成自己的“一亩三分地”，筑起护城河，没有大局观。

> 小朱很苦恼地说：“我得跟我的老板谈谈，让他知道我的团队里人手不足，老姚跳槽之后一直没有补新人过来，我们现在的工作压力太大了。”
>
> 小朱向来工作出色，人缘也很不错，老板相当器重他。然而，老姚跳槽之后，公司决定调整结构，不再照以往那样补人，这让小朱压力很大。
>
> “你按照老板的要求重新调整团队职责了吗？”我问。
>
> “现在太忙了，根本顾不上这些。两周前我就跟领导汇报了，现在我自己补上了老姚的空缺，做了老姚原来的活，这样团队才维持正常运作。所以，我根本没空考虑职能调整的事。”
>
> “但你的职责是领导团队，而不是干办事员的活。那你要求你的团队做了什么呢？”
>
> “要求他们？大家已经够忙了。即使老板不开心，我也必须要反馈，我们就是要再补一个人，否则没法开展工作了。”
>
> 显然，小朱是想得到我的支持，让他坚定自己的想法，为他自己和

团队去和老板谈判。

然而，在我看来他的想法并不明智："如果我是你的老板，你这样做，我可能会换了你。"

"啊，为什么呀？我讲的都是事实呀。"

"首先，你并没有照着老板的要求去做，尝试着调整一下团队职能和分工，没有尝试就抱怨做不了。没有执行就讲困难，哪个老板会喜欢这样的下属呢？你要帮老板解决问题，而不是制造问题。"

"但是，我要为我的兄弟们说话呀。"小朱急了。

"这完全是借口。你说你的团队已经满负荷工作了，你没有要求他们做任何事来提升工作能力，一味地帮他们说话，替他们出头。这一切都是因为你认为减人行不通，一旦分配更多的工作，你的手下就会有意见。但你自己根本没有意识到这一切。"

小朱看似是一名正直无私的领导，他为了手下团队而与他的老板甚至整个公司作对。他这样护着自己的团队，难道不对吗？

错！而且错得很离谱！

管理者的职能是带领团队达成组织的目标，而不是讨好下属，一门心思地护着团队，任由他们不作为。小朱原本可以带领团队创造更大的辉煌，使自己成为一名更有成就的管理者。他却选择去对抗上级，维护下属，而不是对下属提出更高的要求。

小朱以为他在为自己、在为团队做好事的时候，却忽视了自身职能的一个很重要的维度——向上负责，团队管理者除了关注自己的小团队，更要有大局观念，即你的小团队所在的大团队的利益是什么，局部利益要服务于整体利益。

小朱真正应该做的，不是只考虑自己的"小团队"，还要放眼于更高维度的团队利益。不能只为"兄弟们"说话，还要服务于组织整体的利益，通过对下级提出更高的要求来满足组织发展的需求。"皮之不存，毛将焉附"，没有组织整体的发展，小团队也将难以为继。

对于小朱的领导来说，要统筹全局，面临着更大的目标压力，需要下属各团队一起努力才能达成，对小朱这样的管理者的期望就是有效激励团队，遇到困难努力克服，而不是讨价还价，一堆借口，不仅没有成为实现目标的助力，反而成了阻力。

管理者无视组织的发展目标，一门心思讨好自己的团队，啥事也干不成，你觉得这样的管理者称职吗？公司为什么还需要他呢？

如果小朱意识不到问题的严重性，那么他的职业生涯也将岌岌可危，没有哪个领导会喜欢一个老是找借口、达不成目标的下属。

团队潜力就这么被压制了

你的手下需要的不是讨好和维护，而是对他们能力充满信心的领导，对他们提出更高的标准，鞭策他们不断进取，使得团队成员具备更强的能力。这样的领导可以使团队成员在面临艰巨的挑战和困局时振作起来，并变得更为强大。

当你试图维护团队的时候，就夺走了一切希望。你是在告诉自己和手下的团队，你们都十分无能，也根本没能力干好工作。

那些成功的管理者明确地知道，提高要求和讨好维护是两种截然不同的行为，他们往往会选择对团队提高要求。因为他们知道适度地鞭策，能激发他们的潜力，帮助他们取得成功，从而让团队感受到工作的成就感。

小朱与他老板的矛盾在于员工减少了，但工作量不变，他担心公司给他的团队分配太多工作。工作怎样进行重新分配及是否能顺利完成显然他还没有真正思考这个问题，他只希望一切维持不变，所以干脆拒绝一切尝试。

意识到自己的问题之后，小朱很快做出了调整：他从具体的工作中抽出身来，冷静地分析了现有团队的特点，他发现表现最优秀的琳琳完全有能力承担更有挑战性的工作，而琳琳的一部分案头工作可以分配给另一位同事小丹。

> 确定了方案之后，小朱马上找琳琳和小丹进行了沟通，两位同事都欣然接受了，特别是琳琳，觉得自己终于有机会接触新的项目了，很开心。

有的管理者太想要取悦团队，以为不给团队压力和挑战就能让团队满意，但事实并非如此。团队的凝聚力是在共同面对挑战的过程中产生的，大家一起去解决问题，才能真正打造一个“团队”。每个人都有归属感和荣誉感，才会对团队、对组织产生热爱，才会对管理者尊重和认同。没有挑战，不会让一个团队变得优秀，人们也不会喜欢自己平庸的样子。

畏惧变化的人领导不了别人

对于中层管理者来说，挑战来自如何平衡下属和组织的不同需求。忽视员工的需求会损害你的事业，但过分关注也同样有害。有的管理者在组织发生变化时，不会从更高的层面上考虑组织的最佳状态，一心只关注变化对自己部门的影响，他们会偏向自己的员工。

> 苏苏所在的公司，为了做好客户运营，需要升级旧的操作流程，采用新的客户关系管理系统。苏苏在执行规划时遇到了问题，她担心采用新的系统会增加大家的工作量，会有人辞职不干，毕竟之前发生过类似的事情。
>
> 从表面看，苏苏的担心是有理有据的，这是三年之内公司试图推行的第二套客户关系管理系统了，第一套系统就遭到了员工的反对，用起来也不顺利，员工的工作压力本来就很大了，还要做这种尝试，很可能会增加额外的工作量。
>
> 苏苏在午餐时间和好朋友小云谈起了这个话题：“你听说了吧，我们又要搞新的客户关系管理系统了，唉，纯粹就是瞎折腾，到时员工肯定会有意见。”
>
> 小云是另一个团队的负责人，问道：“你有了解过这个新的系统吗？

功能上有什么变化吗？主要是解决什么问题呢？”

苏苏：“还没有了解呢，只是听到又要搞新系统，就挺让人担心的了。”

“别太担心了，我听说这次请的外部公司挺牛的，在管理系统领域是行业专家，有不少成功的案例。我们旧的系统实在太不好用了，不能自动匹配客户信息，很多工作要靠手工录入，每天要耗费不少时间。如果这次能够顺利升级，那我们的管理效能就能提升一个新台阶呢。”小云说。

对于管理者来说，抱怨和对抗公司的决议是最不明智的行为。获得成功的秘诀在于圆满地完成任务，而不是制造借口。公司并不需要我们质疑高层决策，也不需要列出所有的困难，而是要想尽办法达成目标。

于是，苏苏自己先花时间了解了新的客户关系管理系统，并和第一套系统的功能做了比对，发现新系统在客户关系管理上有明显的优势，智能化程度很高，可以节省不少人力。

随后，她自己做培训师，结合工作中的案例，把新系统的优势充分讲解清楚，要求团队成员掌握客户关系管理系统，同时不允许她的下属进行任何形式的“讨价还价”。

作为管理者，遇到有挑战性的任务或项目，首先要思考如何解决问题，而不是自己先产生“对抗”情绪，觉得领导的要求不合理，把自己和团队视为受害者，把注意力放在为团队找理由上，护着下属，以此来解释为什么达不到这些预期，而不是试着去达成目标。

只要公司的决议并不违背伦理、法律、道德，那么你的责任就是执行，而不是与之对抗。

管理者必须让下属满意吗

让下属满意，是管理者获得团队认可的方法之一。但如果一味追求让下属喜欢自己，管理者就会表现得没有底线，过于放任和纵容下属。下属可能会乐意被这样的上级管理，但这样对团队绩效和人员成长并不利。

怎样才能让下属对自己更满意呢？

简单来说，就是让下属“钱多、事少、离家近”，即承担最小的压力，获得最大的收益，讨好下属的管理者的出发点就是“让下属满意”，而不是实现组织的目标，在组织目标和下属需求冲突的时候，优先考虑的也是下属的感受。

谈判能力较强也不太害怕冲突的管理者，会选择跟上级讨价还价。一方面尽量不接费力或有挑战的任务，工作都在舒适范围内，另一方面尽量争取更多的资源支持。这些管理者通常不会主动去突破目标，比如，本来有能力做到10亿元销售额的，却坚持只能完成5亿元，而且会对职责外、边界模糊的工作极为计较，遇到跨部门的工作能推就推。

当然，埋头苦干型的管理者，可能不会这么强势，谈判能力也一般，遇到推辞不过的工作任务，则会选择自己多做。累自己，而不累下属，把最苦、最累的任务分给自己，然后让团队分享更多成果。

我们都知道，激励对于员工来说是非常重要的，激励因素被满足时，员工才会真正满意并积极地工作。激励因素包括成就、赏识、挑战性的工作、增加的工作责任，以及成长和发展的机会等。你会发现，管理者尽量让员工少吃苦的做法，反而是在减少激励因素，减少下属的工作挑战、成就感及发展机会。

作为管理者，你总能听到无法满足最后期限，或无法实现目标的各种原因。如果你总是“通情达理”，就会很容易接受这些借口，不断调低目标和期望。

新手管理者走进这一误区后，会导致他们在工作中陷入不必要的纠结与犹豫。比如，在分配任务时，若面临时间紧迫且任务具有挑战性的情况，管理者可能会因为担心引发员工的不满而犹豫不决，难以将任务分配下去。当下属在接受任务时表现出为难的态度，管理者可能会因此而不敢提出明确的要求，或是采取避重就轻、含糊其词的方式，导致原本一个员工有能力达到90分绩效的任务，最终却只完成了70分。

更为关键的是，由于过于在意下属对自己的评价和态度，管理者往往不太敢对员工进行负面评价，选择回避问题，从而错失了指导员工改进和成长的机会。这种管理方式不仅影响了团队的整体表现，也阻碍了员工个人能力的提升。

这样的管理者，可能在短期内会让员工觉得轻松，但长期下来，没有挑战和成长的团队会变得平庸，员工不会获得专业能力和经验的提升，很难获得晋升的机会。如果遇到公司战略调整，可能就会被淘汰出局。

对于管理者来说，看似为了团队，实则害人不浅。而且，员工也会识破管理者的心理底线：你讨好他们，并不是为了他们的成长，而是害怕失去他们的“喜欢”。一旦他们察觉到你的纠结和恐惧，就会失去对管理者发自内心的认同。毕竟，没有人会真正尊重一个总是讨好和迁就自己的人。

成长才能带来真正的安全感

我们都知道必须经历改变才能进步，但是当真正面临这样的情况时，人的本能总是倾向于待在舒适区，而不是去迎接挑战。

有的管理者为了维护团队，去对抗上级的指令，这样做不仅让他们颇有“正义感”，觉得自己敢于反抗权势，帮助弱小，而且会使他们继续按部就班地开展工作，而不必作出改变。毕竟，对下级提出高要求，鞭策他们进步可一点都不令人愉悦。

然而，按部就班只能带来短暂的舒适，从长远来看有害而无益。维持现状只会让你变成井底之蛙，只会逼着你一次次调整自己和团队的下限，不能使你和你的团队激发潜力、超越自我，你真的愿意这样吗？什么样的团队愿意这样呢？

有的管理者一心想要在员工面前做“好人”，遇到有挑战性的工作，不是马上去执行，而是告诉员工，自己也不赞同管理层的决议，甚至会认为完全是错误的、脱离现实的。他们抱怨上级，怪罪整个公司作出了很糟糕的决定，他们“满怀正义”地站在员工这一边，把自己和员工当成错误决策的受害者。

当然，并不是说公司里的决策都是正确的，也不是说在执行指令的过程中不可以质疑。实际上，唯命是从、不思考地执行其实是懈怠。不认同或不理解自己正在做的事情、执行的指令，却放任问题的存在，这不是一个有责任心、有担当的管理者该做的。

管理者遇到问题，首先要积极地思考如何执行和落地，如果决策本身的确有不足之处，在遇到困惑、担忧时，可以积极地同自己的领导沟通，了解领导决策的出发点，想要实现的目标，坦诚地提出自己的疑惑和不安，并提出有价值的建议和意见。

一些管理者在执行指令时心生抗拒，并不是因为他们觉得决策本身很糟糕，而是因为事先没有人征询过他们的意见，他们会因为被排除在决策之外而心生不满："如果高层真的重视这件事，他们应该首先问问我。不然，他们真是太瞧不起我和团队了。"

反过来说，这样的管理者因为"自尊心"受到了打击，不相信高层良好的用意，也不愿意承认他们的上级拥有比他们更广阔的视野，因此在执行过程中态度消极。对于过程中出现的问题，非但不主动想办法弥补和解决，还会当成佐证自己"清醒""睿智"的证据，幸灾乐祸地说一些风凉话："怎么样，我没说错吧。这么不切实际的方案，不出问题才怪呢。"

虽然我们都希望自己是重要人物、有重要的地位和影响力，希望能够参与到决策过程中，或者有人来征询我们的意见，但实际情况是我们并没有那么重要，每一个组织都有自己的决策流程，不同的决策会有不同层面的人员参与，不可能让所有人都参与在内。很多时候，我们仅仅局限于自己的视角，认为上级或管理层无法真正地了解这些决策的后果，这显然不符合事实。

记住，企业的管理层站在与你不同的高度上进行决策，因为种种原因他们不便向员工展示所有的细节。有时候决策基于对市场变化的预测，或是基于未来的战略布局，企业想要抢先进入的行业，但是这样的需求现在并不明显，只会在未来呈现出来。

公司付给你薪水，并不是让你去找茬，也不是让你去要求别人向你证明公司和领导的决策是否正确。当自己不赞同某些决策时，很可能是我们自身视角的局限性，要相信管理层在重大问题和解决方案上更有远见。

在面对上级的询问时，真诚地表达自己的反馈意见和想法，这是我们作为团队成员的权利和责任。然而，我们必须避免任何试图挑剔或找茬的行为，更不应表现出自负或自以为是的姿态。

避免对老板或公司发表任何负面言论。在下属面前抱怨领导，无疑是一种极其损害个人领导力的行为。当你不经意间将抱怨脱口而出时，你不仅失去了作为领导者的威信，更可能因此被降级。

为所作出的决定负责

管理者在了解情况之后，作出判断并给下属明确的指令，这是下属对管理者最基本的期待。不给意见、迟疑不决或犹豫反复的管理者，很难让下属信服。

管理者要敢于作决定，并为自己的决定负责。有时候，管理者的一些回避行为，其实都被下属看在眼里。

一种行为是把责任都推给上级或公司，把自己撇得一干二净。尤其是在告诉员工没有晋升或作出负面评价时，管理者“假借”上级或公司的名义，声称是上级或公司的决定。不亮明自己的态度和意见，或许能让管理者避免正面冲突，并少承受些压力，却容易被下属视为虚伪、不作为和没担当。因为在一些事情上，管理者声称自己事先不知情、没有决定权，是没有说服力的。即使下属相信管理者只是传达了上级或公司的决定，也会对管理者只能扮演“传声筒”的角色而失望。

比如，有的管理者会这样告诉员工：“公司觉得你去年的工作表现一般，没有达到晋升的标准。”虽然管理者说的是“公司觉得”，然而公司是个组织，真正了解员工工作情况的就是员工的直属领导，直属领导对员工的工作评价起到关键的作用，不可能直属领导觉得员工“表现很好”，而“公司”却觉得“表现一般”，员工很清楚，正是因为直属领导觉得自己工作一般，才有了不能晋升的结果。所以，这时管理者还要把员工没有晋升的责任推给“公司”，那员工肯定会觉得管理者欲盖弥彰，不够真诚。

而且，这种“甩锅”的方式，不仅会让员工觉得“虚伪”，而且让上级知道了也会很不爽：明明是你自己该承担的，偏偏要甩锅给上级或公司。

另一种行为是回避问题，用各种方式“打太极”。一遇到问题就含糊其词，不正面表态，更不会给员工明确的指令。管理者借助这种方式，一方面是为明哲保身，另一方面是让自己显得高深莫测，但本质都是管理者的不担当和不作为。

我曾经遇到过一个管理者，当时他安排我做公司周年庆的活动方案，我做了三种不同风格的设计方案，让他确认选择哪一种风格，他盯着方案看了半天，缓缓地说了一句：“好的，迟点再谈吧。”

等过了几天还是没有回应，我忍不住又问他到底选择哪个方案，他还是一句话都不说。

我很迷惑：“到底是什么情况呀？难道是因为我的方案都很差吗，那也可以直接告诉我呀，为什么不回应呢？”

后来一个资深的同事告诉我：“他就是这样的人，从来不轻易表态。之前试过很多次，方案被大老板表扬了，功劳就都是他的；如果被批评了，他就马上说是同事的问题，还要加上一句‘就是呀，和我的想法也不一样，怎么能写出这样的方案呢’，问题是他从来不会明确说他自己的想法。”

还有一种行为是事无巨细都要集体讨论决定。这种方式看似既尊重员工又民主，但在团队不成熟或事情比较紧急时，就会出问题。如果管理者在团队期望自己拍板时又把问题抛了出去，或者询问了很多人的看法最终却拿不定主意，下属会认为管理者在回避作决定。

席越就是这种类型的管理者。他偏爱以“开会”作为管理手段。在他的领导下，会议成了日常工作的主旋律，无论大小事务皆需在会议桌上讨论。这种做法不仅占据了员工大量的工作时间，甚至连晚上和周末也难以幸免。原本仅需片刻决策的事务，他却倾向于耗费数小时进行集体讨论，直至达成共识，这无疑给团队带来了沉重的负担。

一次，由于对某个问题存在分歧，会议从下午持续至晚上，员工们疲惫至极，最终在妥协中结束了这场马拉松式的讨论。席越本人则鲜少作出决断，他的口头禅就是“一起讨论吧，三个臭皮匠赛过诸葛亮”。

> 每当会议召开，他还会让助理准备大量零食，以“大家不要着急，边吃边讨论”的姿态，缓和会议的紧张气氛。
>
> 明明管理者一句话就能决断的事情，非要让团队成员之间“针尖对麦芒”地争论，产生不必要的人际冲突。管理者在旁边“和稀泥”，非但没有解决问题，反而加剧了团队的内耗。
>
> 后来，团队中那些有能力的人才逐渐流失。最终，由于业绩长期低迷，席越也被公司辞退。

“集体讨论”是一个让员工都发表意见的很好的方式，但也要看到，不同的人、部门出于自身立场和利益的考虑，难免带着局限性，特别是在企业里，在人力、财务资源有限的情况下，管理者站在全局的立场上，有明晰的战略目标和选择，必须要有所取舍，很难保证每个人的诉求都能得到关照，这个时候如果管理者不作决定，还是要通过集体讨论来决策的话，就会陷入无休止的内耗，错失发展机会；也很容易会让影响力大、鼓动性强的人占上风，难免与公司利益相背离。

高效率的管理者必要时要敢于站出来拍板，作出最终决定。该民主的时候民主，该集中的时候当断则断，展现自己的决断力。

每个人每天都要作很多决定，管理工作的一个重要组成部分就是作决定。管理者回避作决定，很多时候是因为害怕犯错，但这恰恰是管理者需要突破的心结。管理者要在“作决定”这件事上学会适应两个常态：一是会犯错；二是不能两全其美。

一个关于“错误决定”的事实是，作为新晋管理者，你面对的决定并没有达到生死攸关的地步（如果是生死攸关的决定，那肯定轮不到你来做了），很多时候不同方案之间的差异并没有很大，选择哪种方案对工作结果的影响也有限，即便略有偏差，也比没有方向好。选错的那条路至少能帮你排除了一个选项，而犹豫不决地在原地打转只能一无所获。果断和坚定的决定才是关键，试图保证决定不出错而畏首畏尾，反而可能是错误的开始。

另一个需要适应的是，你将面对的大多数选择都是两难的决定。之所以要作出选择，就是因为不同方案各有利弊，没有一个方案是完美的。无论你怎么选择，都存在损失或有人不满意。对于得失，在不同的目标和情境下有不同的评价标准。如果选择了优先投入A任务，则必然有B任务需要延期或资源支持不够。但是，不是B任务不重要，只是在特定的时期和目标下，A任务达成的收益价值对公司更有利。因此，你必须承担B任务未达成造成的损失，以及可能会让负责B任务的员工不满的结果。

总而言之，避免犯错不是管理者不作决定的理由。你即使作出了正确的决定，也仍然会让一些人不满意。敢于作决定并为自己的决定负责，这是管理者让团队信服的关键。

勇于“揽过”和“推功”

管理者要为所作决定负责，包括为好的和坏的结果负责，具体来说，就是要懂得“揽过”和“推功”，承担起“背锅侠”和“幕后英雄”两个角色。

1. 背锅侠

当团队没有达成目标，或者团队成员“捅娄子”时，管理者要主动站出来，成为团队的“背锅侠”，主动承担相应的后果。这包括在造成事故时，管理者出面给客户道歉，而不是把具体犯错的下属推到客户面前；在出错被问责时，管理者揽下责任，即使自己不知情或根本没参与其中；在没有达成既定目标时，管理者先自我检讨，而不是批评下属等。

但是，我们看到有的管理者在遇到问题时，第一反应是找“替罪羊”，撇干净自己，把责任和错误都推给员工，还扮演起“事后诸葛亮”的角色：“看看，我早就说过吧。”管理者如果这样做，很容易失去员工的信任和尊重。因为员工很清楚，所有的方案都是经过你同意才实施的，而不是员工自作主张的。

在工作中，出现失误或差错在所难免，但有些人就是无法承认自己犯了错误。就算你把所有的事实都摆在他们的面前，他们还是不会承认自己把事情搞砸了。

对于新晋管理者来说，想在最短的时间里做出成绩证明自己配得上岗位晋升是很正常的。

其实，每天要处理各种各样的问题，面对各种各样的状况，偶尔搞砸几件事也是很正常的，即便是成熟的管理者也无法保证自己永远不犯错误，更何况新晋管理者。

承认自己的不足和错误，并没有那么可怕。反而是一件很勇敢和值得赞许的事情，员工会被你的勇气和坦率所折服。如果你不断地推卸责任，不管所犯的过错有多小，都会带来非常负面的影响，这不仅损害管理者的个人形象，让自己丧失诚信，而且会导致团队缺乏向心力。

管理者要有基本的自信和坦率，别人不会因为你一两次的工作表现就否定你。

2. 幕后英雄

团队取得成绩时，管理者要甘心做一个幕后英雄，尽量做到“不揽功”，即使管理者在其中作出了很重要的贡献，甚至是起到了举足轻重的作用。做到这一点并不容易，毕竟很多管理者习惯了站在台前当主角，陶醉在掌声和赞美之中。

管理者要学会把舞台留给下属，不遮掩团队的光芒，让自己的上级或公司的高层看到下属的闪光点。比如，你可以让下属去汇报团队的项目成果，或者在上级赞扬了你的工作或方案时，提及下属的贡献和价值。

承担起“背锅侠”和“幕后英雄”的角色，可能会让管理者觉得委屈：“明明最能干、最辛苦的是我。”“这样有点不公平吧！管理者岂不是太倒霉了？”

如果你选择从事管理工作，仅仅是因为渴望优越感或是追求优厚的收入待遇，那么或许从现在开始，你需要重新审视这一职业选择的真正意义。实际上，管理者从管理工作中获得的最大收获是个人的全面成长。这种成长不仅将引领你攀登至更高的职业阶梯，更能助你开拓更广阔的人生视野。

因此，选择管理岗位，应当基于对个人成长和职业发展的深刻理解与追求，而非仅仅出于对物质回报的考量。只有这样，你才能在管理岗位上发挥出真正的价值，带领团队不断前行，实现个人与组织的双重成长。

第十五章　经历挫败：卓越管理者的必修课

“你经历过的最大挫败是什么？”

在某个重要职位的面试中，一个候选人在各个方面的表现都很优秀，但被问到这个问题时，想了一会儿回答：“到目前为止，我的生活和职业生涯都十分顺利，还真没有什么挫败。”

最后，公司还是放弃了这个候选人。看到大家的疑惑，面试的领导解释说，招聘的是核心岗位，需要找到成熟、练达、心力强大的管理者。技能可以通过培训的方式提升，但要形成强大的心力，必须通过挑战和挫败的淬炼。

一个人要想成为优秀的管理者，仅仅具有热情、才华或技巧是远远不够的。还必须具备一个重要的能力——应对失败，这一能力是领导力的基石。失败会让人变得深刻，会逼迫我们重新审视自己。

挫败带来的羞耻和难堪

与大家期待的不同，成功的职业生涯往往不是一帆风顺、持续成功的。事实上，即便高效、备受赞誉的管理者，也都曾经历过怀疑、受挫和失败的阶段：“卡”在某一个位置上不去，错过本该有的晋升，或者遭遇领导力的危机。看看下面几个例子：

- 在三个月的时间里，一名中层经理的两位下属接连辞职。人力资源经理告诉这位中层经理，在离职面谈中，每个人都说他就是他们离职的原因。
- 一位部门主管非常沮丧，因为她没有被晋升为副总裁，她认为她有足够的资格胜任这个职位。最后，首席执行官告诉她原因：其他副总裁们认为她不合作、做事充满争议，他们不喜欢和她一起工作。

- 一位新晋领导者刚刚通过第一份360度反馈评估，当读到别人认为他“傲慢”和“令人讨厌”时，他震惊了。
- 一位资深高级合伙人负责进行合伙人管理。在采访了她的前下属团队之后，评选委员会决定不给她升职，因为她没有“关注下属的成长”。

这些事件可以成为有力的成长与学习阶段，也可以成为停滞、否定，甚至倒退的阶段。每一种状况都足以打击我们的自尊心。

管理者是众人关注的焦点，你的一举一动，包括你的优点和缺点，就像在放大镜下，时刻被身边的人关注到。同样地，管理者的失败也无所遁形，直接暴露在公众面前，相对于自己默默地吞咽苦果，这会进一步放大我们的失败和难堪，更让人感到耻辱和痛苦。如果无法承受这样的压力，就不要轻易地担任管理者的角色。

想象一下，在无人的旷野摔了一跤，我们可以没什么心理负担地爬起来，甚至还可以轻松地自嘲一下；在大庭广众之下狠狠摔了一跤，我们感受到的除了身体的疼痛，更有暴露于众人面前的尴尬和难堪。管理者的失败就如同这样的情景，志得意满，充满英雄主义的抱负，却未能实现这些目标和期望。

这种失败可能对你的职业生涯有致命的影响，或者至少对你职业生涯的某些阶段有致命的影响。但是，失败会以这样的方式为更大的成功打下基础。

深渊会成就你的“英雄之旅”

神话学者约瑟夫·坎贝尔曾经非常仔细地盘点了很多文明中的神话故事。结果，他发现了一个神话故事原型。在大多数文化中，英雄的旅程会不断出现一些共同的主题。他指出，其中有一个“千面英雄”，他以不同的装束出现在跨越时空的无数神话故事中。

失败是这个故事的核心——坎贝尔指出，在不同文化、不同地区、不同时代中，关于失败有共同的主题：离开、启蒙、回归。通常会按照以下方式展开：

- 一个伟大的（或有伟大潜力的）人被送到一个梦幻之地去冒险。通常是一个放逐之地，英雄人物因为道德上的错误或性格的弱点而被放逐。放逐是英雄人物的必经之路，一个人因为这段经历而具有新的或不同的身份认同。
- 在放逐中，英雄人物通常会在一位外来者的帮助下拓展眼界和知识，并得到他的鼓励。这些见解通常来自某个超自然的源头。
- 在拥有这些知识并得到指导的情况下，英雄人物可以经受住巨大的考验，历练强大的内心。英雄人物回到自己的世界，通常能为这个世界带来福祉。

很多传奇故事中的英雄并不是一出生就是英雄，他们通常和普通人一样活在平凡的世界中，但是一种冒险的召唤打乱了他们的生活，踏上了通向未知世界的旅程。

英雄们通常会在冒险之旅中经历一次或多次的失败，坎贝尔称之为“掉入深渊”，但是他们在经历一段时间的坚持后，通常会“脱胎换骨”。在这个过程中，他们通常会顿悟，通过自己的人生经历体悟出人生的智慧。

他们是会鼓起勇气反省自己，承认自己的不当行为并进行改正，还是会拒绝自省，把错误归咎于他人？他们会行动起来，走上“英雄之旅”，还是会在这项艰巨的任务面前畏缩不前？不同的选择决定了他们最后会成为不同的人，要么是英雄，要么是懦夫。

对照英雄们的整个人生历程，我们该如何打造属于自己的“英雄之旅”呢？我们到底该如何作出改变呢？要回答这个问题，我们必须弄清楚：何谓成长。

真正的成长是一种生命力的溢出和流淌。有的人一生的价值得到了充分的发挥，他们浑身充满着热情和能量，他们不知疲倦地投身于自己所热爱的领域。

有的人的价值还没有有效发挥，或者个人能力只是开发了一部分。他们没有什么生命活力，也不知道人生的路将走向何方，他们的心中总是充满了对未来人生这样那样的疑问。

改变从来不是在一夜之间发生的。但从另一个方面来看，或许正是这些经历成就了他们。

这就是约瑟夫·坎贝尔提到的“掉入深渊”对于英雄的意义，即没有经历深渊，没有经历人生的至暗时刻，就很难领悟人生之道。掉入深渊不仅对英雄、对高手有着独特的价值，对每一个普通人也同样有意义。

一块金子要遭受千锤百炼才能成器，这对金子来说，是经受磨难。但是冶金人却很高兴，并且还会担心火力不够、锤炼得不够彻底，因为只有如此才能得到一块上等的好金子。王阳明表示，他自己以前也是如此，恃才傲物，后面虽然被世事磨去了一些棱角，但还不够彻底，直到在龙场的那三年，他遭受了很多苦难，才真正明白孟子所说的“生于忧患”的真正含义。

《西游记》中，唐僧师徒要经历九九八十一难才取得真经，这八十一难不仅是唐僧师徒取经路上的障碍，更是他们修行、成长和最终得以圆满的重要环节。

判断一个人的心性，不是看他在顺境中的表现，而是要看他身处逆境时的所作所为。在苦难面前，大部人会倒下，只有极少数人能够屹立不倒。

为什么面对现实这么难

在工作中，不会一直是鲜花和掌声，低谷和失落也会是常态，不被认可也是工作的一部分，需要管理者能够适应不同的状态和情况。

对一些人而言，他们很在意别人的评价，个人形象在很大程度上取决于外在的身份，所以他们很容易把事业上的成功等同于自我价值。失败会让他们感觉很丢人，不愿意去面对，逃避就成了一种常见的方式。

特别是有一些自我感觉良好的管理者，他们总是踌躇满志，对自己的能力非常自信，不愿意承认是自己的原因造成了失败，因此他们不会自我反省，更愿意相信是意料之外的外部因素造成了失败，或者单纯就是自己的运气不好。

陈杰，一位毕业于顶尖大学的工程专业精英，在一家知名公司担任软件设计师，以其卓越的工作表现迅速崭露头角，并荣升为经理。

对于任何初次担任领导角色的人来说，都面临着诸多学习任务——从设定目标、给予反馈，到转变自身的角色定位，对于年轻的陈杰而言，这无疑是一项艰巨的挑战。

尽管如此，陈杰在上任后依然将精力集中在技术难题上。她渴望证明自己的能力，每周工作七天，全力以赴帮助项目团队攻克重重技术难关。她的努力得到了广泛的赞誉，很快，她再次获得了晋升。

然而，尽管她的技术能力和勤奋工作为她赢得了晋升，但也仅限于此。管理工作需要授权和激励他人，而这正是陈杰所欠缺的。她从未系统学习过如何管理团队；在她之前的领导经历中，她仅凭自己的技术才华取得了成功。而现在，只有技术已经不够了。

最终，她的高压管理方式让团队成员和自身都濒临崩溃。一位下属选择辞职，另外两位则向陈杰的领导投诉她一直让团队连轴转。陈杰本人也变得强硬且难以沟通。

更令人遗憾的是，在经历了这次事件后，她仍未意识到自己的不足，反而认为公司的团队文化存在问题，管理层未能充分认识到她的价值。

失败的管理者在面临挑战时，不肯承认自己的弱点，失败时不愿承担责任。他们可能很聪明，有技能和才华，但没有认清自己，正是这种缺乏自我认知导致他们难以成功。

反之，优秀的管理者会复盘失败的全过程，不断反思自己的强项和局限，并从中吸取经验。只有当人们直面失败、认识自己时，才能展现出韧性和适应能力，才能成就自身的成长。

改变心智模式

作为一个管理者，如果你从来没失败过，那么你也很难成就卓越。失败可以教会我们很多，只有结结实实地摔过跟头，才会真正认清自己，从而成就卓越的领导力。

有些管理者也经历过大大小小的失败，但他们并没有从中受益。在面对困境时，他们埋怨身边的每一个人，或者抱怨自己运气不佳。这样的管理者，浪费了从失败中学习的机会，他们在后续的职业发展中很可能会重蹈覆辙。

还有一些很有潜质的管理者，在失败面前一蹶不振。他们把自己封闭起来，深信职业生涯就此毁灭。他们没有将失败看作特定情形下的结果，而是把失败个人化，认为自己就是一个失败者。

不管失败的形式如何，它都会让我们感到卑微和难堪。这种强烈的感觉会给我们带来不同程度的困扰。很多管理者在犯下错误或经历挫折后，他们通常的反应有以下几种：

1. 让失败来定义自己

有不少才华出众、晋升迅速的“未来之星”因为一次失败而一蹶不振。他们把失败内化了，将错误看作性格缺陷，而不是将它看作与个人分离的事件。失败是一件事，不是一个人。就算你犯下一个低级错误，也不代表你很傻。没有人是完美的，无论是谁，犯错都是职业生涯中不可避免的。

面对失败，最糟糕的事情莫过于沉溺于它的阴影之中，脑海中一遍遍地回放那些痛苦的片段，自我怀疑，不断自责。每一次的回溯，都如同再次撕开结痂的伤口，让你在无法挽回的定局中反复感受痛苦，陷入“如果当初……”的无尽懊悔之中，难以自拔。

我们总是会因为自己不够完美或达不到别人的期望而不断地自责，我们似乎相信，只要苛刻地谴责和残忍地对待自己，再加上充分的反省，便可能会从这样的处罚中成长。

实际上，一个过于自责的人，基本上也不会有改变的行动，因为他们已经完全被困境裹挟了，能量停止了自由流动。

2. 寻找替罪羊

有些管理者在经历重大失败后，会担心公开暴露自己的痛苦或错误，会显得自己不完美，害怕得不到别人的尊重。因此，不断地为自己找各种理由，粉饰错误、把错误推到别人身上。

即使你确实不对失败负主要责任，责备他人也会妨碍自我反省和承担责任——这是两个很重要的领导特质。抵挡住这种责备他人的本能反应，自己去消化这些负面情绪，是一个管理者基本的胸襟和修为。

我们都喜欢认为自己出类拔萃、独一无二。如果承认犯了错，就不得不承认自己很平凡、很普通——没有人会喜欢这种感觉。为了自我保护，人们会不自觉地将责任都转移到他人身上，认为自己是不公的受害者。“你们怎么能这样对我，我会告诉你们错得有多严重！”这是常见的反应，其他反应还有：

- 这不是真实情况，因为……
- 好吧，我这么做是因为……
- 不，你！你才是该被指责的那一个！
- 但是，我不是唯一这么做的，那谁和那谁谁比我做的更过分！

自我处于防御模式全开的状态，它会不断提醒你，你是被误解的、被冤枉的。你拒绝接受外界的“苛责”，坚持将自己的“正确领导方式”贯彻到底。现实给的教训并没有转变为宝贵的经验。

3. 将思考局限在事件本身

人们常说要懂得举一反三，要吃一堑长一智，面对挫败更应如此，管理者要思考的不只是事件本身，更要透过具体事件的思考，检视自己的思考模式、行为模式，从而让自己产生根本的变化和提升。

审视那些可能造成了损失、不良业绩或负面结果的态度和行动。问问你自己，作出这些决定的原因何在：

- 你是否在某个方面包揽太多？你是否听不进团队成员的建议？
- 你个性中的哪些缺陷可能在压力下呈现出来，并对失败造成影响？

- 如果你又遇到了与失败发生前一模一样的情形，你会有什么不同的做法？
- 为了能采取不同的做法，你要如何改变自己？
- 失败让你对自己有了哪些了解？

失败能让最自信的人动摇，强迫他们检视所有。优秀的管理者能在这个阶段获得心理韧性，在逆境中、黑暗中，看不到光的时候，自己能够发光，照亮前行的道路。

很多时候，重大失败是一生仅有的一次改变和成长为管理者的机遇。

保持韧性就不会垮掉

如果我们能够领悟到，那些曾经让我们痛苦不堪的人和事，最终成为我们个人成长的催化剂，那么我们将不再逃避它们。

成长是一场痛苦的蜕变，如果你愿意，逆境能够锤炼你的领导风格，使其更加真诚、稳健且高效。坚持从失败中汲取教训，你将成为一位更强大、更自信的领导者。

1. 展现勇气

你渴望成为怎样的人？你憧憬怎样的职业未来？你希望留下怎样的个人印记？

直面现实、接纳批评，这是勇气的体现。勇气并非存在于安逸之中，而是在你内心流泪、喉咙哽咽、掌心出汗时显现。遭受打击之初，你或许会感到痛苦和脆弱。你需要勇气去接纳这些感受，勇敢地面对痛苦与不适，掌控你能掌控的。

很多时候，遭遇打击是我们无法控制的，因为我们无法选择被谁打击、什么时候遭遇打击，或者打击的力度大小。但应对方式却完全由我们掌控。不要在评判他人上浪费时间。相反，拿出纸笔，列出你自己的原因。对自己诚实，以避免重蹈覆辙。

一个内心强大且勇敢的人，才能坦然说出“我错了”、“我搞砸了”

或“这都是我的错”。这些话语具有强大的力量，不仅让你卸下防备，还散发出人性强大的吸引力。

2. 善待自己

当遭受打击时，有些人会立刻自责。这种反应虽自然，却无益于你。

你可能会搞砸事情，因为你并非完美。偶尔的愤怒、不理性，都是人之常情。停止自责，不要对失败抱有负罪感。

当摒弃受害者心态，不再将经历定义为负面时，生活中的每一段经历都将成为学习、成长的机会。每件事，无论是积极的还是负面的，最终都会让我们学到宝贵的经验。

对自己好一些。不再沉溺于过去的失败，不让懊悔成为心灵的枷锁。越是遇到沉重的打击，越要腾出时间娱乐、锻炼，成为更好的自己。

失败是一件事，而不是一个人。你不能让失败定义你，但应让它帮助你塑造自己和领导方式。

3. 就像一只橡胶猫

当职业生涯遭遇困境时，管理自己的心理和情绪状态可能是最关键的任务。

陷入职业困境时，很多人的第一反应是吃惊和呆滞：不知所措，感到困惑和不确定，花大量时间在拒绝、沉思和绝望的讨价还价上，有时还会惊慌失措。

大多数人等待很长时间才开始行动，且行动远远不够。当尝试无效时，他们又停滞不前，重新陷入诧异、多虑和呆滞的情绪中。

> “我像一只橡胶猫一样。”某世界500强公司的一位总裁告诉我。他跟我讲述了他所经历的一系列可能会就此结束他职业生涯的商业上的失败和失误，“我至少有九条命，因为我总是能迅速恢复，再次站起来。”

“橡胶猫”有何特点？身段灵活、具备弹性、迅速复活、即时行动。一时的状况不会支配你未来的发展或他人对你的看法。

衡量一个人成功的标志，不是看他登顶的高度，而是看他跌至低谷的反弹力。心理学上称这种反弹力为心理弹性，即对变化环境的调控和适应度。当职业灾难突然袭来时，问自己的第一个问题应是我能够做什么？

你应该清楚、有意识地对所有可能的行动进行全面思考。保持积极态度，快速评估你的选项，采取大量行动，你的行动应是：

- 快速的。
- 有针对性的。
- 大量的。

成年人的世界里，没有容易的事，都是百炼成钢。所有的工作都会让人紧张，所有的职场生活都有挑战、冲突、压力、挫败感。职场上的快乐来自我们对抗一路上层出不穷的障碍，以及在失败后重新站起来的能力。试着将目前的情况看作更大、更丰富人生格局中的一小片拼图。

无须将所有错误揽在自己身上，重新开始就好。

当管理者不再执着于“晋升”

很多人都会把目光锁定在某个职级的提升上，但真正实现目标的机会却很渺茫。他们对晋升目标过于执着，从而对现在的工作和环境越发厌倦。他们没有把足够的注意力放在眼前的工作上，一心向往着别处，一边吵嚷着要升职，一边抱怨怀才不遇。

有一个故事讲述了一位女子，她听闻遥远之地有一处神奇的魔法山谷，那里的花朵美得令人窒息。带着对美的无尽向往，她毅然踏上了寻觅之旅。

然而，旅途的漫长与艰辛很快便浇灭了她初时的激情。日复一日，年复一年，她步履蹒跚，身心俱疲。终于，当她抵达一片幽深的森林边缘时，一位老人倚着一棵古树，静静地站在那里。

她上前询问："老人家，我已经走了很远的路，却仍未找到那传说中的魔法山谷。据说那里生长着世界上最美丽的花朵。您能否告诉我，我还需要走多远？"

老人微笑着，他的眼神中透露出一种深邃的智慧："孩子，那山谷就在你的身后呀。你已经走过了，只是未曾留意。"

这则寓言告诉我们，往往在追求远方的过程中，忽略了身边的美好与价值。太多的管理者把他们的生命用在向上攀爬上，追求不断的晋升。但结果发现他们并不能获得期望中的满足感。晋升有着很大的不确定性，靠实力，也靠运气。

如果你的目标就是晋升，那你永远会失望的。一旦有风吹草动，你都会心神不安，患得患失，时间久了就会很痛苦，很有可能会消磨掉你的意志。即便你运气好，获得了晋升，那这种喜悦的感觉也并不会持续很久，毕竟在晋升的阶梯上，你的前面永远有别人。

相比于管理者的实际职责，很多人更多的是为领导者的头衔及其相伴随的好处所吸引。太多人不断攀爬在管理的阶梯上，仅仅是为了感到高人一等、拥有专门的办公室和停车位，而不是出于在更高层级上实现什么愿景的渴望或能力。

刚开始工作的时候，我曾与一位资深的同事讨论自己的长期目标。在吐槽单位的人力资源管理混乱，人员选拔方式死板之后，我告诉她以后想成为人力资源经理，做好人员选拔和培养。她冷静地看着我说："你要弄清楚，是想成为人力资源经理，还是想做人力资源经理做的事，这是两个概念。如果是后者，你现在就可以做。"

短短的几句话，让我醍醐灌顶：我真正喜欢和在意的是什么？当我意识到自己最在意的是对团队的培养时，我开始行动了，制定目标让他们更好地成长，一次次的谈话沟通，真诚地在成长过程中陪伴他们。看到因为自己的努力，那些新人快速成长的时候，心中满满都是成就感，这种成就感也反哺了我，是多年来激励我不断向前、直面窘境的重要动力。

成功只能由你来定义

在职场，我们往往会被一种无形的力量牵引，似乎不朝着下一个重大的目标努力就是不合常理。于是，许多人几乎被这种观念所束缚，坚信自己必须不断攀登职位的高峰，或是追逐更为耀眼的头衔。

这些外在的成就确实会让人在短时间内感觉很棒，却难以构筑起持久的心灵愉悦。职业生涯步入某个阶段，许多人开始思考："什么是成功？究竟什么才是我们内心最为珍视的？"

许多管理者将野心与成就混为一谈。他们以金钱、头衔和职位来界定自己的成功。然而，这种衡量标准往往只会导致职业生涯中的患得患失。实际上，在漫长的职业生涯中，真正赋予我们力量，使我们能够坚韧不拔地面对各种挑战与逆境的，是工作本身所带来的成就感及由此激发的内心深处的愉悦。

这是一种更为深刻和持久的动力源泉。它不仅能够促使我们在工作中不断追求卓越，还能够在我们面对挫折时提供一种心理上的支撑。

> 江江喜欢做培训师，每逢她踏上讲台，凝视着台下听众眼中闪烁的崇拜光芒，内心便涌起一股难以言喻的满足感。她仿佛能感受到自己在那一刻熠熠生辉。因此，她毅然决然地放弃了传统意义上的职业晋升路径，全身心投入到培训事业中。随着时间的推移，她的专业素养不断提升，吸引了越来越多的受众。

不再盯着晋升，就不会比较和焦虑，这是一个心智模式改变的过程。当然，放弃野心不代表"躺平"。相反，这会让我们以一种更健康的心态看待成就，真正享受工作，而不再被职位的升降或职场生涯的波折所左右。

修炼更好的自己

管理历程，不仅是一场挑战的洗礼，更是一份珍贵的礼物。这些挑战，最终化作我们内心的珍宝——更成熟的人格、更宽广的胸怀，这种美好，常常伴随我们一生。

世界不断变迁，我们的组织、团队，乃至组织文化，都是动态演进的。即便是最经验丰富的管理者，也无法确保在面对新问题时，总能游刃有余。

管理是一项充满挑战的工作，它时而令人兴奋，时而令人恐惧，但更多时候，它是枯燥的。

我相信，每个人降临世间，都肩负着独特的使命与目标。有些人，在成长的道路上，早早找到了人生的方向和价值；而有些人，则可能需要经历一段迷茫与挣扎的时期。

正是这些人生的曲折，赋予了生命以趣味、意义和价值。在这世上，并没有真正的失败，因为旅途本身就是一种收获。

你在这里，

你可以到达那里，

让旅程开始吧！

读者意见反馈表

亲爱的读者：

感谢您对中国铁道出版社有限公司的支持，您的建议是我们不断改进工作的信息来源，您的需求是我们不断开拓创新的基础。为了更好地服务读者，出版更多的精品图书，希望您能在百忙之中抽出时间填写这份意见反馈表发给我们。随书纸制表格请在填好后剪下寄到：北京市西城区右安门西街8号中国铁道出版社有限公司大众出版中心 杨旭 收（邮编：100054）。此外，读者也可以直接通过电子邮件把意见反馈给我们，E-mail地址是：823401342@qq.com。我们将选出意见中肯的热心读者，赠送本社的其他图书作为奖励。同时，我们将充分考虑您的意见和建议，并尽可能地给您满意的答复。谢谢！

所购书名：______________________________

个人资料：

姓名：____________性别：__________年龄：__________文化程度：________________

职业：____________________电话：________________E-mail：____________________

通信地址：____邮编：____________________

您是如何得知本书的：

□书店宣传 □网络宣传 □展会促销 □出版社图书目录 □老师指定 □杂志、报纸等的介绍 □别人推荐

□其他（请指明）____

您从何处得到本书的：

□书店 □邮购 □商场、超市等卖场 □图书销售的网站 □培训学校 □其他

影响您购买本书的因素（可多选）：

□内容实用 □价格合理 □装帧设计精美 □带多媒体教学光盘 □优惠促销 □书评广告 □出版社知名度

□作者名气 □工作、生活和学习的需要 □其他

您对本书封面设计的满意程度：

□很满意 □比较满意 □一般 □不满意 □改进建议

您对本书的总体满意程度：

从文字的角度 □很满意 □比较满意 □一般 □不满意

从技术的角度 □很满意 □比较满意 □一般 □不满意

您希望书中图的比例是多少：

□少量的图片辅以大量的文字 □图文比例相当 □大量的图片辅以少量的文字

您希望本书的定价是多少：

本书最令您满意的是：

1.

2.

您在使用本书时遇到哪些困难：

1.

2.

您希望本书在哪些方面进行改进：

1.

2.

您需要购买哪些方面的图书？对我社现有图书有什么好的建议？

您更喜欢阅读哪些类型和层次的书籍（可多选）？

□入门类 □精通类 □综合类 □问答类 □图解类 □查询手册类

您在学习计算机的过程中有什么困难？

您的其他要求：